教育部人文社会科学研究项目
"大学生婚恋观现状、影响因素及教育策略研究"成果之一

青年恋爱心理学

蔡 敏 著

内 容 简 介

本书共分六章,分别为爱情的内涵、男女的差异、恋人之间的交流与沟通、恋爱中的性、恋爱中常见的心理困惑和健康爱情的心理要素。本书不仅系统地阐述了恋爱心理学的理论,剖析了恋爱的心理现象与过程,还列举了大量当代青年恋爱的真实案例。为使读者更好地掌握本书的心理学原理,与恋爱生活的实际相结合,提高处理恋爱问题的综合能力,笔者对每个案例都给予了详细的评析,并且布置了相应的练习和思考任务。

本书既可以作为青年人提升个人恋爱能力的自修材料以及解决恋爱困惑的实践指导,也可以作为高校开设婚恋教育课程的教材,还可以供其他咨询和研究人员参考。

图书在版编目(CIP)数据

青年恋爱心理学/蔡敏著.—北京:北京大学出版社,2013.11
ISBN 978-7-301-23302-3

Ⅰ.①青…　Ⅱ.①蔡…　Ⅲ.①青年心理学—恋爱心理　Ⅳ.①C913.1

中国版本图书馆 CIP 数据核字(2013)第 233539 号

书　　　名:	青年恋爱心理学
著作责任者:	蔡　敏　著
责 任 编 辑:	李玥
标 准 书 号:	ISBN 978-7-301-23302-3/G·3719
出 版 发 行:	北京大学出版社
地　　　址:	北京市海淀区成府路 205 号　100871
网　　　址:	http://www.pup.cn　新浪官方微博:@北京大学出版社
电 子 信 箱:	zpup@pup.cn
电　　　话:	邮购部 010-62752015　发行部 010-62750672　编辑部 010-62704142
印 刷 者:	三河市博文印刷有限公司
经 销 者:	新华书店
	650 毫米×982 毫米　16 开本　15.25 印张　253 千字
	2013 年 11 月第 1 版　2024 年 4 月第 11 次印刷
定　　价:	42.00 元

未经许可,不得以任何方式复制或抄袭本书之部分或全部内容。
版权所有,侵权必究
举报电话:010-62752024　电子信箱:fd@pup.pku.edu.cn

序　言
Preface

　　今天是我经历了一年多的认真写作之后，最后完成书稿的日子，心中充满了无尽的喜悦！想起提笔之时，我曾默默地告诫自己，一定要让这本书成为年轻朋友寻求美好爱情的帮助，在其中领悟到恋爱的真谛。

　　追溯这本书的写作动机，最主要的是源于自己多年在大学工作的亲身经历。在长达二十多年的教学生涯中，我遇到了无数个大学生恋爱的事例，其中绝大多数都充满了迷茫、沮丧、悔恨或痛苦。每每看到他们的遭遇，我的心中就会生出许多同情，当然也会产生不少的焦虑。爱情本是美好而甜蜜的，即便有些不快和波折，也不该给年轻人造成身心的伤害和学业乃至一生的损失。如果他们能够尽早地了解和学习相爱之道，在多方面充实和培养自己，就不会在自己青春年华品尝恋爱的苦果。在一次次的耳闻目睹之后，我的心里逐渐萌生出一个清晰而坚定的想法，要为青年人写一本关于恋爱的书。

　　恋爱是集人的思想、情感和行动为一体的人际交往活动，其中充满了丰富的生理和心理现象。它绝不是按照一定方法和规程去做就能成功的事情。所以，要想使恋爱成为人生中积极而有意义的宝贵体验（即便可能是暂时的失败），必须花上一定的精力去理解它的原理。爱是一门功课，不通过系统而潜心的学习、理解和实践，是难以收获到美好的爱情果实的。基于这样的道理，我决定不采取只聚焦恋爱方法和技巧、不分析恋爱原理的做法，而是试图从心理学的视野，并借助生理学、社会学等相关学科的理论，对恋爱这一复杂的人类生活现象进行全面而深入的剖析，从而使正在恋爱和准备恋爱的青年人，获得对于爱情的透彻认识。

在关注青年人恋爱现象的许多年中，我开展了一些相关的研究。在研究的过程中，通过问卷调查、个人访谈和生活观察等方法，我收集和分析了大量大学生恋爱的案例，从中梳理了一些共性的问题。经过认真的甄别和挑选，确定了本书的内容框架。在初稿基本形成之后，我以此作为教学蓝本，为在校大学生开设了"青年恋爱心理学"课程，收到了非常理想的效果。同学们对授课的内容给出了许多积极的评价，如"这门课非常符合大学生的实际需要，使我们收获了很多，更加认清了爱情的本质"；"课程所探讨的爱情理论对我们有很大的启发，对恋爱生活有切实的指导"；"该课程对青年恋爱的常见问题给予了深刻的分析，可以帮助我们有效地解决困惑"。在分析了学生们对于这门课程的各种反应之后，我对书稿做了进一步的推敲和修改，使之能够对青年恋爱有更大的启迪和帮助。

本书的内容选择基于对我国青年恋爱现状的调查、归纳与分析，其中的各个章节具有很强的针对性。虽然运用心理学理论揭示恋爱的规律和本质是本书的重点任务，但其中并不缺乏对当代青年恋爱的典型案例的讨论，也不缺少对改善恋爱行为的辅导和建议。本书着力以阐释基本原理、呈现相关案例、进行案例点评和引导思考与练习的写作逻辑，带领青年读者深入地学习关于爱情的心理学原理，并且将所学的理论与鲜活的恋爱实例相结合，使青年人形成对恋爱行为的认知能力。我衷心地希望，青年朋友们能够通过认真、系统地阅读此书，塑造自己完善的人格，树立正确的恋爱观，掌握恰当的交往方法，提高处理恋爱问题的综合能力，赢得幸福美好的爱情。

本书的读者不限于大学本科生和研究生，还适用于非常广泛的群体，包括高校中主讲大学生心理健康教育课程的专业教师、负责学生思想教育和生活管理的高校辅导员、开展大学生心理咨询和辅导工作的人员、从事婚恋研究的科研人员、社会相关机构中负责青年工作的管理者、社会各个领域的适龄青年等。青年读者在使用本书时，最好是从头至尾仔细研读，并且认真地完成每一章节后的思考与练习题。如果按照这样的方式进行学习，就可以收到最佳的效果，能对自己的恋爱生活起到很大的促进作用。其他读者可以根据个人的实际需要，随时选择书中的相关内容，进行有重点的阅读。

在本书付梓之际，我要由衷地感谢北京大学出版社的支持，是他们对于青年成长的责任心和对本书出版所付出的极大热情和努力，使得本书能够很快问世。这里还要感谢许多我曾教过和接触过的大学生，是他们将自己的恋爱经历和困惑告诉了我，使我对当代青年的恋爱现状有了准确的了解和把握。当然，我也必须

序　言

感谢那些在婚恋研究中取得了卓越成就的中外学者们，是他们的学术著作、论文和研究报告，给了我许多重要的信息和深刻的启迪。最后，我要特别感谢我的先生孙效斌，他在我写此书的过程中给予了我很大的精神支持和生活上的体贴，并且时常与我讨论书中的内容，诉说他的观点，为我的研究和写作拓展了思路。

由于青年恋爱心理研究在我国尚属一个新的领域，加之本人在这方面的研究还有待于不断深入，书中难免存在不足之处。在即将搁笔的时刻，我恳请广大读者给予及时的反馈和指教，提出宝贵的意见与建议，在此表示深深的谢意！

蔡　敏
2013 年 4 月 23 日
于辽宁师范大学教育学院

目录 Contents

第一章 爱情的内涵 ······ 1

第一节 爱情的产生 ······ 2
一、爱情的生理基础 ······ 2
二、爱情的精神基础 ······ 2
三、爱情的道德基础 ······ 3

第二节 爱情的结构 ······ 5
一、激情 ······ 6
二、亲密 ······ 6
三、承诺 ······ 6

第三节 爱情的类型 ······ 10
一、罗伯特·斯腾伯格的爱情类型划分 ······ 10
二、约翰·艾伦·李的爱情类型划分 ······ 14

第四节 爱情的属性 ······ 21
一、激励性 ······ 21
二、变化性 ······ 22
三、依赖性 ······ 24
四、排他性 ······ 27
五、生理性 ······ 29

第五节　爱情的发展阶段 …………………………………………… 30
　　一、"五段"爱情发展阶段论 …………………………………… 31
　　二、"四段"爱情承诺阶段论 …………………………………… 34

第六节　恋爱的价值与意义 ………………………………………… 37
　　一、满足心灵归属的需要 ………………………………………… 37
　　二、学习处理人际关系 …………………………………………… 38
　　三、促进自我认识的发展 ………………………………………… 38
　　四、提升个人的精神境界 ………………………………………… 39

第二章　男女的差异 …………………………………………………… 41

第一节　男女的生理差异 …………………………………………… 43
　　一、先天喜好 ……………………………………………………… 43
　　二、大脑结构 ……………………………………………………… 44
　　三、大脑活动 ……………………………………………………… 45
　　四、感官特征 ……………………………………………………… 46

第二节　男女的思维差异 …………………………………………… 48
　　一、思维的优势 …………………………………………………… 49
　　二、思维的广度 …………………………………………………… 49
　　三、思维的方式 …………………………………………………… 50

第三节　男女的心理差异 …………………………………………… 53
　　一、成就动机 ……………………………………………………… 54
　　二、心理需要 ……………………………………………………… 56
　　三、情绪反应 ……………………………………………………… 58
　　四、压力反应 ……………………………………………………… 60
　　五、性格特点 ……………………………………………………… 65
　　六、情感需求 ……………………………………………………… 67

第三章　恋人之间的交流与沟通 ……………………………………… 74

第一节　恋人沟通的错误模式 ……………………………………… 76
　　一、安抚型沟通 …………………………………………………… 76

二、指责型沟通	………………………………………………	80
三、超理智型沟通	……………………………………………	85
四、逃避型沟通	………………………………………………	87

第二节　恋人之间的冲突 …………………………………… 90
  一、冲突的起因 ……………………………………………… 90
  二、冲突的发展过程 ………………………………………… 101
  三、恋人之间的争吵 ………………………………………… 105

第三节　恋人沟通的原则与方法 …………………………… 109
  一、恋人沟通的基本原则 …………………………………… 109
  二、恋人沟通的有效方法 …………………………………… 113

第四章　恋爱中的性 …………………………………………… 117

第一节　性心理的表现 ……………………………………… 118
  一、对性知识发生兴趣 ……………………………………… 118
  二、对异性产生爱慕和追求 ………………………………… 118
  三、性欲望和性冲动 ………………………………………… 119
  四、性幻想 …………………………………………………… 120

第二节　性行为 ……………………………………………… 121
  一、性行为的程度 …………………………………………… 121
  二、性行为的动因 …………………………………………… 125
  三、婚前性行为的危害 ……………………………………… 130

第五章　恋爱中常见的心理困惑 ……………………………… 139

第一节　择偶的条件 ………………………………………… 140
  一、外在条件 ………………………………………………… 140
  二、内在条件 ………………………………………………… 142

第二节　情感的判别 ………………………………………… 145
  一、好感 ……………………………………………………… 146
  二、友情 ……………………………………………………… 148
  三、一见钟情 ………………………………………………… 150
  四、同情 ……………………………………………………… 152

第三节	他人的看法	154
	一、旁人的看法	154
	二、家人的态度	155

第四节	恋人的同居	160
	一、恋人的心理需求	160
	二、同居的客观分析	161

第五节	情侣的空间距离	168
	一、邻近效应	168
	二、异地恋爱	169

第六节	失恋的经历	175
	一、失恋的行为表现	175
	二、失恋的心理反应	177
	三、失恋的应对策略	179

第六章 健康爱情的心理要素 …… 188

第一节	自我意识	189
	一、自我意识的内涵	189
	二、自我意识的来源	189
	三、恋爱中的自我意识	192

第二节	自信心	196
	一、自信心的含义	197
	二、自信心的失落	197
	三、自信心的提升	199

第三节	情绪	201
	一、情绪的三要素	201
	二、情绪种类的划分	203
	三、情绪管理的基本方法	205

第四节	同理心	213
	一、同理心的定义	214
	二、同理心的行为表现	215
	三、同理心的培养	217

| 第五节 | 快乐感 | 219 |

一、快乐的内涵及意义 ………………………………… 219
二、影响快乐感的心理因素 …………………………… 220
三、快乐感的养成 ……………………………………… 224

参考文献 ……………………………………………………… 228

第一章
爱情的内涵

爱情，作为人类情感中一种十分复杂的心理体验，常常被披上神秘而美丽的面纱，让人感到难以捉摸和诠释。古往今来，曾有很多人试图解答爱情是什么，想要揭开爱情的秘密，找到爱情的轨迹，总结出具有普世性的"爱情规律"。人们对于爱情的询问和思考从来就没有停止过。当然，这种探索是非常有意义的，如果我们真的知道了什么是爱情，了解到爱情是怎样的一种感情，就会在迎接爱情或与爱情相伴的过程中，增加许多聪明和智慧，在爱情的道路上做出更多自主而且正确的分析和判断。

随着社会文明的发展与思想文化的进步，人们在努力追求婚姻的优越物质条件的同时，更加看重爱情对于婚姻成功的作用，越来越渴望去丰富对于爱情的了解和认识。在本章中，我们将与你一道探讨爱情的心理内涵，从多个角度来揭示爱情的奥秘。本章中的许多内容都能够帮助你深入地了解和认识爱情。

第一节  爱情的产生

爱情之所以特别,主要体现在它仅仅产生于男女个体之间,是这种特殊人际关系的心理互动的结果。对于爱情的概念,不少婚恋学者给出了定义,"爱情是人际吸引最强烈的形式,是身心成熟到一定程度的个体对异性个体产生的有浪漫色彩的高级情感"[1]。爱情不同于一般的友情,它是男女双方产生生理和心理需求之后,对异性表达爱慕、钦佩、珍惜、依恋等心理情绪的过程。爱情的产生不是简单、一时的冲动,而是在多种基础都具备的情况下,慢慢地孕育而生的。

一、爱情的生理基础

爱情的出现与人的身体发育程度有直接的关系,它通常会发生在生理成熟的成年人身上。对于为什么成年男女之间会产生异性吸引,已有相对完善的科学解释。

人所具有的性别是与生俱来的,是男人还是女人,在卵子受精的时候就已经决定了。胎儿在胎盘内就形成了生殖器官,男孩出生时就有阴茎和睾丸,女孩出生时就有卵巢和子宫。这种生殖器官的构造被称为第一性征。到了青春期,男女的性腺功能开始明显化,性激素分泌旺盛,生殖器官发育基本成熟。在这期间,男女生在身体形态上也发生着很大的变化,男性身材高大、体格健壮、喉结突出、音调变低、开始遗精、阴毛及腋毛和胡须生长出来;女性皮下脂肪增多、乳房变大、音调变高、月经初潮。这些在第一性征影响下出现于青春期的身体形态及生理变化特征,被称为第二性征。

随着男女生第一和第二性征的发育成熟,性激素水平的快速提高,他们的心里开始萌发性的意识和强烈的对于异性的好奇和向往,开始产生对异性的有意注意、追求欲望和亲密感觉。通常人们所说的"情窦初开",正是这些表现的代名词。在这个时期,男女生性生理的成熟,促进了性心理的形成,性生理的发育是性心理发展的生物学基础。可以绝对地说,如果没有性作为基础,爱情是不可能产生的,更不可能持续发展。

二、爱情的精神基础

然而，只有性本能的生理基础还不足以产生爱情，爱情的产生还要有双方的心理基础。柏拉图（Plato）是古希腊最伟大的哲学家，也是最早从哲学的角度去分析爱情的哲学家。他曾在一篇名为《会饮》的作品中指出，爱情具有两个基础：一个是性欲，即身体方面的欲望；另一个是精神，即心理方面的需求。他认为，精神在爱情中的地位是崇高的，爱情的追求应当从身体的爱上升到精神的爱。爱情包括性欲，但不止于性欲，多出的部分就是爱情的精华所在，是精神性的东西[2]。

那么，爱情的精神基础又是什么呢？对于这个问题，其答案是多样的。其中一种观点认为，是男女双方的审美情感引发了爱情[3]。生理需要固然可以使异性之间相互亲密，但并不是只要异性相遇，就会产生爱情。只有在一方觉得另一方有魅力，产生一种特殊美感的时候，爱慕之心才能油然而生。这时，基于生理层面的性亲近，便上升到了心理层面的性吸引。对于这种男女关系的质的变化，苏格拉底（Socrates）有一个解释，称作"在美中孕育"。他认为，性本能是自然之道，是为了传宗接代，但谁也不能随便找个人就结婚，而是要找一个看得顺眼的、觉得美的人，要让爱情具有美感。

虽然审美情感的作用可以使如意的异性范围大大缩小，但事实上也不能使所有感觉美好的男女都能成为恋人。他们还必须基于爱情的最高层次——道德情感，在其中做进一步的甄别和选择，挑选出真正情投意合的心仪的对象。

三、爱情的道德基础

在异性之间出现审美情感之后，如果再进一步向前发展，产生了道德情感，就会萌生真正的爱情。这里定义的道德情感，不是我们通常所说的"道德品质"（是好人还是坏人），而是指两个人在心灵上的认同和默契。到了这个阶段，由于男女双方具有相对一致的人生观和价值观，他们在心灵层面上的沟通就会顺畅，彼此相知相爱，成为两心契合的情侣。

在生活中，我们经常可以看到这样的现象，青年男女之间产生了好感和倾慕，愿意彼此接近与相处，在外人看来也很般配，似乎爱情已经降临在他们的身上了。但随着两个人交往的进行，彼此了解的深入，他们对另一方的感觉发生了变化，甚至感到了很大的失望。他们可能曾经热烈地"相爱"了一场，希望彼此能成为心心相印的爱人,但因为他们之间缺乏共同的人生态度和价值取向,在许多重要的事情上出现很大的观念差异,感觉不到心灵的相通,最终两个人还是得分手而别。志不同道就不合,缺乏道德情感基础的两个人,是不可能在爱情的道路上走下去的。

因此,要想在生活中真正找到真心相爱的伴侣,使爱情的花朵开得鲜艳美丽,并且结出丰硕的果实,建立美满幸福的家庭,相恋男女不但要在对方那里获得审美情感,产生两情相悦的心理感觉,更重要的是要探寻彼此的人生观和价值观所在,找到能够支撑和坚固爱情的基石。

案例 1-1

爱的疑问[4]

斯科特和考特妮是一对相恋了很长时间的情侣。距婚期还有三个月时,斯科特中断了婚约,因为他不清楚自己是否真爱考特妮。丘比特之箭好像偏离了靶心,斯科特停住了。他真切地说道:"我对考特妮很有好感,但我不清楚自己是否爱过她,我甚至不知道爱情是什么。我怎么知道这是真爱还是闪过的情绪?"如同其他处在这种毕生之爱边缘的人一样,斯科特不能确定自己的感觉,对此他感到非常迷惑。

案例点评

这个小片断虽然没有展开斯科特和考特妮恋爱的详细过程和状态,但从中我们也可以或多或少地领悟到好感与爱情的区别。即将结婚的斯科特担心爱情从他的心中流失了,或者说,他根本没有真正拥有过爱情。爱情是否存在于他们之间?斯科特和考特妮的爱情是否完全具备了本节所讨论的基础?仍然是等待回答的疑问。

思考与练习

1. 请仔细思考一下,你是否真正理解了爱情应当具备的三个重要基础,以及爱情产生的过程。

2. 运用本节关于爱情基础的理论观点,分析目前你的爱情状况,看一看是否具备了应有的基础。你可以依据文中的三个基础进行客观的评价,按照百分制给你的爱情基础打分。

第二节 爱情的结构

伟大的剧作家莎士比亚（Shakespeare）在他的《第十二夜》里提出了一个问题："爱是什么？"这是一个许多世纪以来一直困扰着人们的问题。爱情是人际间最微妙、最复杂的一种关系，对它进行分析和描述的确不是一件容易的事情。美国婚恋研究专家勒斯·帕罗特（Les Parrott）和莱斯利·帕罗特（Leslie Parrott）曾开展过一些关于爱情的调查。当被问及"什么可以造就美好的婚姻？"时，90％的被调查者的回答是"相爱"。然而，当要求他们列出作为婚姻基础的爱的基本要素时，一项涵盖上千名大学生的调查结果显示，至少有一半的问卷反馈是空白——一个要素都没给出来。由此可见，人们对于爱情的构成并没有清楚的认识，太多的人不知道爱情中究竟包含着什么。

值得庆幸的是，近几十年来关于爱情的研究越来越受到重视，许多社会科学家开始倾注精力研究婚恋问题，每年都有上百本关于爱情与婚姻的专业论文和书籍出版，很多成果都是来自科学的实证研究。对于爱情的探究已不再是诗人、哲学家和智者的"专利"。在众多关于爱情要素的研究中，最重要的理论成果出自于美国耶鲁大学的心理学家罗伯特·斯腾伯格（Robert Sternberg），他是这个新兴研究领域里的先锋人物。1986年，斯腾伯格教授提出了著名的"爱情三元论"。他认为，人类的爱情虽然复杂多变，但基本上包含三个主要成分，即激情、亲密和承诺。在构建该理论模型时，斯腾伯格对每一个成分给予了清楚的诠释，并且用三角形来表示爱情的结构。如图1-1所示，三角形的三条边代表爱情的三个成分，三者合为一体便组成了圆满的爱情。这一"三角形模式"是迄今为止最卓越的爱情理论之一，它可以很好地描述和解释人世间纷繁变化的爱情形态。

图1-1 爱情三角形

按照斯腾伯格的"三元论"，爱情的三个组成部分具有如下含义。

一、激情

"激情"（passion）是一种把恋人推向浪漫的沁人心扉的情感，它来自人的荷尔蒙，以生理冲动和肉体的强烈欲望为特征。激情的唤起常常是由于对性的渴望，当然，想从对方那里得到满足的其他强烈的心理需要，或者想对恋人表达的热烈情绪和情感，也都归于激情的范畴。激情是人的生理层面的反应，在爱情中发挥着动力作用，属于动机部分。

在许多情况下，受到激情促动的恋人会表现出较强的占有欲，甚至可能会发展到近乎自私的沉迷状态。正如我们经常看到的那样，在恋爱初期，情侣之间会过度地占有对方，以至于达到无法忍受两人分离的地步。在这个阶段，任何其他关系对于双方来说都不重要。斯腾伯格解释说，恋人之间一定会首先经历不断上升的外表的吸引，但是，一段时间之后，如果发展得顺利，他们的激情与欣喜就会转化为成熟的爱情。在进入亲密关系之前，单纯的激情常常体现为以自我为中心。

二、亲密

"亲密"（intimacy）主要包括热情、理解、交流、诚实、支持和分享等心理现象，是爱情的情感部分。在亲密感的作用下，两个人便成为"最好的朋友"和"心灵的伴侣"，相互之间愿意分享内心的私密，深深地渴望彼此的亲近。而这种亲密的关系又能给恋爱的男女带来巨大的力量和安慰，使他们对爱情产生更大的信念和动力，去培育更加绚烂的爱情花朵。一颗真心期盼着交换另一颗真心，亲密关系可以促成这个重要交换的实现。反之，如果没有两个人之间的亲密关系，爱情之花就会凋谢甚至枯竭。爱里的满足感与亲密感有着最直接的关系，缺乏亲密关系是恋爱与婚姻的第一号杀手。在没有亲密感的情况下，即便双方产生了激情，或是已经生活在一起，也不能相互地深入了解，不能真正地融合在一起，仍然会感到孤单和寂寞。

三、承诺

"承诺"（commitment）是爱情的认知部分，包括两层含义：一是做出将自己投身于一份情感（去爱一个人）的决定；二是努力地爱护和维系那份情感，将自己的命运交托其中。相恋的双方如果有了承诺，就会担当起爱情的责任和义务,面向无法看见的未来,坚定不移地去爱对方,直到生命的结束。做一个形象的比喻,承诺就像是湍急江水中的一个小岛,不管出现什么样的水势,爱情或婚姻遇到何种困难和考验,都有一个安全避险的港湾。无数的成功实例向我们证明,长久的爱情和健康的婚姻,都是建立在相互委身的承诺之上的。对待爱情持有承诺的人一定会这样说:"我因你是谁而爱你,不因你的行为和我的感觉而爱你。"但如果没有承诺和责任,爱情就会脆弱无力,不堪重负,在受到击打的时候全面崩溃,昔日的亲密和激情也会荡然无存。

通过上面对爱情结构的分析,我们可以比较清楚地了解到,爱情之中包含着三个重要的成分——激情、亲密和承诺。三者在爱情进行时扮演着极为不同的角色:激情在爱情里是滚烫的火种,可以点燃恋人心中的火焰,全然释放身心的热量,将爱情推向高潮;亲密能够给爱情带来温和与愉悦,使两人感觉到思想的默契和心灵的依恋,建立起一种坦诚、共享、和谐与温暖的关系,成为心心相印的伴侣;承诺使处于恋爱状态的情侣变得冷静和成熟,可以给他们增添信念和意志,努力去满足对方的需要和愿望,在爱里面有担当地持守。当这三个部分都饱满时,爱情就会健康而美满,相爱的人就会获得一生的幸福。

然而,在人们恋爱的现实中,生活不总是对他们微笑,人生也不会永远如意。因为人普遍具有不完全性,所以不会在三个方面都表现得完美无瑕,一定会有不同程度的缺陷和不足。按照斯腾伯格的想象和分析,表征完善爱情的等边三角形是极少存在的,由于每对恋人的情形不同,爱情中每个成分的多少会有所差异。这样,就会出现大小不同、形状不一的三角形,使得爱情的强弱和状态呈现不同。激情、亲密和承诺越多,即三角形的三个边越长,三角形的面积就越大,爱也就越多。如果三个成分不均等,即三条边的长度不相等,又会出现形状各异的三角形,也就是我们在生活中见到的形形色色的爱情。

案例 1-2

爱情中的缺失[5]

有一对夫妻,他们曾经因为男才女貌、婚后生活幸福美满而被同事和朋友们所美慕。可是好景不长,结婚不到三年,他们竟然过不下去了。离婚由丈夫提出,当他说出来的时候连自己都不敢相信。他们之间没有根本的矛盾,丈夫对婚姻很忠诚,妻子也是一样,离婚的理由竟然是因为日子越过越之味。他每天下班回到家以后，妻子总跟他说一些柴米油盐的琐事儿，没有思想和情感的交流，他们已经没有什么可以共同分享的内容了。除此之外，妻子每天在家里总是毫不修饰，穿着松松垮垮的居家服，没有了从前那种对于生活的热爱和激情，也少了对于丈夫的尊重。丈夫向妻子抱怨说："这个婚姻太让我失望了，我已经感觉不到与你之间还有爱情，我对这个家已经失去了热情和信心。"

案例点评

这个原本以幸福和快乐起航的家庭之舟，在爱情的河流中搁浅停止，出现了不能行驶的状况，我们为之感到非常的遗憾和痛心。这对小夫妻的问题出在哪里？很明显，他们之间缺少了婚姻三个重要成分中的两个，即激情和亲密，剩下的只有干瘪的承诺了。妻子每天为了柴米油盐而忙碌，为的就是生活的必需，维持家庭生活的正常运转，而丈夫也只是下班按时回家，扮演着家庭成员的角色。他们之间已经没有了思想的分享，也没有了观点的交锋，更没有情感上的浪漫和激情。家庭缺少了动力和方向，生活中缺少了"调料"，他们彼此都感到乏味和无望。

随着岁月的流逝，爱情都会出现"平淡期"，这是每一对情侣都要经历的过程。面对这样的状况时，双方需要及时弥补爱情缺失的部分，积极而主动地奉献自己的爱，并且经常与对方分享自己的感受，交换观点和讨论问题。这样，就不会觉得两个人之间没有共同语言，反而会在不断的分享与亲密中继续发展和加深感情，使彼此的爱情牢不可破。想要让爱情美好的人们，切记：爱情不是凝固的，不可能一成不变，它会随着两个人的生活进程而不断变化，只有持续地供给营养和不断地进行修整，才能让爱情之树永远常青。

 **案例 1-3**

错位的爱[4]

约翰和莫尼卡在婚后15个月的时候向婚姻顾问求助，因为他们的婚姻看似亮起了红灯。在充满紧张气氛的第一个婚姻治疗环节里，两个人都抱怨自己荡离了爱河，婚姻中已经没有了爱情。下面是他们的对话。

第一章 爱情的内涵

> 莫尼卡看着丈夫，强忍住眼泪说："你几乎不再对我说你爱我。"
>
> 约翰委屈地回答道："我当然爱你，但是我不用语言而用行为来表达我的爱。我的行动胜过我的言语。"
>
> 随着治疗环节的深入，经过仔细的分析，婚姻顾问了解到，约翰和莫尼卡之间不是没有了爱情，而是他们对爱的理解和侧重有所不同，才导致目前这种难以缓解的紧张局面。事实上，约翰觉得自己很爱莫尼卡，总想多做一些"表达爱的事情"，来体现对莫尼卡的爱，如每个月把工资全部带回家，修理家中破损的工具，尽量避免双方的争吵，等等。他认为，这些都是一个好丈夫应该做的事情。而莫尼卡却有着极为不同的看法，认为约翰所做的事情不是她心目中想要的爱。她渴望用亲昵的语言、礼物、肢体接触和温情表达来示爱。但这样一些表现方式都让约翰感觉不舒服，因为这些不能代表他心中的真爱，只是一些非常"空洞"的爱。就这样，双方都没有满足对方对于爱的心理需求，也没有感觉到来自爱人的深深的爱。

案例点评

从这个故事中，我们明显地感觉到，约翰和莫尼卡是一对深爱着对方的情侣，但对于爱的理解有很大的分歧，各自看重爱情中的不同成分。约翰注重的是责任，在他的心中有沉甸甸的承诺，愿意用自己对于家庭的付出和奉献来表达对妻子的深厚感情，不喜欢用一些形式上的激情和浪漫，他认为那些做法太不务实。而莫尼卡非常渴求爱情中的亲密和激情，这些是她最在乎的部分。在她的爱情世界里，绝对不能缺少温情和亲昵，她认为，没有这些爱的表达，就一定没有了爱情的存在。我们试想，如果他们早早了解了爱情的结构，在结婚之前就知道对方对于爱有什么样的期盼，深藏在心底的需要是什么，就不会出现这样激烈的情感矛盾乃至婚姻的危机了。

约翰和莫尼卡的故事给了我们一个重要的提示，不要认为爱情对我们意味着什么，就对我们的伴侣也同样意味着什么。当两个人一起说"我爱你"的时候，往往蕴含着不同的意思，对爱情有着异样的期待。所以，恋爱中的情侣一定要真正倾听和读懂对方的心声，用彼此需要的互动方式，奉献出对方渴望的、真诚的爱。

思考与练习

1. 如果你已经有了恋人，分析一下你们之间的激情、亲密和承诺的状况，可以试试画出你们在不同恋爱时期的爱情三角形，比较一下其中的变化，并查找出缺乏的部分。

2. 你已经知道，亲密感在恋爱中具有举足轻重的作用，为了增加你和恋人之间的亲密感，可以试着回答下面几个问题：①你们共同的兴趣爱好是什么？②你们未来的共同计划是什么？③两人都害怕和担心的事情是什么？④你们共同的希望和梦想是什么？⑤你们共同的精神信仰是什么？这些方面是你和恋人之间亲密互动的重要内容。

3. 在恋爱的过程中，激情最容易褪色，为了不让它消失，情侣可以在哪些方面做出努力？

4. 学习了本节内容之后，你对爱情的含义有什么新的理解？

第三节 爱情的类型

在纷繁变化的爱情王国里，每对情侣都以他们自己的方式相爱着，享受着各种各样的爱情，让人难以描述和划分。许多婚恋研究者付出了很大的努力，试图通过对于大量实例的观察和分析，对千变万化的爱情进行梳理和归类，使人们能够更好地认识爱情、审视爱情和建造爱情。从目前我们所掌握的文献资料来看，主要有两位心理专家对爱情的类型进行了理论划分和深度研究。

一、罗伯特·斯腾伯格的爱情类型划分

美国心理学家斯腾伯格对于爱情研究的重要贡献，是形象化地提出了爱情的结构。这个理论不但清晰地定义了爱情的三个重要组成部分，而且还为人们了解爱情的不同类型，提供了简单明了的解析方法。为了清楚起见，斯腾伯格界定了八种相对纯粹的爱情类型，研究者们可以根据这个划分基础对爱情进行更加细致的分析和探讨。

（一）无爱

这是两性之间普遍存在的一种情况，即在激情、亲密和承诺三个方面都有缺

失。在这种情形下，两个人仅仅是熟人或是一般朋友，算不上是恋人，也不存在爱情，彼此的关系是随便的、肤浅的、没有承诺的。

（二）喜欢

当异性朋友之间的亲密程度高，但激情和承诺非常低的时候，会产生一种喜欢的感觉。喜欢往往出现在亲近和温暖的友情之中，但尚未迸发激情而决定要与对方共度一生。相处的双方在交往中会感觉既亲切又轻松，有很强的信赖感，表现在生活中就是两性之间真诚的友谊。严格地说，此种关系还不能纳入到爱情之中。如果异性之间产生了激情，当双方离开的时候，彼此会有强烈的思念之感，已经超越了喜欢的阶段，此时的关系就很可能从友情转变为爱情。而如果男女朋友之间只是喜欢，在分开时即便会偶尔想起，但不会产生特别想念的心理情绪。

在日常的异性交往中，由于人们对于爱情的认识不够清楚，往往错把友情当成了爱情，彼此之间造成了许多误会和麻烦。

案例 1-4

他是爱我的[6]

朱迪有一位男性好朋友，居住在另外一个城市，他们相识有十年了，经常通电话，彼此攀谈。最近，这位男朋友转到朱迪所在的城市工作了，她非常高兴，心想他们两人的关系一定会有新的发展。他们很快就在餐厅见面，一起吃饭和聊天，而且在用餐的时候，男朋友还不断地赞美朱迪，"你的形体很好，真像一个模特儿"。朱迪就把这类夸奖当成了打情骂俏，心里暗暗自喜。在这一次聚餐结束时，他们两人都说要再见面，可是两个星期过去了，这位男朋友也没有给她打电话。朱迪就去问恋爱顾问，应不应该给男朋友打电话，他也许对这种从友谊到恋爱的转变有些紧张。她还问恋爱顾问，要不要给男朋友一些鼓励，让他能快些表白自己的态度。

案例点评

很明显，朱迪已经完全把那位男性朋友作为自己的恋人看待了，她把两个人之间交流与分享的亲密感觉当成了爱情。在她的心里，觉得对方也有同样的感受，所以想不清楚为什么那位朋友不给她打电话。实际上，那位男士并没有想与朱迪发展恋爱关系，如果他有这个想法，十年的时间足够他决定要不要与朱迪成为情侣。再进一步说，假如他觉得两人在一起吃饭不同一般，那么两个星期都过去了，他也该有充足的时间把这件事情想清楚。喜欢仅是喜欢，与达到真正的爱情还有一段很远的距离。对于喜欢与爱情的分辨，恋人之间常常执着地追问这样一个问题：你究竟是喜欢我还是爱我？他们好想从对方那里得到一个明确的答案。要清晰地区分"喜欢"与"爱情"，还真得用心去体会。

（三）迷恋

两性之间经常会产生这样一种心理现象，其中一个人总是想着另一个人，有一种魂牵梦萦的感觉。特别是人们被不太熟悉的人激起欲望时，更容易生出这种心理体验。这样的情感反应就是迷恋，当事人有着浓烈的激情，有强烈的性的吸引，但缺乏彼此的了解和信任，缺乏亲密感和相互之间的承诺。斯腾伯格在回忆自己的经历时，想起他在高中十年级时曾经痛苦地专心一意地想着生物课上的一个女生。他为她而消瘦但从来没有勇气去与那位女生见面。斯腾伯格承认，那时他处于对那个女生有激情的状态，在深深地迷恋着她。

我们也经常会听到有人说，某人看上了一个人，整天都在单相思，情绪有些异样，甚至神魂颠倒。这是一种深度的迷恋，只要他看到了想见到的那个人，心情就会非常舒畅和愉悦。当今许多"追星族"对于异性明星就有这样强烈迷恋的心理体验，见到心中的明星时，总是表现得激情澎湃，难以抑制心中的兴奋。处于迷恋中的个体相信，爱不需要理由，但他们也常常无奈地吟唱："为何偏偏爱上他？"迷恋开始于生活中的一见钟情，这种刹那间绚烂如花的情绪是否有生命力，能否发展为稳定的情感，还取决于是否有亲密和承诺因素的形成。

（四）空洞的爱

在斯腾伯格看来，当恋人之间没有亲密和激情而只剩下承诺时，爱情就变成了空洞的爱。这种爱的关系表明两人只有责任和义务，只存有对于爱情的最后承诺，是高度道德化的或价值高度异化的两性伙伴关系。就爱情本身而言，这是缺少爱情成分的爱。在西方文化中，这种爱见于情侣激情燃尽的关系中，既没有温暖也没有热情，仅仅剩下当初恋爱时的决定。然而，在其他包办婚姻的文化中，空洞的爱会表现在配偶共同生活的初始阶段，但一般不会延续到最后。

（五）浪漫的爱

在恋人相爱的过程中，当程度很高的亲密和激情一起发生时，情侣体验到的就是浪漫的爱。这种爱的特征是亲密和激情两个成分的结合，把深深的关爱和生理的相互吸引掺杂到一起。当两性之间的关系具有亲密和激情，不需要承诺来维系时，这种关系就被认为是一种最轻松、最享受和最唯美的浪漫之爱。所谓"没有承诺，却被你抓得更紧"，就是在浪漫之爱中的人发出的心声。然而，若是缺乏承诺的意愿和爱的恒久，浪漫之爱就会与婚姻无缘，"相爱容易相处难"正是对浪漫之爱的真实揭示。

（六）伴侣的爱

当两性关系是由亲密和承诺结合而成的时候，这种关系被称为伴侣的爱。这类爱中虽然缺少了以往的激情，性爱的程度降低，但有着更多的亲近、交流、分享和双方对于情感的倾心投入，两个人努力维护着深厚而长期的友谊。彼此的关系已经升华为亲情式的信任和依赖，具有难以描述的感情深度，两人成为不离不弃的心灵伴侣。他们在生活上互相关心，在情感上彼此慰藉，在精神上相互扶助，是最亲密的朋友。这种类型的爱情集中体现在长久而幸福的婚姻中，就像携手走过漫漫人生路的银发夫妻。在婚姻里，当生理的吸引消减，了解对方和被对方了解的安全感上升时，就会产生伴侣之爱。

（七）虚幻的爱

如果恋人之间缺乏亲密而只有激情和承诺，就会产生愚昧的体验和愚蠢的行动，此时的两性关系被称为虚幻的爱。这种爱常常发生在疯狂的求爱过程之中，两人旋风般地坠入爱河，在势不可挡的激情中快速结合，进入当下人们所说的"闪恋"或"闪婚"的境遇当中。在这类爱情中，彼此之间没有以了解、喜爱和信任为基础的亲密关系，爱情就像高楼大厦缺乏坚实的基础，是虚幻的空中楼阁，随时都有倒塌的可能。在虚幻的爱中，虽然情侣为一场热恋投入相当大，但其爱情关系常常以分离和瓦解而告终。

（八）圆满的爱

在两个人的关系中，如果亲密、激情和承诺都以相当的程度同时存在，恋人体验的就是"完全的"或"圆满的"爱。这种爱情集这三个成分为一体，体现出温暖、热烈和责任。在对爱情的渴望中，圆满的爱是人们努力追求的目标，而且大部分的爱情至少在某一个阶段达到了这个目标。斯腾伯格曾比喻，获得圆满的爱就像减肥一样，保持短时期是容易的，但很难坚持长久。的确如此，维护圆满的爱情如同在减肥计划中设定目标，维持目标远比达到目标困难得多。即便人们能够暂时拥有圆满的爱，但很难保证它会永远存在。真正圆满的爱，一定要以亲近和信任为基石,以性的吸引和欣赏为保鲜剂,以承诺和担当为约束,缺少了哪一个部分,都不会收获圆满的爱情。

为了更加清楚地表示激情、亲密和承诺在上述八种爱情中的程度,使人们能够容易地了解爱情的变化,斯腾伯格归纳了一个关系表格,如表1-1所示。

表1-1 爱情的三个成分与爱情类型的关系[7]

三种成分 爱情类型	激情	亲密	承诺
无爱	低	低	低
喜欢	低	高	低
迷恋	高	低	低
空洞的爱	低	低	高
浪漫的爱	高	高	低
伴侣的爱	低	高	高
虚幻的爱	高	低	高
圆满的爱	高	高	高

表1-1可以给我们两个重要的提示:一是爱情的三个成分非常重要,它们决定着爱情的属性,并在不同程度的组合下会衍生出不同类型的爱情;二是在给定的情侣关系中,人们很有可能经历各种不同类型的爱情,而且很难有意识地去掌控这些变化。在对爱情的变化进行分析时,斯腾伯格认为激情是最不稳定的,也是最不好控制的,所以常常看到情人之间的吸引欲望急剧上升,之后又很快消失了。

在现实生活中,人们对于爱情的实际体验是非常复杂的,爱情会以许许多多令人倍感甜蜜或深觉困惑的方式呈现出来。由斯腾伯格划分的八种爱情类型,远不能表征人类所有的爱情形态。然而,这个划分为研究千姿百态的爱情提供了一个非常有用的框架,引领了人们对于爱情问题进行深入探讨的思路。

二、约翰·艾伦·李的爱情类型划分

另外一种区分不同爱情的方法是由加拿大多伦多大学社会学家约翰·艾伦·李(John Alan Lee)于1973年提出的[8]。他在著作《爱的颜色:恋爱方式的探秘》(Colours of Love: An Exploration of the Ways of Loving)中,使用希腊和拉丁语首次定义了六种爱情类型,后来在 1988 年的论文《恋爱风格》(*Love Styles*)中又进行了细致推敲[9]。这六种爱情类型在情侣体验的深度、对恋人的投入和承诺、想要得到的恋人的特点,以及对付出爱的回报的期望等方面有着明显的不同。表 1-2 列出了李提出的六种爱情及对于每种爱情的简略描述。

表 1-2 爱情的类型[7]

类型	相关描述
情欲之爱	情欲恋人寻找对自己有外表吸引力的人,渴望深入的两性关系
游戏之爱	游戏恋人对爱情玩世不恭,喜欢游戏于爱情
承诺之爱	承诺恋人倾向于缓慢地发展感情,再做出持久的承诺
狂热之爱	狂热恋人对爱情要求高,对伴侣占有欲强,有一种"难于掌控"的感觉
无私之爱	无私恋人是利他的,不在乎付出的爱会得到怎样的回报
现实之爱	现实恋人寻求一些关键指标的匹配,如工作、年龄、宗教等

表 1-2 中列出的六种爱情类型有着很大的差异,在男女恋爱中会反映出各自不同的表现。下面我们对这些类型做进一步的分析和讨论。

(一)情欲之爱

情欲之爱被李称为"性爱"(eros),有着强烈的身体吸引欲望,是一种极其注重感官享受的爱情风格。这类人把婚姻看作是蜜月的延伸,并且把性看作是最大的美感体验。具有很强情欲的恋人会受到对方外表和相貌的极大影响和冲击,追求肉体和心灵的融合,他们通常凭直觉选择恋人。同时,这种爱还具有浪漫的爱情特征,情侣往往将爱情理想化,十分注重两性交往的外在形式。我们在生活中常常见到的两人"一见钟情",一般都属于这种爱情。他们在其他爱情风格的人眼里可能是不切实际的,或是陷入了幻想当中。

情欲之爱的优点是它的情意绵绵,恋人在这个过程当中是非常放松的。它的缺点是吸引力必然衰退,并且人们生活在幻想的世界当中是可怕的。在极端情况下,情欲之爱近乎幼稚。

(二)游戏之爱

第二种爱情是游戏之爱(ludus),在一些所谓的"恋人"之间不乏这种爱情的存在。这类人对待两性感情的态度非常轻率,对于恋人根本没有承诺而言。他们对恋情的数量比对质量更感兴趣,想拥有尽可能多的乐趣。把爱情当成游戏的人，在恋爱过程中只满足自己的欲望和需要，而对于对方没有责任感和道德感，更没有要与恋人发展深厚爱情并且最终建立家庭的愿望。他们多把婚姻看作是一种羁绊，最有可能对伴侣不忠，只要让自己心里满意和情绪愉悦的过程，却不要承诺于对方的恋爱结果。游戏于爱情之中的人，还非常善于变化，经常会同时拥有几个异性伴侣（或者试着这样做），把性爱看作是一种征服或消遣。他们投身于一段又一段的异性交往当中，是因为把它当成了一种挑战。可见，这种人不但缺乏最起码的责任感，而且丧失了做人的基本道德。

案例 1-5

他们的确在约会[6]

> 凯莎与她的男友已经相识三个多月了，他们每个星期见面四五次，看起来非常融洽，似乎感情发展得也很顺利。他们俩一起参加多项活动，在兴趣方面很投缘。每当男友说给凯莎打电话，他从不食言，绝对不会让她失望。两人在一起的时候，凯莎总是感到非常快乐。可是，最近男友对她说，他不想成为任何女人的男朋友，而且无法接受正式的男女朋友关系。凯莎知道他目前的确没有任何别的女朋友，所以觉得他可能是害怕"男朋友"这个词，实际上他心里还是爱自己的。她在心中自问，是不是应该不理会男友说的话，踏踏实实地享受与他在一起的快乐时光？

案例点评

在这对情侣关系中，凯莎在很投入地与男友建立和发展恋爱关系，非常享受与对方在一起的快乐，也很看重男友的主动和亲密，她对这份感情寄予了很大的期望。而男友在这一关系中却表现得很令人费解，一方面对凯莎彬彬有礼，信守自己要打电话的许诺，愿意亲密接触她，另一方面却在心里将凯莎拒之千里，不想与她发展成恋人的关系。这种做法看起来非常矛盾，但实际上是非常清楚的。他对凯莎说的"我不想成为任何女人的男朋友"，实质上是在表达"我不想做你的男朋友"。这种话出自于跟凯莎一周见面四五次的男人口中，实在令人伤心，也更叫人气愤！这个男人可以毫无责任地生活在凯莎的世界中，享受着一个女人给予他的温存和快乐，自己却不要担当恋人的名分和义务。这个男人纯粹是在玩爱情的游戏，把自己的心理享受建立在对方付出青春时光和纯真爱情的基础上。但愿凯莎能够早日清

第一章　爱情的内涵

醒，找到一个不会当面对她说"不想成为任何女人的男朋友"的伴侣，能够真心地爱她，与她忠贞不渝地共度一生。

案例 1-6

憧憬着美好的未来[6]

丽萨与一个刚刚结束婚姻的男友交往了半年，深感自己真的坠入了爱河，沉浸在爱情的无比幸福之中。她觉得，这段感情一定会有美好的未来，他们两人能够走到一起。然而，这个男友却有着不同的表现，他对丽萨的态度漂泊不定，来去自由，丽萨什么时候能见他，多长时间见一次面，全都是他说了算，她一点发言权和决定权都没有。

这种状况使丽萨逐渐感到痛苦，但她又觉得离开男友会更加痛苦，深感左右为难，非常无助。想来想去，她还是认为男友刚刚经历了家庭破裂的创伤，现在还无法满足她的任何期望和要求，所以决定再坚持一下，相信这个男人终将属于她。

案例点评

在丽萨和这个男人的关系中，俩人的心思和态度是截然不同的。丽萨已经投入到很深的感情当中，一心想使这种"超凡脱俗"的友谊发展成为天长日久的爱情，与男友最终成为生命中的亲密伴侣。而男友在其关系中，并没有付出真正的感情，只是在享受着对于他来说特别合适的"精神抚慰"。他没有尊重丽萨的感情，也没有对她产生真情实感。他把丽萨当成了婚姻灾难中的幸运伙伴，抚慰心灵创伤的女性朋友，在跟丽萨玩"朋友"牌。他只需扮演"朋友"的角色，却不要担负起"男朋友"的更为重要的、实质性的责任。这个男人在受到家庭破裂的打击时，拥有了一个伟大的"女朋友"，而且占据了"女朋友"的一切好处，真是很有"福气"！在两个人交往的过程中，他想见就见，想不见就不见，完全置丽萨的情感需求于不顾，这种玩弄爱情游戏的人实在太过自私。可以毫无疑问地说，在他的心里从来就没有爱过丽萨，只是要从她那里获得情绪安抚和心理慰藉。一旦有一天他完全"康复"了，就会立刻结束他的爱情游戏，远离丽萨而去，消失在茫茫的人海中。

（三）承诺之爱

与游戏之爱截然相反，具有承诺之爱（storge）的人轻看强烈的情欲，而努力地寻求两人之间真正的感情。这种爱情是由纯洁的友谊逐渐演变而成的，从深厚的感情中孕育出彼此长久的承诺。这类人一般与和自己相类似的人做朋友，往往意识不到友谊何时变成了爱情。他们希望最重要的另一半是自己最好的朋友。有人也把承诺之爱看作是"友谊之爱"，双方看重的是心灵的契合和共同的成长。在彼此承诺的爱情之中，关爱多于激情，信任多于嫉妒，情侣之间存在着一种看似平淡但却深厚的牢固爱情。

（四）狂热之爱

在这类爱情中，恋人最突出的表现是对两人关系抱有非常高的期望，对彼此感情方面有很多的要求，具有很强的占有欲，也有强烈的排他感。处于狂热之爱（mania）中的人，往往沉迷于两人的恋情，对所爱对象有着非常浓重的情感，与此同时，也希望对方以同样的方式做出回应。这类人往往自尊程度较低，常常感到焦虑，嫉妒和贪婪之心非常强。由于感情的热烈和执着，狂热的恋人经常会向对方提出强制性的要求，表现出占有行为。如果对方稍有忽略，就会心生猜疑，产生不安全感，所以，也可以把狂热之爱称为"占有之爱"。

案例 1-7

他还爱不爱我

小军和小燕在高中时都是非常优秀的学生，学习成绩都很好。小军文质彬彬，比较懂得关心人，小燕天生丽质，清纯可爱，是典型的乖巧小女生。他们在相识时一见钟情，但为了考上理想的大学，两人学习非常努力，彼此不经常见面。高考结束后，小军和小燕正式确立了恋爱关系，沉浸在初恋的甜蜜中，而且都很珍惜他们的感情。考上大学之后，两人分别去了不同的城市，小军在上海，小燕在武汉。虽然距离很远，但并没有使两人疏远，反而因为长久的思念加深了感情，都迫不及待地等着放假回家见面。

出乎预料的是，在两人见面之后竟然出现了问题。小燕很想让小军每天都陪着她，和她一起逛街、上网、吃饭，等等。而小军却希望能有一些可以自由支配的空间，和自己的朋友聚一聚，当然也包括高中的女同学。小燕对小军的要求和做法非常不满意，每次知道他和同学在一起（特别是有女同学的时候）就很不高兴。有一次，小军和几个女同学一起出去聚餐，因为害怕小燕不高兴就没有告诉她。这事碰巧让小燕的一个同学看见了，不经意地告诉了她。小燕听到此事非常生气，认为小军欺骗了她，开始怀疑他们俩之间的感情。小军对小燕的反应非常不理解，觉得自己很委屈。他们为这件事争吵了半个月，双方僵持不下，最后只好以小军做出检讨而告结束。

回到学校后，小燕的性格变得更加敏感，偷偷登录小军的QQ，多方打听他的行踪，非常渴望小军能时时刻刻关心和理解她。但小军学习比较忙，有时候无暇顾及小燕脆弱的心理反应，没有与她时刻保持联系。小燕便因此觉得小军已经不在乎她了，也不再喜欢她了，就每天追问小军是否还爱她。在小燕没完没了的纠缠下，小军觉得小燕是在无理取闹，变得越来越陌生了，似乎已经不是自己所钟爱的那个纯情小女生了。虽然目前他们因为舍不得这份感情还没有分手，但频繁的吵架已经使两人感到身心疲惫。

案例点评

从这个案例中我们可以清楚地看到，虽然小军和小燕的爱情基础比较好，两人有着比较深厚的感情，但由于小燕对小军产生了强烈的占有欲，在很多方面要求甚至控制小军的行为，使得两人的关系发生了变化，爱情遭到破坏。心理学中的"留白效应"原理告诉我们，在人际交往的过程中，人与人之间要留出一定的自由空间，不能彼此控制或强制，失去理智的一些强求，必定会损毁两人之间的关系[10]。在爱情的领域里也是一样，如果两人之间出现无休止的追问和设下多重的限制，必然会伤害到彼此的感情。爱情就像手中的沙子，一旦两只手握得太紧，沙子就会受不了指缝之间的压力而四处散落，而且握得越紧，沙子会散漏得越快。所以，恋人之间需要"留白"，双方都给予对方一定的自由空间，并且要彼此理解和信任，这样爱情才能呼吸顺畅，才能得以健康长久的发展。

案例中的小燕对于爱情极度狂热，过分看重爱情，想时时刻刻把握住爱情，却没有真正享受到爱情所带来的幸福和甜蜜。她心里不安，充满猜疑和嫉妒，使得她对小军的感情变了质，因而也使小军对于这份爱情产生了动摇。这个教训十分深刻，恋人们要切记，爱情的维系和发展要靠两人彼此的尊重、包容和信任，要有一定限度的宽松和自由。

（五）无私之爱

无私之爱（agape）的恋人具有自我牺牲精神，对所爱之人有着莫大的包容心，对爱情有强大的精神力量，愿意为爱情奉献自己[11]。他们对于伴侣非常忠诚，总是避免给对方造成不适或痛苦，如果两人分手了，还是照样耐心地等待对方回心转意。所以，有这种爱情观的人会心甘情愿地给出无条件的爱，但往往忽视或压抑着自己的心理需求。无私之爱具有优劣两重性：优点是它的宽宏大量，对爱情的勇敢承担；缺点是容易引起对方的内疚心理，感到自己能力不足或付出不够。生活中具有无私之爱的人并不少见，这类人对自己的爱情忠贞不渝，愿意为此献出一生。

（六）现实之爱

持有现实之爱（pragma）爱情观的人，会非常理性和实际地分析对于恋爱对象的期望，在若干个可考虑的人选中进行比较，找到每个人的价值，从中挑选出令自己满意的恋人，建立共同的爱情目标。在寻找与自己相匹配的对象时，这类人非常"务实"，以避免一些负面的结果或个人利益的损失。他们慎重掂量在恋爱关系中自己的付出与回报，不会很随意地进入到恋爱之中。然而，在他们非常现实和理智地对待爱情的同时，却缺少了情感的积蓄和表达，在不带激情地寻找着逻辑上与自己最为匹配的伴侣。

在当今人们对于家庭的物质生活有更高要求的情形下，现实之爱成为了一种比较普遍的爱情形态。在寻找恋爱对象的时候，人们往往以一些客观条件作为衡量对方的标准，如学历、职业、收入和家庭背景等。这些常常成为两人能否结成伴侣的首要条件，相比之下，感情的融合和心理的匹配却显得不那么重要了。

上面叙述的两位学者提出的爱情分类理论，为我们展示了爱情世界的多彩图画。虽然两个理论以不同的框架对爱情进行了划分，但在结果上存在着一些交叉和共性。对于这些类型的区分和剖析，一方面能够使想要或正在恋爱的人们深刻理解和认识爱情，以更为理性的态度看待多变的恋爱行为；另一方面也可以使婚恋研究者加深对于多种多样爱情体验的分析和探讨，为人们追求完善而健康的爱情提供更有价值的帮助和指导。

思考与练习

1. 通过本节的学习你已经了解到爱情有许多种类型，思考一下这些类型的优点与弊端。如果你正在谈恋爱或准备谈恋爱，你最想要的是哪一种爱情？或者是哪几类爱情的融合？

2. 你可以对身边人的爱情状况进行观察，试着运用本节所学的理论进行分析，看看那些爱情都属于什么类型，以提高你对爱情的认识能力和自我监控能力。

第四节 爱情的属性

人与人之间存在着各种各样的关系，一个人会被不同的人及多种关系所包围，包括父母、配偶、子女、恋人、同学、同事、领导、顾客，等等。而在这些人际关系中，男女之间的爱情关系，是一种非常特殊的关系。这种关系之所以特别，在于它是最典型的一种亲密关系。如果一对情侣的关系正常发展下去，就会成为白头偕老的夫妻，两人的爱情关系就会伴随他们走过一生。对于这么重要的一种关系，我们应该对其加深认识，能够从多个角度获得对爱情属性的一个完全的理解。

一、激励性

在一对男女之间萌生爱情之后，除了会出现生理上和情绪上的变化以外，还会在思想乃至行为上发生许多改变。在很多情况下，爱情对于人的心理激励作用是巨大的，有时甚至是难以估量的。爱情对于人的推动作用出于多种原因，可能是为了让对方更加喜欢自己，主动而情愿地改善行为，也可能是为了发展更好的恋爱关系，而做出自己不曾有过的努力，还可能是由于一方提出要求，而使另一方发生种种改变等。总之，激励性是爱情的重要属性之一，而且越是在恋爱初期表现得越明显。

在人们多姿多彩的恋爱生活中，我们总能看到爱情在起着重要的激励作用。很多人在爱情巨大力量的推动下，在事业上取得了新的成就，在学业上有了更好的成绩，在人格塑造上有了良好的改变。我们应该郑重地说：感谢爱情！是它激励了无数青年努力奋进，唤起了人们对美好生活的向往和追求。

二、变化性

在最宽泛的意义上,爱情就是两性之间的相悦,是在与异性之间交往中感受到的身心的愉快,是因为异性世界的存在而感觉世界之美好的心情[3]。拥抱美好爱情的人,是幸福而快乐的。然而,爱情在给人们带来幸福感的同时,也会让人感到它的不断变化性。与其他的人际关系相比,爱情这一关系中存在着更大的变化可能性。说起变化,一定会有两个走向,一个是向着更加亲密、更加成熟的爱情发展,而另一个则是向着爱情消减甚至消失的方向变化。

发展成熟的爱情是两个心灵之间不断互相追求和吸引的过程,而且不会因为结婚而告终。长久的爱情会始终保持未完成的态势,相爱双方有着持续的热情,彼此把对方看作是值得继续发现和欣赏的人,使爱情能够获得良好的生长空间,在积极的变化中得以巩固和加深。但是,爱情不会宠爱每一个进入其中的人,往往热烈相恋的两个人,会逐渐失去原有的激情,最终不能成为心灵上和生活中的伴侣。正像我们目睹的众多实例那样,人们在求爱中得到了婚姻的应允,但也在不再"求爱"的生活中失去了原本应该属于他们的爱情。这种爱情状态的变化令人遗憾,也令人省悟和深思。爱情对于人生来说,不会是一个凝固的状态,会从人触碰到它的那一天开始,就不断地变化,要么慢慢变好,要么慢慢变差。变化是绝对的,不变是相对的。因此,认为"一旦获得了爱情,便可以一劳永逸"的想法,完全不符合"爱情必会变化的"自然属性。

案例 1-8

爱情怎么消失了

玲玲是一个来自南方的女孩,小宇是一个出生在东北的男生,他们俩在北方某大学里读书,已经相爱三年。他们的感情很好,也一直努力地学习,共同憧憬着未来的美好生活。时间过得很快,转眼临近毕业,两个人也开始安排毕业后的工作。在这个时候,玲玲的父母让她回南方,并且已经为她找了一份比较好的工作。由于小宇生长在北方,家人也都离得不远,所以他很想留在北方,并且也找到了一份相当不错的工作。可是,因为小宇跟玲玲有着很深厚的感情,舍不得离开她,就毅然决然地放弃了很好的工作机会,随玲玲去了南方。

第一章　爱情的内涵

小宇去了南方之后，很长时间都无法找到适合的工作，心情一直都不好。而玲玲在父母安排的单位里工作得很舒心，也同时积极地帮助小宇找工作。可时间一长，两人开始产生矛盾，小宇埋怨玲玲只顾工作，忽略了他的心理感受和遇到的难处，反过来，玲玲又觉得小宇没有为他们的未来而努力，表现得非常消沉。在这期间，玲玲的父母极力反对他们之间继续交往，周围的人也没有看好这段姻缘，这便使得他们两人的矛盾越来越深，关系也越来越疏远，最后终于走到了分手的地步。这份原本非常深厚而且愿意彼此做出让步的感情，就这样没能经受住生活挫折的考验，远远地离开了这对曾经的亲密恋人。

案例点评

爱情的变化，就是这样不可思议。昔日在大学校园里萌发的纯真爱情，以及愿意为对方做出牺牲的深厚感情，都不能抗拒真实世界的挑战。爱情的力量就这样软弱吗？不是的。爱情也曾促使小宇做出人生和职业的选择，在毕业后果断地来到玲玲身边，放弃自己生长的那片土地和与亲人们在一起的踏实和安稳。玲玲也曾为小宇的职业前途奔波和努力过。但是，两人的爱情随着时间的推移和生活环境的变化，也随之发生了变化。彼此对两人的关系有了新的认知和感觉，不再相信他们能够处理好所面对的困难，对爱情的发展失去了信心。两人昔日携手追逐的共同目标已不复存在，已经失去了彼此的亲密、激情和承诺，爱情也就不再眷顾他们。

案例 1-9

人离情也空

小娜在高中时与小亮在同一所学校就读，他们在高二时确定了恋爱关系，感情发展得一直很平稳。高考时两人报了不同的学校，小娜选择了山东的一所大学，小亮由于受家长的影响，选了一所离家不远的辽宁省的大学。进入大学以后，两人彼此非常思念，每天都要打电话和发短信，聊聊各自的感受和所见所闻。他们谈到自己的学习环境、同学和校园生活，每一次都有说不完的话题，不愿放下电话。

然而，这种密切的联系只持续了半年，两人慢慢开始争吵，而且越吵越频繁，越吵越厉害。小娜总说小亮变了，感到他们之间的沟通出现了很大的问题。渐渐地，他们没有了交流的内容，总是重复一些简单的问话，如"你吃饭了吗"、"要穿暖一点"……后来，他们常常拿起电话都不知道该说什么，要么是抱怨，要么就是吵架。两人还经常处在冷战之中，感情的温度几乎降到了零点。

案例点评

在当今的大学校园里，像小娜和小亮两人这样的恋爱事例是极为普遍的。两人在高中时开始谈恋爱，之后将这份感情带入大学。但由于分别在不同的学校，距离又很远，使得恋人之间无法经常见面，缺少共同的活动，就出现了感情的快速变化和心理上的分离。爱情的变化性会受到多种因素的影响，其中距离是一个非常重要的原因。当然，如果两个人能够有效地沟通，相互理解和信任，以积极而乐观的态度面对暂时的分开，主动寻找能使感情延续和发展的新的生长点，爱情不但不会消退，反倒会因为距离远而产生更加珍惜、更加享受的感觉。正如北宋词人秦观的《鹊桥仙》所说："两情若是久长时，又岂在朝朝暮暮。"当代人也会把恋人相离看成是一种意境，正所谓"距离产生美"。

三、依赖性

情侣关系要比其他人际关系更具有依赖性，恋人之间在许多方面都需要相互依靠。首先，在精神方面，伴侣往往成为人生中最主要的精神支持者，在遇到困难和挫折时，给予对方最强大的精神力量，在取得成绩与成功时，彼此最先分享胜利的成果和喜悦。精神上的共同扶持与相互依托，是情侣之间存在真爱的最重要的标志之一。其次，在心理方面，伴侣之间相互倾吐心声和释放心理情绪，交流那些不能向外人吐露的心事，彼此排解生活和工作中的压力，建立了心理的归属感。最后，在生活上，情侣之间能给予对方多于旁人的关怀和照顾，更知道彼此的生活习惯和身体状况，更了解平日的生活需求和个人的好恶，从而满足生理上的各种需要。由于在这么多方面存在着两人的联结，恋人之间就会形成一种"依赖模式"，而且每一对情侣之间都会有一个独特的依赖模式。

然而，在依赖性成为男女之间存在爱情的重要表征，并且能够增进彼此了解和感情的同时，如果恋人之间把握不好分寸，它反而会成为爱情发展的阻碍，甚至会破坏两人的恋人关系。这就是我们在这里必须提及的恋人交往中的"过度依赖性"。有些处在热恋阶段的年轻人，包括一些已经走进婚姻的夫妻，在很多方面过于依赖对方，本来能够自己处理和完成，还要求对方帮助，甚至强求对方替自己去做。长此下去，势必会给对方带来多余的负担，影响到彼此的独立性，严重的话还会伤及到两人的感情。

案例 1-10

> **我要依靠你**
>
> 王鹏是个性情非常随和的男生，而他的女朋友张宁是一个脾气比较大的女生，他们俩在同一个大学里读书。自两人开始谈恋爱起，张宁就非常依赖王鹏，许多事情都不自己做。有一次，张宁第二天早晨要组织学生活动，头一天晚上就告诉王鹏把早餐给她带到操场去。可是，第二天早上王鹏把这件事忘了，到了运动场也没有和张宁打招呼。这可把张宁惹火了，她的脾气大发，完全不顾那么多在场的学弟学妹，对王鹏的"罪状"进行了一顿狠批，一点面子都不给他留。

案例点评

从这个小片断中我们看到，女友张宁实在是一个依赖性极强的女孩，在生活的琐事上都要依靠男朋友，连早餐也不自己准备。这样做看起来好像两人很亲密，能够互相帮助，但实际上并不是一种健康的恋爱模式，在很大程度上彼此都增加了心理负担，很容易造成相互之间的摩擦和矛盾。如果张宁能够自己克服一下，事先为自己准备好早餐，或在组织活动之后再去吃早餐，就不需要王鹏帮着带早餐，也就不会出现运动场上的尴尬局面。在很多时候，女生刻意让男友做一些本来自己能做的事情，过分地依赖对方，似乎只有这样才能让男友表现，才能证明自己是被爱的。其实，向往和追求真正的爱情，并不需要勉强对方，如果男友心里真正有爱，他一定会非常自愿而主动地为女友做事，从多方面给予关心，爱情是不会隐藏的。

在人际交往的心理学原理中，有一个非常著名的"刺猬效应"，意思是说，人与人之间交往要保持的亲密关系，应该是一种距离恰当的关系，在空间和心理上都要有合适的距离。这一原理当然也适用于情侣关系，距离太近，两人会受到伤害，原来的吸引力会变成排斥力；距离太远，两人会失去温暖，吸引力又会丧失"吸引"的作用。真正的爱情应该有弹性，彼此既非僵硬地占有，也不是软弱地依附。在一定意义上说，相爱的人给予对方的最好礼物就是适度的自由。情侣各自拥有一定范围的自由，能够使爱情充满张力，坚韧而牢固，而没有任何自由的依赖和缠绕，会使两人在其间失去自由呼吸的空气，爱情迟早会窒息。正如莎士比亚的名言所说："最甜的蜜糖，可以使味觉麻木，不太热烈的爱情才能维持长久。"这里的"不太热烈"，显然指的是"亲密有间"，即伴侣彼此留有恰当的自由空间。

 案例 1-11

其实他仍然爱着我[12]

一对夫妻结婚七八年了，他们曾经深深相爱。新婚起初，丈夫每天对工作不怎么上心，最盼望的事情就是早点下班飞奔回家。在那里，迎接他的有新婚妻子娇美的笑脸。他们一起走进家门后，总会先有一个深情的拥抱、亲吻，然后两个人一起去做晚饭。每一个夜晚都被柔情蜜意笼罩着。

可是时间一长，丈夫就感到腻了，再加上他有了自己的公司，工作越来越忙。他开始很晚回家，即便回家也是倒头呼呼大睡。妻子依然坚持每天等他回来，但却等不到他的拥抱和亲吻了。

有一天，丈夫回到家向妻子提出离婚，他的理由是在这份关系里已经感受不到激情，他厌倦了，想寻找新的生活。他向妻子声明，这并不是因为他有了新的感情。妻子默默听完他的话，答应了他的请求，只是让丈夫先达到她的一个要求，一个月后再正式谈离婚。她的要求是，他必须每隔五天回家一次，并且回家后要给她一个拥抱或者一个亲吻。这是她答应离婚的唯一条件。

五天以后丈夫回家了，按照约定他得拥抱并且亲吻妻子，因为好久好久都没有这样做了，所以在完成约定的时候，他甚至有些躲闪。但是，当妻子闭上眼睛接受他的拥抱和亲吻的时候，那种熟悉的感觉便一点一点地回来了，他想起了他们俩的初恋……

> 丈夫顿时感觉到，他还是爱自己的妻子的，只是他们之间的爱被风尘岁月中的忙碌和每一天都在一起而产生的疲劳感所掩埋了。就在这时，他的心境变得清澈了，爱情的暖流重回心中。他再也没有提起离婚的事儿，与妻子又回到了爱情的家园。自那以后，他们更懂得了对方的需求，他们的爱情因为彼此距离的调节，得到了继续的发展。

案例点评

这是一个很典型的"刺猬效应"的案例，夫妻间的关系从亲密无间到近乎分离，然后又从婚姻的边缘重归于好。实际上，这就是两人在彼此的距离上所做的不断调整，在相互的关系上找到一个恰当的平衡点。无论在任何时候，是夫妻关系也好，还是恋人关系也好，都要特别注意"距离"这个问题。如何能使两个人之间的"依赖性"非常适宜，即彼此感觉无比温暖，又不会感到束缚或疏远，是每一对恋人都必须面对的课题。具有较强情侣关系调节能力的人，就能够在两人相爱的过程中处理好距离问题，既可以适度地把握自己的分寸，又可以智慧地回应对方的要求。要想在恋爱关系中达到这个程度，需要不断学习和调整自己。

四、排他性

与爱情的其他属性相比，排他性在恋爱关系中体现得更为突出，也是其他人际关系一般不具有的特性。已经产生爱情的一对男女，一旦进入正式的恋爱过程，就不会允许对方再与其他人有这种关系。在爱情关系中，彼此都想互相独占对方的感情，也只与对方表达和发展感情，不准他人的介入。由于排他性的作用，使得爱情成为一对一的感情，是只属于一对情侣之间的关系，因此，也可以用"专一性"来表述爱情的这个特点。

虽然排他性能够反映恋爱对象之间的亲密情感，以及双方对于感情的专一投入，但在许多情侣恋爱的过程中，彼此可能会在排他性上表现出过分的要求和限制。例如，不让对方与异性朋友正常交往，限制对方参与有异性在场的活动，甚至监视恋人的行踪等。这些行为看起来是对双方感情的保护，非常在意对方的交往状态，但实际上是对恋人的不合情理的控制，也是对双方感情表现出来的不安全感。任何类似的对于恋人的限制和跟踪，非但不能起到保护爱情的作用，反而会降低两人之间的信任感，破坏彼此已经发展起来的感情。所以，排他性不是排斥正常的人际交往，恋爱关系和其他人际关系是有本质不同的，不应将它们相混淆，更不能由于无理限制对方的正常社交而毁坏了美好的爱情。

排他性的真实意义是，当一个人与另一个人建立爱情关系之后，双方都不应该再与其他异性之间有任何暧昧关系。对于走进恋爱或者婚姻的人来说，必须坚守这个基本原则。一方面，这是爱情本身所要求的，一旦进入恋爱就要全身心地投入，两个人就要在心灵上结合，而由于这种高层次的结合带有很强的交托性和隐私性，因此一个人不可能与两个人同时建立这种关系。而且，科学研究已经证明，人类并不具备和多个人同时恋爱的能力。性欲可以针对任何人，而恋爱却只能针对一个人[13]。如果与两个异性有了爱情关系，不但会给生活带来太多的麻烦和危害，而且也不会使两个关系都保持长久，必定要终止其中的一个关系。另一方面，同时与两个人发展爱情关系，也是社会伦理道德所不允许的，因为这种做法必然会伤及关系中的其他两人。无论是在身心上，还是在时间和精力上，都会造成莫大的损失。

案例 1-12

你的心要全部属于我

王艳和陈东是通过朋友介绍相识的，他们在两个不同的城市上大学。王艳生长在辽宁某沿海城市，陈东出生在这座城市附近的一个县城。他们俩先在QQ上聊天，彼此没有见面，但没过多久就产生了感情，明确了恋爱关系。在两个人的交往中，陈东有时会不经意地提起原来女友对他有多么好，在生活上如何关心他。每当听到这些，王艳心里便暗暗不高兴。

有一天中午，王艳在电话里对陈东说："你也许不是真正喜欢我，只是让我来替代你的前女友。"陈东回答道："你哪能代替她呢，你们不是一种类型的人。"王艳听了这话，心里很不是滋味，感觉自己在男友的心中取代不了他的前女友。于是就说："我们不适合在一起，咱们分手吧。"陈东看到这种情况，就发了一条内容很多的道歉短信，表白自己已经不再爱以前的女友，来求得王艳的理解。在他的再三哭诉之下，王艳才同意继续做他的女朋友。

过了不久，陈东为了表达对王艳的爱情，给她买了一个很贵的钱包，无意间流露出他曾给前女友也买过一个。这回又一次刺痛了王艳的敏感神经，勾起了她的伤心之情。她对王东说："我们还是做一般朋友吧。"其实，在她的心里，还是深爱着陈东的，只是想让他再次表明态度，以安抚自己不够踏实的心。可是，这一回王艳没有等来陈东的表白和承诺，两人的爱情就这样在万分的遗憾中结束了。

案例点评

从案例中我们能够明显看到，王艳在与陈东相处的过程中，表现出极强的排他性，她不允许对方提到以前的恋人，包括一切与之相关的事件和物品。这种极端的心理表现，反映出她对陈东的极强的占有欲，要他把过去的恋爱经历完全忘掉。实际上，王艳之所以这么做，主要有两个重要的心理因素在起作用。一是她的自信心不强，担心陈东将她与前女友相比会显现出其缺点，使自己在陈东心里占据不了重要的位置。二是她对自己与陈东之间的感情并没有把握，不知道陈东对她的爱有多深，心里存在疑惑和不安全感。在这两种心理情绪的影响下，王艳整天忧心忡忡，心里充满了嫉妒和猜疑，无法在爱情中享受喜悦和快乐，最终导致了爱情的结束。

任何人都可能有过去的恋爱经历，都可能遇到这样或那样的恋人，然而，处于当下恋爱中的人，不能抓住对方的过去不放，而忽视了今天两人感情的建立和发展。如果总是处在"过分排他性"的心理状态之中，就不可能全心全意地爱对方，就不会与恋人建立起彼此信任的感情，更不可能收获美满的爱情。

五、生理性

总体比较来看，生理性是爱情有别于其他人际关系的最重要的属性。两个人一旦进入到恋爱当中，就会出现强烈的生理反应，许多科学研究的成果已经证明了这一现象。从1996年开始，美国纽约大学的神经科学中心开展了"探索恋爱原理"的研究。此项研究的中心人物便是人称"恋爱科学第一人"的人类学家海伦·费舍尔（Helen Fisher）博士。研究中心对情侣的脑内活动进行了扫描和详细分析，发现了与恋爱情感有关的化学物质，以及人在恋爱时大脑的活动情况。

根据费舍尔博士的研究结果，一种叫做"多巴胺"的神经传导物质与恋爱情感存在密切关系。人在恋爱后，体内会分泌大量的多巴胺，并且在其作用下感到精力充沛，不知疲倦，注意力高度集中，最后又会对对方完全依赖。研究结果还显示，无论男女，在他们陷入爱河之后，大脑中的活跃区域都是一样的。更有趣的是，在多巴胺的影响下，恋人还会觉得对方是一个很特别的人，自己也会做出平时绝对不做的举动，如热烈的拥抱、亲吻和性冲动等[14]。另外，心脏悸动、精神不安、焦虑等恋爱中经常出现的不良情绪，也是由多巴胺造成的。所以，费舍尔认为："恋爱并不是一种感觉或者情绪，它不能受理性的控制，是一种最原始的冲动。多巴胺是爱情的燃料，恋爱的诸多症状都与它有关。"

这项研究还发现，由多巴胺派生出的新肾上腺素对恋爱情感也能造成很大的影响。新肾上腺素水平过度增加的时候，人就会出现失眠、食欲减退等症状。另外，如果多巴胺和新肾上腺素的分泌增多，那么脑内的另外一种物质——血清素就会减少，往往导致人的情绪不稳定，陷入不安之中，还可能做出冲动的事情。

由此看来，恋爱过程中的生理反应是非常强烈的，对一个人的身体和心理都会产生很大的影响，甚至会冲击一个人正常的生活。所以，处在恋爱过程当中的情侣，要有意识地了解和调整自己的生理和心理变化，尽量避免由于恋爱行为过激或不当而引起不良反应，从而使恋爱生活更加平稳和顺利。

思考与练习

1. 认真思考一下本节所讨论的爱情属性，并对每一种属性的实际表现加以梳理和归纳，从而加深对于爱情的全面理解。

2. 搜集你在生活中遇到的恋爱案例，对每一个案例进行评析，从中仔细观察爱情属性的特征表现。从你的观察中，试着总结出五种属性的强弱规律。

3. 除了本节分析的五种爱情属性之外，你认为爱情还有哪些属性，可以把你的看法记下来，与对此问题感兴趣的人一起探讨。

第五节 爱情的发展阶段

情侣从开始恋爱到发展甜美的爱情，再到两人决定携手共度一生，最后进入婚姻殿堂，需要经历一个完整的恋爱过程。虽然人们的恋爱在时间上有长有短，过程的内容和形式也不尽相同，但都要走过几个重要的阶段，经受不同的考验，才能最终收获成熟而幸福的爱情。对于爱情发展阶段的研究，国外不少学者为此倾注了精力，取得了一些颇有价值的成果。在本节中，我们主要来讨论两个关于爱情发展阶段的理论。

一、"五段"爱情发展阶段论

勒斯·帕罗特博士是美国著名的婚姻关系专家,他与妻子莱斯利·帕罗特同为美国西雅图太平洋大学人际关系发展中心理事。他们夫妇将多年的婚姻辅导经验和实证研究融合在一起,合作撰写了一本专著,名为《让婚姻赢在起跑点》(*Saving Your Marriage before It Starts*),集中探讨了婚前和婚后都需要了解和面对的七个问题。在这本书中,他们认为相爱是两人一起行走的旅程,由五个不同的爱情阶段所组成,分别为浪漫阶段、较力阶段、合作阶段、相互依存阶段和共同创造阶段。这些阶段依次出现在爱情旅途的不同季节,每个阶段都富有挑战性和良好的机会,如果能够顺利通过,就会使相爱的人赢得丰满的爱情生活,享受一生的幸福。

(一)浪漫阶段

按照帕罗特夫妻的观点,在两个人恋爱的初期,爱情生活是充满浪漫和温馨的。在这个阶段里,男女双方都忘记了他们是独立的个体,有着不同的特征。这个诱人的时期使一对情侣完全沉浸在对方带来的喜悦之中。他们所做的一切,都是为了满足深层次的亲密需要。他们经历着一种奇妙的融洽,享受着令他们万分喜悦的幸福感和归属感。这个阶段也常常被一些学者称为"热恋期"或"共同依恋期"(codependent period),双方无论在心理空间上还是在物理空间上,都非常依恋对方,不论何时何地总是希望能"腻"在一起。

然而,世界上的许多事情不会永远鼎盛不衰,许多哲学道理或名言谚语也是由此而来的。在恋爱方面也是一样,激情状态是有一定期限的。爱情的浪漫会随着时间的推移而逐渐减少,浪漫阶段将慢慢消失。那么,是什么使爱情的浪漫渐行渐远呢?研究者们总结出三个主要原因,即幻想、新奇和唤起。幻想指的是把恋爱对象理想化,弱化和忽视那些使他们的爱情停顿不前的信息,使得与自己很不一样的异性变得很有吸引力。新奇是指与一个异性初期在一起的时候所产生的好奇和激动,这种心理感受会增加激情和精力。唤起主要指的是身体激动的反应,如脉搏加快、呼吸急促等,这些无疑会强化激情。然而,随着两人接触时间的增长,亲密关系的建立,生活现实渐渐地侵入时,幻想、新奇和唤起的程度就会随之减弱,浪漫便会渐渐地消退。当然,在许多情侣的爱情关系中,浪漫是不会完全消失的,但它确实会减低到低于伴侣决定结婚时的水平[7]。

意大利比萨大学(University of Pisa)的科研人员对正在热恋的情侣进行了

大脑活动情况的监测。实验结果显示，恋爱时期的大脑活动特征随着恋爱时间的增加而明显减弱，恋爱的保鲜期一般是在 12~18 个月。很多人会感觉恋爱来得快去得也快，就是这个道理。另外，从恋爱人群的行为表现来看，他们常常会心不在焉，很难专注于眼前的工作或学习，于是就给周围的人带来了很多麻烦。为了与恋人相见，他们会不惜请假甚至逃课，有时候还会毫不迟疑地奔向千里之外的恋人，夜不能寐更是常有的事情。他们把所有的精力都集中在对方身上，这种状态对体能的消耗特别大，长期下去使人无法承受。因此，一直持续在浪漫和激情之中的爱情很少见，这是人的本能所决定的。

虽然对于任何一对情侣来说，爱情的浪漫程度都会逐渐降低，但不要觉得奇怪和气馁，如果一个人对伴侣热切的渴望渐渐演变成平静但深切的感情，这是一个幸福的结果，很可能会使他或她成为一个充满运气、备受呵护的爱人。

（二）较力阶段

当浪漫的热恋阶段过去之后，相爱的两个人就会进入像"拉开的弓箭"一样的充满张力的阶段。在这个阶段里，情侣各自的特性更多地流露出来，两人的差异也越来越明显。相互之间的接触和交往开始某种拉锯战，强势或弱势还不能分得很清楚。面对这种情形，恋爱之中的人不得不学会调节自我，以适应对方的个性。虽然这个时期的张力大小会因人而异，但几乎每一对恋人都会遇到这种境遇，需要彼此深入了解，相互适应。

处于此阶段的恋人有一个十分突出的心理特点，那就是想要自己的时间多一点，做自己想做的事情，尤其需要心理上和环境上的空间，自主性体现得更加明显和充分。有人将这个时期称作反依赖期（counter dependent period）。如果双方出现这种心理状况的时间不一致，其中一方就会感到被冷落。

许多成功度过较力阶段的人，都会有这样一种深刻的感觉：拥有一个完美的伴侣的确是一个美好的幻想，在人们的现实生活中，绝对不可能找到完全符合自己心理需要的人。然而，对于顺利走过这个阶段的人来说，仍然会被对方的特性和优点所吸引，愿意继续发展彼此的恋爱关系，走向更加成熟的爱情阶段。

（三）合作阶段

对于通过前两个阶段考验的情侣，可以顺利、平稳地进入合作阶段。在这个时期，两人如同呼吸到新鲜空气一样，彼此的爱情又获得了更多的能量和振奋。恋爱有了这样的状态，一种愿意接纳对方和改变自我的意识便进入了两人的关

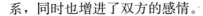

第一章 爱情的内涵

系，同时也增进了双方的感情。

在合作阶段，新的爱情深度随着情侣之间的健康互动而出现。大多数情侣会意识到，爱不是过多地把审视的目光投向对方，而是要更多地审查自己，对自己的行为和存在的问题更富有责任感。与此同时，相爱的人也开始以客观的态度期盼恋人，放弃"对方应该为自己的快乐负责"的幻想。他们开始重新定义爱，赋予爱情以新的、更深刻的理解，也逐渐明白爱是对害怕、争辩、对抗和伤害等负面行为的克服和抑制。

（四）相互依存阶段

经过前三个阶段的爱情历程之后，情侣之间的爱会更加稳定和成熟，两个人都已发生很大的变化，彼此的心靠得更近了。当然，两人走到这个阶段也并非意味着爱情已达到尽善尽美，时而还会出现一些过去曾经有过的问题，特别是在遇到压力的时候，问题会比较突出。有时两人也会怀疑他们是否能够丢弃旧的、不健康的交往模式。但这时的相爱情侣已经具有了很强的调节能力，随着爱的成长，他们会进入更深沉的爱恋之中。在不经意的岁月里，彼此依赖已成为两人共同的生活基础，一起走进了相互依存阶段（interdependent period）。

在这个阶段，两人会产生真正心灵相通的感受，具有从未有过的安全感。在生命的意义上，彼此实现了相互的交托，心甘情愿地把自己献给对方。他们不断地感受到，相互亲密和依靠给两人带来了越来越多的喜乐和惊奇。

（五）共同创造阶段

随着亲密感的不断增加，情侣之间形成了强大的共同创造力。亲密的旋律为他们的恋爱关系提供了全新的滋润，爱情带来的幸福感充满着两个人的心田。到了这个阶段，情侣彼此建立了很强的信任感，在此基础之上两人都有足够的能力处理好相互之间的各种事情。这种丰盛又平静的爱胜过前面所有的阶段，并且继续涌出更加强烈和更加深厚的爱意。在共同创造阶段里，深深相爱的两个人有了相同的认识，要为对方的幸福付出自己一生的努力。这时他们开始感觉到，两人一起走过了经受考验的旅途，有过冲突、激怒、恐惧和束缚，也有过愉悦、美好、快乐和释放，但所有这些都来自于最亲密的爱情源泉。而且，他们还相信，虽然爱情表现形式会随着生命的历程而变化，但绝不会缺少亲密感、意义和价值。在起初的激情退去之后，会有更深切、更亲密、更关心的爱迎接他们，更强的创造力会填补两人关系中的不足，给予爱情及时的浇灌和培育，使爱情之树常青。

对于上述五个恋爱阶段，恋人们在各个阶段停留所需的时间长度是不相同的，受到许多复杂因素的影响，并且也因情侣各自特点的不同而存在差异。从总体恋爱情况来看，大部分人从第二个阶段开始，就会出现各种各样的问题，导致两人的恋爱关系不能继续向前发展，最终宣告结束。引起这种状况的主要原因包括缺乏信任、猜忌太多、以个人为中心、难于忍让、独立性差（女性尤为突出）和向对方所求太多。对于每一对情侣来说，要顺利地走过这五个阶段，的确非常不容易，要经过许许多多的考验和挑战。

二、"四段"爱情承诺阶段论

芭芭拉·安吉丽思（Barbara Angelis）博士是当代个人成长与灵性成长领域最具影响的导师之一，是美国著名的人际关系专家。她对婚恋问题开展了长期的探索，多年来为数以千计的夫妻、情侣提供咨询，取得了丰硕的研究成果。对于爱情的成熟过程，安吉丽思提出了"四阶段论"，描述了情感关系的发展轨迹及恋爱成功的关键所在。她认为，成熟的恋情都应该经历承诺的四个阶段，每一对情侣都要随着时间的推移做出四个关于爱情关系的承诺的决定[15]。

（一）承诺在感情和性爱上专一

按照安吉丽思的观点，在男女双方交往数周或数月之后，彼此都会开始思考一个问题：要不要与对方继续交往下去？也就在这一期间，两人都需要对方给出一个承诺，相互的关系才能继续往下发展。这个承诺应该是在性爱和感情上的专一，承认两个人的关系发生了质的变化，被安吉丽思称作"新关系"。有了这个承诺，两人就从一般的相互了解和交往的关系，发展成"唯一的亲密关系"，将所有的时间和精力用来彼此共享，不放在其他人身上。

在一般情况下，为了建立爱情而相互交往的男女双方应在三个月之内做出感情承诺。如果一方拒绝在谈感情开始不久后做出这个承诺，不能专一地对待另一方，那么他们的感情是无法发展的，两个人的关系必然会随即结束。在现实生活中，我们经常见到这样的情况，双方感情看起来发展得很顺利，但是一旦提到承诺，两个人的关系就立刻变得紧张起来。当然，这时的承诺还不是婚姻的承诺，只是爱情的第一个阶段的承诺，是为了保证在感情和性爱上的专一。

（二）承诺朝着成为爱侣的方向努力

在男女朋友专一地交往了几个月之后，他们的关系会变得"认真"很多，都认为自己已经"恋爱"了,彼此正式成为一对情侣。这个时期是感情发展的重要阶段,双方都比较投入,同时,也开始需要相互的高一级承诺。这时的承诺是,两个人都愿意朝着成为爱侣的方向努力。具体来说,两人有了三个共识:一是认为彼此的感情与众不同,值得继续培养;二是认为彼此的感情有发展成为永远的伴侣的潜力;三是愿意一起坦诚沟通,学习彼此了解,努力创造可能天长地久的伴侣关系。

有些开始恋爱的男女,在两个人交往较长时间以后(至少半年),还没有得到彼此的第二个承诺,但他们并没有意识到相互的关系已经停滞不前。许多恋爱的一方仍然盲目地深爱着对方,而另一方的心里已经不想向前发展关系了。所以,当一方提出要朝着结婚的方向努力时,却遭到了对方的冷漠甚至否定。这种情况往往会使真心投入爱情的一方受到伤害,在心理和精神上受到巨大的打击。

(三)承诺共度未来

与第一个和第二个承诺相比,第三个承诺对于婚姻来说更有实质性意义,那就是决定要彼此共度未来。这里所指的未来,是可见的未来,还不是无止境的未来,也就是说还没有承诺要进入正式的婚姻,只是计划要尽快订婚。做出第三个承诺所需要的时间跨度具有很大的不确定性,可能是 6 个月,也可能是很多年。经历时间的长短,取决于两个人的年龄和感情所面对的客观条件。安吉丽思建议,恋人越年轻,越要多花一些时间,才能同意做出第三个阶段的承诺。如果一个女生在 20 岁出头,不应认识一个男生才六个月就做出第三个承诺。她还需要几年的时间来学习相处的技巧和发展成熟的感情,才能使他们的爱情有一个强有力的基础。然而,对于一个三十几岁的曾经认真谈过恋爱的女人,如果她非常清楚自己是什么样的人,以及自己要的是什么,也许就不需要那么长时间来发展伴侣关系,很可能在相处一年之内就决定与男友共度未来。

由于第三个承诺对恋爱双方的人生具有极其重要的影响,所以情侣在做出其承诺之前应确定有如下把握:①双方已经建立了强有力而且健康的伴侣关系,并且几乎所有的时候都相处得很好;②两人都已无心探究别人有没有成为自己爱侣的可能;③双方都觉得对方几乎无时无刻不在全心全意地爱着自己和欣赏着自己。有了这几种情况的出现,情侣做出第三个承诺的条件就成熟了。

(四)承诺牵手走一生

恋爱过程经历了几个不断递进的阶段,最后就到了承诺彼此生命的结合、决定牵手一生的关键时期。这时承诺的真正含义,才达到了人们通常对"承诺"二字的理解,是恋人对走进婚姻和共度余生的最终决定。然而,相爱的人能够做出第四个承诺,是相当不容易的,是一件非常严肃而庄重的事情。只有当两个人的关系达到了如下程度,才有做出婚姻承诺的资格。①两人进入承诺的第三个阶段已有相当一段时间了,而且共同努力克服了任何阻挠两人的客观环境或感情障碍。②相信无论面临任何逆境,他们的感情都会继续成长,两人彼此充分信任,并且具有很强的信心。③相互之间不断探索更深层次的爱,建立更强的亲密感,而且都为此感到兴奋不已。④彼此都确定与对方融合的程度,相互之间都感到很适合。

从现实情况来分析,对于大多数人而言,第四个阶段的承诺是以合乎法律的结婚仪式来表达的。当然,在进入法律程序之前,两个人心中就已经坚定了相互交托终身的承诺。对于没有那么传统的人而言,可能会用非法律的仪式,或者用私下的方式来使他们的关系神圣化。不论采取哪种方式,最后一个阶段的承诺都是相爱的一方对于另一方的最高程度的承诺。也只有到达这一级的承诺,两个人的爱情才真正有了归宿,结出了丰硕的果实。

从上面的叙述中,我们看到帕罗特夫妇与安吉丽思对于爱情发展阶段的分析不尽相同,有着各自关注的重点和分析的角度。但是,从他们的不同论述中都可以认识到,爱情的成熟需要过程,必须要经历一定时间的培育和磨炼,而且要经过内涵极不相同的各个阶段。从这一点来看,想要快速获得牢固的爱情,迅速达到彼此深深相爱乃至托付终身的状态,是完全不可能的。

思考与练习

1. 在学习了本节关于爱情发展阶段的内容之后,你对爱情有了哪些新的认识?其中受到的最大启发是什么?

2. 分别以帕罗特夫妻和安吉丽思的恋爱发展阶段理论为参考,分析一下在恋爱过程中哪一个阶段(或哪几个阶段)的爱情比较容易出现问题,是由哪些原因导致的,并针对其问题找出有效的解决方法和策略。

3. 如果你已经进入到恋爱的过程之中,可以自己分析一下你的爱情到达哪个阶段,是否具备了进入下一个阶段的基础和条件。这一分析对于你最终获得成熟而健康的爱情,会有很大的帮助作用。

第六节 恋爱的价值与意义

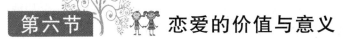

拥有一份美好而永久的爱情,是现实社会中大部分人的美好心愿,也是许多人不断寻觅和追逐的人生目标。纯真爱情在给每一个拥有它的人带来幸福的同时,也会使经历它的人在发展爱情的整个过程中,得到许多方面的促进和历练。全面而深刻地认识爱情的价值和意义,可以使人们对爱情的态度更加理性、更加从容,在享受爱情的同时,能够倍加珍惜爱情带来的快乐,也认真学习那些由它给予的重要的功课。

一、满足心灵归属的需要

美国著名人本主义心理学家亚伯拉罕·马斯洛(Abraham Maslow)在让人们接受人本主义心理学的过程中扮演了主要角色,建立了广为人知的"需要层次理论",也由此被公认为是"人类动机研究之父"。1954年,他在重要的著作《动机与人格》(*Motivation and Personality*)中提出了一种以需要层次概念为基础的动机理论。马斯洛认为,人的需要分为三大层次,即基本生理需要、心理需要和自我实现的需要[16]。在心理需要中,包括一种人类的基本需要——归属的需要。而在归属的需要中又含有爱别人和被别人爱的需要。他指出,人是一种社会动物,天生就喜欢而且热爱别人,同时也渴望别人喜欢和热爱自己。如果这两种需要得不到适当的满足,就会给人带来各种各样的心理和社会问题。一般而言,人们的幸福感将取决于是否满足了心理归属的需要。

人的归属需要会使每一个人都努力(不仅是想要)去与他人建立和维持亲密的关系,在与那些了解和关心自己的人进行愉悦的交往和互动中,会达到心灵上的满足。而在男女之间产生的爱情,是一种人际间最亲密、最深刻的关系,恰好能够最大限度地满足人的归属需求。在深深相爱的恋人之间,会有甜蜜的交流、情绪的安抚和心灵的慰藉等重要的心理交互活动,这些都会给他们带来巨大的情感和精神支持。与那些没有获得纯真爱情的人相比,拥有成熟爱情的人会有更多的心灵归属感,也会因此产生更强的幸福感。

许多心理学研究都发现,在恋爱中获得心灵归属需要的满足,可以使人的情绪愉悦，身体更加健康，而对于因为失恋、离婚和丧偶等失去亲密爱情的人，由于归属感的突然缺失，不仅在精神上会出现垂头丧气、失魂落魄、万念俱灰或极度悲伤等问题，还会在身体健康方面出现很多症状，如容易患高血压及免疫功能衰退等。如果他们的心理需要持续不能得到满足的话，就有可能比有幸福爱情和亲密关系的人去世得早。一项全面的综合研究发现，与有亲密关系的人相比，缺少亲密关系的人的死亡可能性会高出2～3倍。由此看来，甜蜜而持久的爱情关系，对于人的心灵和谐乃至身体健康是有积极、重要影响的。

二、学习处理人际关系

一个人与他人之间有着各种各样的关系，而爱情关系是其中一种非常特殊的人际关系。两人建立和发展爱情关系，要比处理其他关系更具有挑战性。无论在交流的范围，还是在深度和频率上，都在很大程度上有别于与其他人的交往。所以，处在恋爱中的人，需要不断地学习，进行自我调整，掌握彼此交往的方法和技巧，才能很好地与恋人相处，发展并获得美好的爱情。

在情侣之间交往的过程中，能够做到恰当地处理各种各样的问题，并非是一件容易的事情，不仅需要相互的了解，更需要彼此的理解、宽容和忍让。然而，要做到这些，是需要一个过程的，不会有人一下子就能处理好两人之间的事情。这正像法国文学家莫里哀（Moliere）曾说过的一句话："恋爱是一所学校，教我们重新做人。"在恋爱这所"学校"里时，一个人需要学习的东西很多，包括认识彼此的差异、倾听对方的需求和建议、进行及时而恰当的交流、学习和信任对方、克服嫉妒和自私、解决冲突和矛盾等。而无论做到哪一个方面，都需要恋爱情侣不断地学习和磨炼。

恋爱对于人的心理成熟和人格完善具有重要的促进作用，不仅让人学习如何去爱另一个人，怎样与恋人交往，也能让人学习如何与更多的人建立良好的关系。一个能与自己的恋人相处得很好的人，在很大程度上也能与其他人和睦相处。虽然恋爱关系具有一定的特殊性，但也有与其他人际关系相似的属性。所以，恋爱之中的人在学习与恋人相处的过程中，同样能够学习和提高人际交往的能力。是否具有较强的人际交往能力和社会适应性，能否与他人和谐相处，是衡量一个人心理成熟程度的重要标志。

三、促进自我认识的发展

通过恋爱的过程，每个人都会在不同程度上加深对自己的认识。在与恋人相互交往的过程中，对方对于自己的看法、评论和建议，都会引起一些思考，使之全面地审视自己的所思所想和所作所为。在绝大多数情况下，恋人是一个非常重要的人，其观点会产生巨大的影响力，能够使另一方去反思和检查自己。恋人有时就像一面镜子一样，能够照出对方的优点和不足，而那些正是以前未能发现的地方。

除了从对方的反馈中来了解自己以外，恋爱中的人还能从两人相处的过程中，不断地意识到个人的情感世界，感觉出以往的经历对自己的影响，发现自己的个性特点、价值取向、情感类型、兴趣爱好和为人处世的方式等，从以前意识不到的、更加宽阔的角度去认识自己。而且，在日益提高自我认识的基础上，每个人还能逐渐完善欠缺的地方，继续发扬已有的优点。积极而正确的恋爱，可以改变人的趣味，升华人的人格，开发人的潜能，促进人的新生。

四、提升个人的精神境界

我们常常听到有人在说："谈恋爱真累，实在是太消耗精力，都把人掏空了。"虽说这话听起来很让人同情，说话人似乎做出了很多个人的牺牲，但从另一个角度来看，付出了爱其实在精神层面上却是一个巨大的收获。如果一个人曾经真心地爱过另一个人，即使对方已经转身离去，但爱的收获必定会以某种方式保藏下来，当岁月渐渐抚平了创伤，珍宝依旧留在心中。

人在恋爱中做出的奉献，不是单纯的给予，同时也是莫大的收获。正是通过表达爱情的多种具体方式，建立了与一个人及其相关人的关系，丰富了与人际世界的联系。一个从来不曾深爱过的人，他的精神世界是狭隘的，心灵的力量是缺乏的。爱的经历决定了人生内涵的广度和深度，一个人的爱的经历越是深刻和丰富，他就越是深入和充分地活了一场[3]。

爱的经历能够丰富人生，爱的体验可以滋养心灵。无论恋爱的经历是否顺利，所得到的体验对于精神境界的提升都有很大的益处。因为恋爱，人们有了观察人性和事物的浓厚兴趣，产生了强大的爱的力量；也因为挫折，个人沉静的反思会使头脑更加清醒，心灵更加净化，精神更加强大。如果一个人历尽挫折还能够永葆爱心，便证明这个人的精神足够富足，经得起更大的、更严峻的考验。

思考与练习

1. 你是否同意"爱情对于一个人来说，有着很多意义和价值"的说法？在你看到的别人的恋爱生活中，或者在你自己的恋爱经历中，你体会到了哪些意义和价值？

2. 在本节所讨论的几个方面的恋爱价值中，你认为哪个方面（或哪几个方面）对于人的现实生活和生命成长最有积极的作用？

3. 在你看来，恋爱还有哪些价值和意义值得去挖掘、认识和实现？你可以结合自己的恋爱经历加以分析。

第二章
男女的差异

爱情是个体男女之间通过一个相对长的交往过程而获得的一种特殊情感。这一过程包括互不相识、开始注意、相互接触、产生好感、建立友谊和产生爱情等。无论在哪一个阶段，男女之间不断加深的相互了解，对于双方差异的更深刻的认识，都是两人继续交往的重要动因和促进条件。然而，对于男女双方存在的差异，许多人并没有给予足够的重视，更缺乏相关的知识，导致其在恋爱过程中不能有效地处理差异，使爱情停滞不前甚至终止。无数的现实事例表明，爱情能否取得成功，情侣能否最终走到一起，在很大的程度上取决于两个人是否有能力处理好彼此之间的差异。

恋人之间的差异是多方面的，情况也是千变万化的。我们在一次调查中曾问到大学生："你认为恋爱男女之间可能会存在哪些差异？"他们一共列出了二十几个方面的差异，而且认为这不是最后的结论。在大学生们提到的众多差异中，有许多是公认的，包括价值观、个性、兴趣和爱好、生活习惯、沟通方式、性态度、心理成熟度和性别特征等方面的差异。除了由性别引起的差异以外，其他差异都可能存在于任何两个人之间，所以，因性别不同而带来的差异，便成为恋爱男女必须首先了解和处理的差异。

两性之间的差异始终是人类所面临的重大课题，不少研究者为发现和证实其差异付出了很多努力。许多科学实验和社会研究的结果表明，男性和女性之间存在一些固有的差异，而且其差异往往会成为双方交往特别是恋爱的障碍。在本章中，我们来全面、深入地分析男女之间的差异，使想要取得恋爱成功的人们，从中得到有益的启发和借鉴，能够正确处理好两性差异，让恋爱生活变得更加幸福和美好。

第二章　男女的差异

第一节　男女的生理差异

要认识男女之间的差异，首先应该从生理差异的了解开始。关于男女生理差异的问题，近年来越来越被科学界所重视，很多科研人员从不同的角度进行了深入的研究，且国内外已有一些研究得出了明确的结论。

一、先天喜好

关于男女差异是先天因素占主导还是后天影响占主导的问题，长期以来一直存在着争议，答案随着时代的变迁而变化。

20世纪六七十年代的时候，人们都认为男孩应该像男孩、女孩就得像女孩。所以，从孩子很小开始，周围的大人们就以这样的观念管教孩子，并且看到了男孩和女孩的差异。人们当时普遍认为，男女差异主要是在社会环境及家庭文化影响下产生的。而且，当时正是妇女解放运动的全盛时期，全社会都在呼吁男性在外工作、女性在家干活的传统分工模式应该有所改变。人们更加认为男性和女性在本能上并没有差异，先天的生理机能都是一样的，所有的不同都来自于后天环境的影响。

然而，随着人们对于男女差异探究兴趣的增长和科学研究的不断深入，逐渐发现许多男女之间的差异是与生俱来的，与后天的引导无关。美国埃默里大学（Emory University）的生物心理学专家凯姆·威廉姆博士（Kim William）多年来一直从事男女差异的相关研究。一次偶然的机会中，他突然想到，是不是只有人类才对玩具的喜好有差异呢？如果在猴子身上也有这样的反应，那么就可以推翻性别差异是源于教育方法或者社会习惯的观点。他认为，猴子的父母绝对不会去教育它们的孩子要做公猴子或者做母猴子，所以立刻决定用猴子进行实验，察看性别的差异到底是出于先天还是后天[13]。

威廉姆做的实验很简单，他把小汽车和毛绒玩具都放在猴子经常玩耍的假山上，观察小猴子们的选择，并记录它们玩耍玩具的时间。这个实验的结果显示，猴子们对于玩具的喜好有很大差距，雄性猴子玩小汽车的时间很长，而雌性猴子更喜欢玩毛绒玩具。威廉姆由此得出结论，不同性别的猴子对于两种玩具的喜好

倾向与人类完全相同，所以，男孩和女孩对于玩具的选择不是后天教育决定的，其性别差异源自先天。

对于在玩具喜好上的性别差异，威廉姆分析和解释了其中的原因。他认为，对于玩具的选择实际上是猴子内心深处的喜好的表现，也就是说，雄性动物和雌性动物喜欢做的事，以及想做的事有所不同。小汽车代表的是一种活跃的动作，而毛绒玩具则代表的是一种母性的行为。对于雄性来说，它们喜欢无拘无束的自在感觉，而对于雌性来说，则更喜欢和自己的小孩一起玩耍，所以它们就会像抱着自己的孩子一样抱着毛绒玩具。

1992年，贝伦鲍姆（Berenbaum）和海因斯（Hines）为了考察人类的喜好是否来自先天，在幼儿中也做了类似的玩具实验。通过对于两种玩具的玩耍时间进行比较发现，男孩有九成以上的时间在玩小汽车，而女孩有六成以上的时间在玩毛绒玩具，由此得出了与猴子玩耍玩具实验一致的结论。

从这两个实验的结果我们了解到，男性和女性都有一些先天的喜好和行为取向，而这些选择不是来源于后天的教育和培养。既然其固有的喜好是与生俱来的，就不会轻易地改变和丢弃，而且会伴随人的一生。这个事实给了人类一个重要的提示，那就是不能强行命令或改变男性和女性的天生喜好，任何企图转变他们的天性的做法，都是徒劳无用的。

二、大脑结构

男性和女性的大脑结构有着很大的差异，这个自然现象对于很多人来说并不陌生。但是，如果问到具体的差异是什么，能做出准确回答的人就所剩无几了。那么，男性和女性的大脑到底存在哪些差异呢？这些差异对于两性的行为表现是否会产生一些影响呢？下面根据已有的科学研究成果，来具体回答这些问题。

首先，男女大脑的重量不同。为了纠正男性体重较大引起的偏差，科学家们往往采用同体重、同体表皮肤面积的男女作比较。结果显示，两者大脑重量的差异大约在100克左右。对于这种大脑重量的差异是否会对智商产生影响，在科学界曾经引起过激烈的争论。不过，迄今的研究结果已经证实，大脑的重量与智商水平并没有必然的联系。基于这一结论，我们没有理由再认为男性大脑的重量多于女性，其智商就会高于女性。

其次，男女大脑中与性行为相关的部分不同。当胎儿还在母体中的时候，男性的精巢和女性的卵巢就已经存在了。在此发育时期，精巢里分泌的雄性激素会经过胎儿的身体达到大脑，而这些雄性激素会杀死大脑深处视前区的视前室周核的神经细胞，所以女性大脑中的这部分的神经细胞就要多一些。然而，在与性行为相关的大脑边缘叶，男性的神经细胞数量较多。这里是关系到性别自我认知的大脑部位，人们判断自己是男性还是女性，主要受到大脑这个部分的神经细胞数量的影响。

再次，在大脑的语言能力部位，也存在男女的显著差异。位于加拿大多伦多附近的麦克马斯特大学（McMaster University）的桑德拉·维特森教授（Sandra Uiteruson）开展了这方面的研究，他对去世后愿意捐献大脑的志愿者进行了解剖分析。她告诉人们，人类大脑中负责理解谈话内容或者文字意思的区域叫作"韦尼克氏区"。在这个区域，女性的神经细胞数量要比男性高出12%。这个结论可以很好地帮助人们理解为什么女性的语言表达能力要比男性强很多。事实也正是这样，在幼儿时期，女孩比男孩先开口说话，对于语言的学习能力要强于男孩。成年之后，这种差异还会在语言的流畅性、文字的理解力等方面有更明显的展现，女性在这方面会比男性显得优秀。

最后，除了上述差异以外，美国哈佛大学医学院教授吉尔·歌德斯坦（Jill Goldstein）博士还指出，男女大脑差异的地方非常多，它们的构成的确很不同。通过对健康男女的大脑进行扫描，歌德斯坦发现，女性大脑比较发达的部位在前脑叶部分，包括中央前回、眼窝前头大脑皮质、额上回、舌状回和海马区域。海马区域与记忆相关，女性的这个部分要比男性面积大。而男性比较发达的大脑部位则是扁桃核、内侧前额大脑皮质和下视丘等。扁桃核的作用是生成喜恶、恐怖等情绪，在面对敌人的时候会产生危险的感觉。

三、大脑活动

男女大脑除了在结构上很不相同以外，在大脑活动规律上也有很大的差异。2005年，美国加利福尼亚大学教授查德·海尔（Richard Haier）博士发表了一篇文章，文中指出，在智商测试的时候男女所运用的大脑部位完全不同。海尔曾对48位学生进行了智商测试，在该测试结束后，立刻用核磁共振摄影（magnetic resonance imaging，MRI）对学生们的大脑进行扫描。结果发现，男生与女生的大脑扫描图像完全不同，男生在测试时会使用整个大脑，而女生则主要使用大脑前部（前脑叶）。即便男女生的测试分数相同，他们的大脑扫描图也不相同，在大脑的不同区域出现脑细胞的高密度图像。这说明男女在思考问题的时候所使用的大脑部位完全不一样，某部位脑细胞的密度越大，那个部位的使用频率越高。

这种大脑思考部位的不同，便引起了男女思考方式及结果的不同。例如，在判断方向的时候，男性会动脑思考，而女性则是一片空白。这并不说明男性比女性的大脑更发达，只能说明男女在大脑的使用部位乃至对于信息的处理方式上存在很大差异。在许多情况下，即使男女思考的结果相同，但大脑活动的过程完全不一样，即大脑运作的方式不同。对于男女大脑结构与功能的差异，人们尚在继续探索和研究之中，一定会有更多惊奇的发现被展示出来。

四、感官特征

在生理功能上，男性和女性在感官能力及洞察能力等方面也存在很大差异。女性最突出的特点是，能够察觉他人细微的情绪变化和态度转变。当一个人心情不好或是感情受伤时，女人可以很容易地感应到。而男人就不具备这个能力，除非看到那个人有外在的表现，如流泪、发怒、情绪极度低沉等，他才能感到发生的变化。没有这些具体化的行为，男人就感觉不出那个人与正常状态有什么不同。

女人可以注意到别人的外表及行为改变的小细节，而且十分精准，这种能力通常被称为"女性直觉"。美国宾夕法尼亚大学的神经精神学家鲁本·葛尔教授对女性大脑进行过研究，用大脑断层扫描女性休息时大脑的状态。结果显示，女性大脑有90%在持续活动着，不停地从四周环境接受讯息，并进行快速的分析。女性会知道孩子交的朋友，了解孩子的愿望、梦想、恋情及藏在内心的恐惧等。女性当然也能感觉到丈夫的心理活动，看得出他们在行为和情绪等方面的变化。

女性之所以有超强的观察能力，是与她们的眼睛有关系的。眼睛是大脑感知外界信息的重要器官，它的构造十分精密。眼球里的视网膜是由1.3亿个条状细胞和700万个圆锥状细胞构成的。条状细胞是光的接收器，负责处理黑白颜色，圆锥状细胞负责处理其他颜色。圆锥状细胞是由X染色体形成的，而女性有两个X染色体，所以圆锥状细胞数目比男性多，能够精确地辨认各种颜色。男性一般只能辨认红、蓝、绿三种基本颜色。另外，女性的可视角度也比男性广，上下左右的角度可以达到45°，周边的视野则可达180°。与女性相比，男性的瞳孔较大，大脑将眼睛功能设定在长距离的管状视野，使男性不但可以看清楚眼前的东西，还能对远处的目标看得很清楚。

第二章　男女的差异

案例 2-1

明察秋毫的女人[17]

约翰和苏到达舞会现场时，舞会早已开始了。在舞池中，苏盯着约翰的脸，小心翼翼，连嘴唇都没有动地说："你看看站在窗户旁的那一对。"听到苏这么说，约翰扭过头想看看苏所说的人。这时她轻声提醒说："不是现在！你的动作太明显了！"苏无法理解为什么约翰这么冒失，而对于苏不转头就能看到屋里其他人的动作，同样令约翰感到难以置信。

案例点评

这个情节可以让我们联想到京剧《沙家浜》中的阿庆嫂，她就被认为具有"眼观六路、耳听八方"的洞察能力，是一位非常敏锐、机智的女性。在日常生活中，我们也会发现，女人普遍有着察言观色的特殊能力，对周围的事物观察细腻，能抓住许多细节。她们可以从人的肢体语言和说话语调中看出隐含的意思，并且能够很快地将其发现并进行汇集、分析和整合，得出自己的感性判断。女性的这种观察能力，远远超于男性，同时也被他们所忽视。所以，当男女遇到同一件事情时，产生的感觉往往会有非常大的差异，自然也就会引起许多不解和争议。

除了在视觉感官方面有明显的差异以外，男女在听觉上也有差异。女性的听觉要比男性好，尤其在接受高音阶的声音方面能力很强。女性的大脑有能力区分声音，可以将声音分类，并根据每类声音做出判断。所以，女性即使在和一个人面对面谈话时，她还有余力听旁边人说话。而男性的听力非常集中，也十分有限，不能同时接收到多个声音。此外，女性对语调及音调的转变也很敏感，这就是为什么女性在和男性争执时经常会说"别用那种语气和我说话"，而通常男性还搞不清楚什么是"那种语气"。女性所拥有的敏锐的听觉能力，使她们能听出别人说话时含有的"言外之意"。所以，在一对情侣交流的过程中，女性常常会抓住男性话语中的"把柄"，表现出不满的情绪，而男性却全然不知对方的不高兴从何而来。男人的大脑一般不会去听细枝末节，也不会去注意鸡毛蒜皮的小事。

在触觉方面，男女也有明显的差异。女孩一出生皮肤就比较薄，所以触觉比较敏感，长大后皮肤对于抚触的敏感度至少是男性的 10 倍。所以，与男性相比，女性比较需要男友、丈夫、孩子和朋友的拥抱。澳大利亚婚恋研究专家亚伦·皮斯（Allan Pease）和芭芭拉·皮斯（Barbara Pease）夫妇的肢体语言研究显示，在西方，女性和女性在做社交谈话时，肢体上的接触比相同情况下的男性要高出4~6倍。另一份研究精神病的资料也显示，在有压力的情况下，男性会避开他人的接触，退回到自己的世界中。而在同样的实验中，超过半数的女性的反应与男性恰恰相反，她们会开始接触男人，但此举与性无关，只是单纯想要有亲密的接触而已。我们也常常见到，当一个女人想要切断与男人的关系时，或是在生男人的气和讨厌男人的时候，就一定会说"别碰我"。而这句话对于大多数男人来说没有多大的意义。

最后，我们还要提到，女人的味觉和嗅觉都比男人敏锐。女性分辨甜味的能力比较强，所以喜欢吃巧克力的女性比男性多，食物品尝员中也是女性居多。而男性比较能分辨咸味和苦味，所以他们喜欢喝啤酒。女性的嗅觉也比较敏感，尤其在每个月排卵期的时候嗅觉更为灵敏。她们的鼻子可以察觉到荷尔蒙及类似麝香等男性身上的气味。这些味道在有意识的情况下是无法察觉到的。

虽然上面我们分析了女性在感觉上的优势，但事实上她们并不拥有多么超级的感官，只是与男性的迟钝相比，她们显得敏感许多。由于女性具有纤细的感官能力，所以总是期望男性可以从她们的话语、声调、肢体动作等发出的信号，看出她们的需要，了解到她们的情感。然而，男性的感官能力常常不能满足女性的需求，会使女人们感到有些失望。从这一点来看，男人在体会女人的心理动态和情感需要方面，的确要认真地学习一些功课。

思考与练习

1. 在本节中了解到男女的生理差异之后，你得到了什么启发？

2. 以你的观点和感觉，说说男女的生理差异会引起哪些行为差异，对恋爱过程可能产生哪些影响。

3. 在日常与异性的交往中，你可以试着去发现和比较男性与女性在生理上的差异，以便更好地对待其差异，提高与异性交流和相处的和谐程度。

第二节　男女的思维差异

我们已经知道，由于男女大脑的结构和活动方式不同，便导致了两性的思维差异。详细了解男女的思维差异，理解其不同的原因，对于正确对待和处理恋爱过程中男女的不同行为，有着非常重要的意义。

一、思维的优势

1995 年，在美国耶鲁大学由班耐特和莎莉·史维兹博士领导的一组科学家开展了一个实验，目的是要找出男女大脑在使用押韵字的时候是哪一部分在运作。项目组用 MRI 记录了男女被试大脑里细微的血液变化。研究结果确定，男性的说话能力主要是靠左脑，而女性则是左右脑皆有。该研究同时指出，女性的左脑发育比男性好，她们会比男性较快地学会说话、阅读，学起外国语来也比较快。这就是为什么去找治疗说话的病理学家就医的病人总是以男性居多。

然而，男性的右脑发育比女性好，这使他们拥有较好的空间辨识能力和知觉能力。在数学、建筑、想象和解决问题等方面，男性要比女性优秀得多，而且也比女性早学会。他们对方位很敏感，可以轻易辨别方向。所以，他们喜欢规划户外项目，然后照着去执行，运用方位感强的优势去做一些休闲娱乐活动或体育运动。

空间辨别能力能够让男性以立体的角度分析物体，如形状、尺寸、面积、动作和速度等。男性可以想象物体在空间中旋转，使他们能够从三维的角度观看事物。而女性对于事物一般只看简单的表面现象，并且容易将一些现象无逻辑地联系起来。例如，对于房子的建筑设计图，女性在脑海中只反映出一幅平面化的房屋图纸，可男性的头脑中却能反映出一栋盖好的"真实"的房子。男性与女性的这种区别告诉我们，男性可以看到事物的本质，他们的思维往往具有深度，女性在这方面远不及男性，容易被表面现象所迷惑。

这一结论已被美国爱荷华州立大学心理学教授卡蜜拉·班伯的实验所证实。她对一百万个以上的男孩和女孩进行了大脑扫描，来研究男女的空间辨别能力。结果显示，男女孩子的区别在 4 岁时就已经显现了，当女孩的大脑可以掌握平面物体时，男孩已经有掌握立体物体的能力了。在一项三维空间的影像测验中，男孩的空间辨别能力比女孩好的比例是 4∶1，连成绩优异的女孩都会比成绩低的男孩表现差。由于女性大脑中没有特别处理空间辨别的区域，所以许多女性不喜欢从事和空间辨别能力有关的活动，也不愿意去做相关性的工作和消遣活动。

二、思维的广度

美国加利福尼亚大学洛杉矶分校的神经学专家罗杰·高斯奇发现，女性左右脑的连接点比男性多出30％。他还证实,在做同一件事情时,男性和女性使用大脑的部分不一样,其他科学家也有同样的发现。高斯奇的研究还发现,女性的荷尔蒙激素促使神经细胞在大脑里制造了更多的连接,所以使左右脑之间的连接增加。正是这种多重连接,使女性可以同时思考多个不同的事物,拥有对于周围环境的敏锐的洞察力。

女性的感觉器官分布较广,再加上多重性的神经连接,使得她们的左右脑可以快速交换信息。女性在与男性交往时,能够靠直觉很快地观察、判断和评估对方,获得一个全面的印象。除此之外,女性的综合思维与调控能力也很强,能够同时做多件不相关的事情。她们的大脑从来不会闲下来,总是在思考和活动着。我们常常看到:女性可以一边打电话,一边做饭,同时还能看电视;还可以在开车的时候察看装容,听着收音机,一边给别人打电话。这些现象都表明,女性的思维是横向的,具有宽阔的周边视野,可以监控身边的环境和信息,能够同步地处理日常的事物。

由于女性是左右脑同时运用,所以许多人发现,她们常常左右不分。有数据表明,大约有50％的女性无法马上认出哪一边是右,哪一边是左,除非她们先看到手指上的戒指[1]。脑功能过于交叉的思维特点,经常给女性的行为带来麻烦,引起一些看似不应该发生的错误。例如,许多女性都会被男性怪罪,因为在开车时她们说向右转,其实她们真正想说的是向左转。

与女性大不相同,男性的思维是朝着专门化的方向进行的,各项思维能力的划分十分明确。男性的思维特点是一次专注于一件特定的事情,其他事情都很难进入思考和处理的范围。由于男性具有这样的特点,所以大多数男人都会说自己"一次只能处理一件事"。在日常生活中,我们很容易看到这样一些现象:当一个男人停下车看街上的指示牌时,他会把车里收音机的音量调小;在电话铃声响起时,男人会把电视机的声音关小;丈夫在看报纸时,如果妻子与他说话,他听不到都说了些什么;如果丈夫在照着食谱做菜时妻子与他说话,他很可能会出现差错。这些现象的发生,都是由于男性左右脑的连接神经比较少,大脑里各部分的思维功能区分得过于清楚,相互之间难以做出信息的连接。有脑部扫描实验结果表明,男性在阅读的时候,基本上处于没有听觉能力的聋人的状态。

三、思维的方式

男女不但在思维的优势和广度上有所不同,而且在思维方式上也存在差异。

第二章　男女的差异

具体来说，有如下几点不同。

第一，对待事情的关注点不同。在思考某一事情时，男性的习惯是关注事情发展的"结果"，倘若需要付出行动，往往采取"问题解决模式"，希望很快抓住重点，立刻解决当下的问题。而女性则侧重事情发展的过程，凡事从头想起，最后才归纳出事情的结果和原因。因此，在男女双方沟通时，就容易出现重点不一致的状况，难以得到彼此的理解。

 案例 2-2

> **你就是不懂我的心**[17]
>
> 澳大利亚婚恋问题专家皮斯夫妇经常遇到男女思维存在差异的现象，这里就是他们进行婚姻咨询时的一个案例。一位女士告诉他们，她非常希望丈夫能经常对她表示深厚的爱，渴求他用深情的话语来表达有多么的爱她。可是，与她的愿望大相径庭，她的丈夫从不喜欢用语言表达爱，而总是试图用做家务来表示对于妻子的爱，如在园子里除草、整理仓库等，他认为这就是爱的最好表现。当这位女士仍然表示不快乐时，她的丈夫又去粉刷厨房。如果他的妻子还是不高兴，他就要带她去看足球。总而言之，他们对于爱的理解和表达始终不能一致，导致两人的爱情无法继续维持下去。

案例点评

这个案例充分地反映出了男女对于爱情的诠释和表达有相当大的差异。男性在爱情关系中会关注一些事务性的要素，力争去解决两人面对的实际问题。为了证明他的爱，他会竭尽全力去做事，为他所爱的女人排解困难，创造幸福的生活环境。而女人在爱情的关系中更注重情感的亲密交流，需要经常用语言来表达彼此的爱情。正因为有这样的差异，男女双方在互动时就会出现不同的反应。女人想要听到爱情的倾诉，渴望罗曼蒂克的气氛和感觉，而男人则需要女人肯定他的付出及感激他所做的一切。如果她快乐，他就感到满足，如果她不快乐，他就会觉得自己是一个失败者。我们经常能听到一些男人这样说："无论我怎么做她都不高兴，我无法使她快乐起来。"这种境况往往是使男人离开女人的原因，他们希望和一个懂得他的付出并且感到快乐的女人在一起。

第二，对待事情的思考方式不同。男人总是希望把复杂的过程简单化，而女人则喜欢将简单的事情复杂化。男人倾向于用"聚焦式"思维方法看待事物，习惯于把一件事与另一件事有顺序地联系起来，尽快建立整体概况。这是一种把部分联系起来构成整体的思维方法。而女人则不同，她们习惯"发散"的思维方式（又称"扇形式思维"），往往先凭直觉一览全貌，然后细心地发现其中的部分，最后再看部分与整体之间是怎样联系起来的。这种思维方法比较注重事情的脉络和关系，而不是事件的具体内容。男女在思维方式上的这种差异，会在很大程度上引起看待事情的价值标准、处理事情的先后顺序，以及对事情的兴趣等方面的差异。

第三，对待事情的思维形态不同。男人与女人在面对一件事情的时候，思维的形态大不相同。男人愿意进行逻辑性和抽象性的理性思考，对事情加以分析、推理和判断，从中得出事情的结论。而女性与男性有明显的不同，女人的逻辑思维能力一般较差，她们不愿意花时间去思考，觉得进行推理和判断需要花很多的时间，所以宁可凭直觉去处理问题。在对待事物的态度上，女人往往表现出非常感性的特点，感性思维引导和支配着她们的行动。如果像男人那样将事情抽象化，进行逻辑思考和推理判断，对女性来说会非常困难。由于这个原因，理性思维在女性的生活中很难发挥出应有的作用。

女人的感性思维能力强，与她们的非语言沟通能力发展较好有关。女性能从对方的表情、动作、语调上的微小变化，感悟出正确的含义。这种无须通过语言交流的感知能力，被称为"女人的第六感觉"。这种能力确实很奇妙，甚至有时会让人感到不可思议。女性的这种感性思维形态，是由西方心理学家经过大量调查研究发现的，而且无论在东方还是在西方，这个结论都已经被证实。澳大利亚研究身体语言和行为学的专家亚伦·皮斯和芭芭拉·皮斯夫妇认为，这种现象是由于人类在长期进化的过程中，女人为了承担延续家族的责任，因此要比男人具有更多感官的和情感的本能与习惯，才能照料好家庭事务和她们的子女。

这种思维形态上的差异，经常会使恋爱中的男女发生矛盾。由于女性多用感性思维，喜欢凭借直觉思考问题，所以就很容易改变主意，使处理问题的随意性增加。另外，女性太习惯察言观色，使得一些微不足道的小事甚至对方的一句话就能引起情绪波动，产生心情的变化，而这时男人还根本不知道怎么得罪了她。有句话形容女人的心是"天上的云"，的确非常形象，她们的情绪是变化多端的，许多时候令人难以琢磨。

第四，对待事情的思维定向不同。女性由于心理感受性较强，思考事情常常带有浓厚的感情色彩，对于社交中人的情绪辨别力很强，所以在思维倾向上更容易显示出"人物定向",思考的内容更多地聚焦在人的身上。很多女性非常爱好文学、艺术、教育、外语、历史和生物等关于人的领域,用超强的形象思维来从事喜欢的工作。而且,许多实例也表明,女性在这些领域中善于运用形象思维和材料解决问题,并取得了非凡的成就。

与女性不同,男性比较喜欢摆弄物体并对其进行思索,在思维倾向上更容易显示出"物体定向"。上面已经提到,他们的语言和思维呈现很强的逻辑性,其思维多以概念和定理的论证来进行,偏向抽象思维活动。所以,男性一般比较喜欢数学、物理、化学等学科,习惯用逻辑推理和抽象思维来研究事物,解决面临的问题。追溯历史可以知道,15世纪以来的伟大科学家多为男性。这种现象虽然与社会环境和历史因素的影响有关,但男性的思维特质也是一个非常重要的原因。

在上述内容中,我们分析了男性与女性在思维上存在的诸多差异,以及由其差异引起的行为能力、生活方式和两性交往特点的不同。对于这些客观固有的差异,我们不能绝对地说男性优于女性或是女性好于男性,他们只是不同而已。对于正在恋爱的人来讲,最应该做的事情是,充分了解和理解男女双方的思维特点,在交往中注意到和照顾到对方的不同。这样,两个人就能避免许多误解和不满,彼此接纳和欣赏对方的差异,从而建立和发展能够经受住考验的爱情,使两个人最终结合成一个"整体"。

思考与练习

1. 在平时的工作和生活中,你是否感觉到了男性与女性的思维差异?如果你发现了差异,具体表现在哪些方面?

2. 以你的经验来看,在面对男女思维差异时,可以采取哪些有效的处理方式?

3. 在与你的恋人或爱人的相处中,找到双方思维差异比较大而且容易产生摩擦的地方,尝试用一些积极的方法去对待那些差异。

第三节　男女的心理差异

男女由于大脑生理构造的不同,存在许多先天的差异,而其固有的生理差异又引起了两性思维上的差异。在不同思维方式的引导下,以及社会传统的影响下，男性与女性便形成了一些极不相同的心理特征。正如美国婚恋情感专家约翰·格雷（John Gray）所形容的那样："男人来自火星，女人来自金星。"[18]对于男女心理的透彻了解，是通向成功恋爱与婚姻的重要阶梯。如果人们能主动认识男女之间的心理差异，并且在思想上和行为上给予高度的重视，其差异就会成为婚恋中亲密关系的源泉。然而，如果缺乏对于两性差异的全面而正确的认知，不能彼此理解、接受和欣赏存在的差异，两人相处就会出现大量的问题和矛盾，就无法结合在一起，最终必然会使恋爱与婚姻生活走向失败的结局。下面我们来探讨男女心理上的主要差异。

一、成就动机

男人和女人生活在同一个世界里，看到的也是相同的世界，但成就定向却有很大的不同。其不同的主要表现如下：男人喜欢做事，与物打交道；女人喜欢交流，与人打交道。

正如在本章第一节中我们已经分析过的，这种差异归根结底来自两性大脑结构的不同。女婴的大脑构造使她们对人及人的脸产生反应，喜欢看人的眼睛，与成人眼睛接触的时间比男婴的时间长2～3倍。而男孩的大脑对于物体与它们的形状会产生反应，喜欢看会动的玩具，以及不规则的物品。这种倾向经过幼儿、少年和青年时期的不断强化，两性之间为人处世的成就心理特征就逐渐形成了，即男性感兴趣的是事物运作的方式，女性感兴趣的是人与人之间的关系。

案例 2-3

他们不了解彼此的差异[4]

婚后四五个月的时候，妻子莱斯利感到非常疑惑，很想知道为什么丈夫勒斯不像过去那样浪漫了。在他们结婚以前，勒斯表现得非常温情，他设计过激动人心的夜晚，在等红灯时亲吻莱斯利，保存初次约会时的票据，给莱斯利送非常美丽的鲜花，甚至写柔情蜜意的爱情诗……可是，在结婚之后，他的浪漫减少了很多，虽说不是完全不浪漫了，但在许多方面表现出了明显的变化。莱斯利感到不安，心里暗暗在想："勒斯为什么会改变？自己做错了什么吗？他对我们的婚姻不满意吗？"

第二章 男女的差异

结婚以后，丈夫勒斯也同样感到了不解和困惑。他回忆起婚前的情景，莱斯利很快乐，也很知足。她对两人的关系感觉很好，对他们的未来也很乐观。但是，现在他感到，莱斯利在结婚之后逐渐发生着变化，变得过分关注他们两人的关系，常常谈论改进关系的方法。如果勒斯没有理会她，莱斯利就会觉得很受伤，还会感到被拒绝。勒斯很纳闷，为什么莱斯利突然变得如此情绪化，为什么她现在很爱哭。婚前她从来不是这样的，勒斯觉得莱斯利有时简直不可理喻。当他们的争论或吵架不能获得一致结论时，勒斯必须给妻子送花才能缓和关系。莱斯利总想和勒斯谈论他们的关系，这让他觉得自己是一个失败的丈夫。他在怀疑，难道妻子不欣赏自己为她所做的一切吗？

案例点评

勒斯与莱斯利在婚后都发生了较大的心理变化，其中必有一定的原因。在此我们对这两个人进行逐一的分析，可以得出一些重要的启示。

像大多数男人一样，勒斯很务实，在对待重要事情的时候是以"成就动机"来导向的。在结婚之前，他关注的是与莱斯利的关系能否健康发展并结出果子。他很爱莱斯利，所以就创造许多浪漫的时光，让他们的爱情关系取得"进展"。他认为那些做法对于促成他们的最终结合是非常必要的。只要浪漫能最后得到"成就"，他就会非常用心，哪怕是很小的事情。而在结婚以后，追求莱斯利的目的达到了，勒斯的目标也随之发生了变化，开始向另一个有成效的目标去努力，希望他们能够在一起迈入真正的生活。他觉得既然两个人彼此相爱，能够在一起生活就是最大的满足，再没有必要浪费精力去谈论这样或那样的细节，也没有必要去分析彼此的感情问题。

莱斯利也同许多女人一样，往往只考虑事情的本身，关注当时的活动内容和心中的感受。她不太在意目标，只要享受到快乐的时刻就很满足了。莱斯利追求的是让自己的内心愉悦，备受丈夫的宠爱，而不去考虑一些更加务实的长远目标。她喜欢将两人紧紧地"连接"在一起，心里总想体验到彼此亲密的"关系"，所以就非常看重对方为她做的每一件浪漫的小事，很认可其中的价值。

从这些分析中，我们不难看出，他们两人的差异主要来源于成就动机导向和心理需求的不同。勒斯从婚前到婚后的努力方向发生了变化，从培养浪漫的爱情关系转变为建立稳定的家庭和安全的未来。而结婚后莱斯利仍然对浪漫的感觉追求不止，希望两个人能够永远像婚前那样，每天都甜甜蜜蜜地在一起。所以，并不是勒斯的感情发生了变化，而是成就动机在驱动着他，使他在婚后的行为发生了重心转移，而这种变化却始终没能被他的妻子所理解。这个案例告诉我们，作为夫妻或者情侣，特别要注意了解对方的心理特征和彼此之间的差异，应当尽自己最大的努力去满足对方的心理需要。只有这样，两个人的关系才能不断地加深，爱情才会更加牢固和甜蜜。

从成就动机的角度来分析，男性期望自己能在所从事的工作中取得超人的成绩，在事业上实现自己心中想要达到的目标。他们在评判自己的努力是否有成就时，往往注重在成果的获得上。为了达成自己设立的目标，男性经常思考如何达成目标、如何获得高位、如何取得权力、如何打败对手等问题，他们所有的心理内驱力都用来获取成功。而女性的成就动机却大不一样，她们考量自己的重点则是人际关系的处理，在沟通、合作、协调、分享和爱等方面做得怎样。所以，女性特别注重培养自己与他人的良好关系，如果在这方面卓有成效，就认为自己取得了很大的成功。

一项针对五个西方国家的调查曾问到男女想成为什么样的人，其结果很令人惊叹。该项调查显示：男性选择的是勇敢、能干、果断、领导力强、竞争力强、受人钦佩、注重实际；女性选择的是热情、可爱、大方、友善、慷慨、富有同情心、有吸引力[17]。由此看来，男女的成就动机和价值取向的确很不相同。女性喜欢帮助他人，认识不同的人，重视人际交往，期望别人喜欢自己。而男性追求名声、权力和地位，希望别人佩服和崇拜自己。在男孩的团体中，阶层是分明的，有固定的领导者，这可以从他们独断的说话方式及肢体动作看出来。而且，男孩会非常努力地争取地位和权力，以能力、知识和强悍的说话方式，去战胜竞争者，赢得自己的位置。很多研究资料都指出，70%～80%的男性认为生命中最重要的事情是工作，而70%～80%的女性重视的是人际关系和家庭。

二、心理需要

男人和女人在心理需要方面呈现出不同，而且差异很大。如果想在恋爱中与异性有更好的交往，发展快乐、和谐的爱情关系，非常有必要对男女的心理需要进行深入的了解。

总体来看，大多数女性会通过与他人的融洽相处、亲密交往来满足心理上的需要。我们很容易见到，在女性的小团体中，相互之间相处得很和谐，其中没有

第二章　男女的差异

明显的领导者，聊天是她们维系关系的重要方式，每个女性都可以与闺中密友分享自己的秘密。如果有人在团体中想向别人施加控制，通常会遭到厌烦和排斥。关于聊天的内容，女人们经常谈论喜欢谁、谁的行为如何、和谁闹别扭，以及工作中的人际关系等与交往有关的话题，这是小团体发展内部关系的主要形式。这样一些谈话，会使女性特别尽兴，感觉找到了心灵的伙伴，心理上得到了很大程度的满足。

与女性相比，男人心理需要的满足不是来自于人际关系，而是来自于对事物的掌控。男性喜欢谈论的是活动，如谁在干什么事业、谁擅长什么或某样东西如何运作等与事物有关的内容。具体来说，男人很乐意谈运动、工作、新闻、科技、汽车和去过哪些地方等。他们不太关注人与人之间的关系如何，在谈论事物的过程中，男人找到了乐趣和满足。很多时候，男性不但在这些谈论中感到愉悦，而且这还是减轻他们心理压力的有效途径。所以，男人很喜欢聚集在饭店、餐厅和俱乐部里，谈谈工作上和生意上的事。

案例 2-4

她为什么生气[18]

帕特里克如同往常一样，下班回到家里做的第一件事是查阅他的电子邮件，然后听听电话留言，逗逗家里可爱的小狗。看了一会儿报纸之后，他溜进厨房。这时珍妮弗正在忙着做晚饭。他的第一句话是："你为什么要把这些调味品搅和在一起？"珍妮弗回答道："我喜欢。"她故意顶撞他，因为她十分生气。心里在埋怨着："回到家里也不跟我打个招呼就先指责我，根本没把我放在心上，宁愿看邮件、读报纸，也不愿跟我说一句话，看到我就像没看到似的，见面也不给我一个拥抱或一个亲吻，宁肯逗弄那只小狗，真是可恶！就这样，竟然还跑进厨房来挑剔我的厨艺。"

帕特里克察觉到了珍妮弗在生气，就立刻安抚她："哦，其实也没什么，我只是觉得这道菜不太适合放这些佐料，我想你不应该放胡椒粉。"他心里想："她怎么这样敏感，连这点小意见都接受不了，有什么大不了的，真是莫名其妙！"

珍妮弗立刻回应说："既然不是什么大事，那你为什么吹毛求疵？我告诉过

> 你别总是批评我，你就是不听。你怎么这样冷酷，根本不考虑我的感受，你不爱我了，只知道关心你自己，我又何必在乎你？"
>
> 帕特里克马上反驳说："太可笑了，我根本没有批评你的意思，真不可思议！你为什么总是小题大做？我当然是爱你的。"他嘴里这样说，但心里却想："我受够了你莫名其妙地发火，真希望你能够成熟一点。"
>
> 就在这种互相埋怨的气氛中，他们一起吃了晚饭。尽管珍妮弗用心做了这顿美餐，但吃饭的过程非常沉闷，两个人都不作声，彼此的怨气仍然很大。

案例点评

珍妮弗之所以对帕特里克表现出超乎常理的反应，是因为她觉得他没有把她放在心上，不像从前那样爱她了，而她还是一如既往地爱着他。在她的心里，未接收到丈夫的回应，那种渴望被爱的心理需求远远没有得到满足。其实，她要的只是帕特里克温情的爱，能够表示出妻子在他的心里占据着相当重要的位置。

从帕特里克与珍妮弗的对话中，我们可以看到他完全没有理解她生气的理由，更没有意识到"可笑"、"不可思议"和"小题大做"等用词重重地刺痛了珍妮弗，让她的心里更加难过。他甚至也没有察觉到，连"我当然是爱你的"也会很刺耳，似乎是在提示她缺乏安全感，所以才会怀疑他的爱。

事实上，帕特里克并不是不懂得体贴妻子的男人，他心里头非常愿意让妻子高兴，满足她的心理需求。但是，因为女人的需要和男人的不同，他的确不知道她实际上想要什么，所以他的所作所为不能被妻子所接受，使她感到非常恼火。对于帕特里克来说，她的那些反应简直是莫名其妙，根本就是无事生非。他根本想不到这样做会彻底否定珍妮弗的内心感受，使两个人产生更大的隔阂。

在男女恋爱的过程中，一定要理解彼此的心理需求，切忌认为对方也会按照自己的思维方式来思考问题，也与自己有同样的情感需要。情侣应尽可能地多了解对方，满足对方内心真正的需求。当然，能够做到这一点，也绝非易事，需要两个人在相处的过程中不断努力。

三、情绪反应

情绪是个体对客观事物与个人需要之间关系的体验过程，有许多不同的内在和外观的表现。对于男女情绪的反应特征与差异，国外许多人进行了深入的研究。加拿大的科学家珊卓拉·魏勒森曾进行了一项实验，测验情绪处理在大脑中的位置。结果显示，男性情绪处理的部分在右脑，而且只占大脑的一小部分，所以在做出情绪反应时，不会影响到其他功能。例如，在与人吵架时，男人可以很有逻辑（左脑的功能），还能提出解决问题的方法（右前脑的功能），不会出现明显的情绪化表现。在日常观察中，我们也能看到，男人们遇到不愉快的事情时，一般不容易出现情绪失控的状态。男人不像女人那样容易哭，他们本来就是朝着不会哭泣的方向进化的，特别是不轻易在公共场合掉泪。当然，男人在情绪极度悲伤时也是会哭的，以宣泄自己难以忍受的情绪，但这种情况只是在他的右脑感情区域没有忙着处理其他事情时才会发生[17]。

与男人相比，女性大脑的处理情绪的区域面积很大，左脑与右脑都有。女人的感觉非常敏锐，感受到讯息的细节要比男人多，所以能够促使她们情绪变化的动因也随之增多。女性在激动时，会表现出强烈的情绪化倾向，从脸部表情、肢体动作和说话方式等都会流露出来。大家都知道，女性特别爱哭，似乎哭是她们表达情感、宣泄情绪的最直接、最痛快的方式。在心情不好时，女人最容易闹情绪、耍性子，甚至大声哭出来，而且还会用一些表达情绪的形容词来倾诉自己的内心感受。这时她们特别希望能有人给予她们安抚和关心，倾听她们的心声。对于女性的情绪反应，男性往往感觉她们的反应过度了，其实事情原本没有那么严重。女人视发泄情绪为一种缓解方式，通过这个方式她们可以很快地恢复心情，让自己好受起来。而当男人看到女人哭时，他们对于哭泣的诠释是"救救我吧，快来帮我解决问题"，所以，男人就认为一定要帮助她找到解决问题的办法，否则会感到自己很无能。如果女人哭起来不停的话，男人会感到非常沮丧，他们很害怕过于情绪化的女人。

案例 2-5

情绪化的女人[12]

赵新的妻子买了一条新鲜的石斑鱼，这可是赵新最爱吃的鱼了。为了让赵新吃到鲜美的鱼，妻子给赵新打电话叮嘱到："你下班时，我就开始蒸鱼，这鱼多一分钟少一分钟都不好吃，你一定要按时回来呀！"

可是，事情很不凑巧，偏偏在赵新下班的时候，有个老客户突然来访，整整耽误了半个小时。送走了客人，赵新想起了妻子的叮嘱，连忙给妻子打电话，想解释一下。但还没等赵新开口，妻子在电话里就发起了火，非常生气地说："你怎么回事呀？怎么跟你说的？行了，你别回来了，那鱼不能吃了，喂猫了！"

听到妻子在电话里发火，赵新的情绪受到很大的影响。在回家的路上开车时，因为一直想着这件事，注意力很不集中，差点出了车祸。当妻子听到这个情况后，感到十分后悔。她心里明白，其实只需在微波炉里把鱼热一下，虽然味道可能有点差别，但自己也不应那样情绪化，更不该冲丈夫大发脾气。

案例点评

像赵新妻子那样因为一点小事就出现强烈情绪反应的女性，还是为数不少的。她们自认为对恋人或丈夫关心备至，却没有得到男友或丈夫的回应，或者没有达到她想要的结果。往往在这种情形下，她们就开始不满、抱怨，甚至发脾气。女人的这种情绪化表现，一般都会成为男性最感头疼的事情，他们不知道到底应该如何安慰或消解。许多时候，尽管他们费了心思，也做了努力，全力给予她们安抚，但对方还是不能安静下来。

面对女人容易情绪化的现实，男性应采取的态度是，多留意女性的情绪状态，善于察言观色，当对方出现情绪低落或情绪急躁的时候，及时给予一些必要的心理安慰，或者用一些智慧的办法转移对方的注意力，以缓解其激烈的负面情绪。当然，尽管处理情绪的方法和策略很重要，但最关键的是彼此之间要有真正的爱与包容。如果双方有着深厚的爱情，那一时出现的情绪问题，就很容易解决了。

作为女性，也要清楚认识到自身容易情绪化的特点，学会遇事冷静分析，多用理性的思考来处理问题。适当地表达和宣泄自己的情绪是可以的，但过分纵容自己情绪的发作，甚至达到不能自控或无理取闹的程度，就是缺乏修养的表现，会给彼此的感情带来严重的破坏。

四、压力反应

在遇到心理压力时，男人和女人的反应也非常不同。女人遇到压力时，最常见的表现是向其他人倾诉。此时，她们的大脑发挥着说话的功能，所以女人会在

第二章 男女的差异

面对压力时表现得非常爱说话，并且跟所有她信得过的人讲个不停，就是说上几个小时，也不觉得累。在长长的述说中，女性谈到的内容大部分是对于问题的描述，包括以前的问题、现在的问题、将来可能发生的问题，以及没有办法解决的问题等。虽然她会摆出一大堆问题，但是任何解决方法似乎都不能让压力之下的女性感到舒服和满意，她们向人倾诉的目的不是在寻求解决的办法，而是要得到对方的理解和同情。在很多情况下，女人遇到压力时所谈论的内容没有清晰的逻辑，会包含众多主题，而且她们对于那些正在倾诉的问题，没有任何可以确定的结论。

对于女人连续不断的述说，男性最先要做到的是倾听，而不是要帮助她们立刻解决问题。男人应当用语言和肢体行为表现出他们的确在认真地听。虽然这对男性来说是一个很大的挑战，因为他们难以理解女性为什么不接受解决问题的方法，但他们必须这样做。如果对于女性的倾诉采取轻视、敷衍或制止的态度，女人就会更发怒，认为他不在意她的心理感受，或者他根本没有在听她的诉说。其实，女人对于压力的排解有着自己的方法，她们滔滔不绝地讲述，只不过是想要对方知道，她正在面对压力，很需要他人的理解、同情和心理支持。她们对于男性耐心的倾听和真正的理解，将会由衷地感谢，并由此生出更多的信任和依恋。

女人有压力时一定会说出来，旁人很容易知道她在想什么，而男人却不会有这样的表现。在遇到压力时，大多数男性没有说出自己心事的习惯，他们会用头脑进行分析，不断跟自己说话。这时他们的右脑开始工作，力争想出解决的办法，而左脑的听与说的功能都处于关闭状态。所以，男人在压力面前往往是沉默的，不想让任何人打扰，即使是最好的朋友也很难介入。法国雕塑艺术家奥古斯特·罗丹（Auguste Rodin）的著名雕像"沉思者"就是一个正在想问题的男人，他坐在岩石上思考如何靠自己来解决难题。这座雕像真实地反映出了男性的特点，他们就是这样靠着自己的思考，来应对所面临的问题和压力。然而，当女人看到男人沉默的时候，会难以忍受，常常感到担心、难过甚至害怕，她觉得如果对方说出心中的压力，两个人都会感到好受许多。所以，她们会急切地要求男性说出心事，向她倾诉面对压力的感受，可是，男人不喜欢这样做。此时女性会有一种被拒绝的感觉，认为他不跟自己讲心里话，是不再爱自己了，便产生猜忌和怨恨。在男人遇到压力不讲话时，女人的正确做法是，让男人静静地思考，给他留出自由的空间，他在想出解决问题的办法和紧张的心情放松下来之后，自然就会爬下"岩石"与人交流了。

除了出现沉默的状态以外，男人遇到压力时偶尔还会有另外一些极端的表现。由于男性在压力面前不愿及时而有效地与他人交流，把事情紧紧地封锁在心里，所以在自己内心难以承受的情况下，会采取自虐或伤害他人的行为，如大量地饮酒或动手打人。如果出现这些情况，女性应小心对待，绝对不能以强硬的方法加以制止。如果硬性解决，男性会认为自己真的没有能力，就会更加极端地发泄自己的情绪，用不理性的方式释放心中的压力。

案例 2-6

她的压力从哪里来[18]

38岁的丹妮丝，做会计工作，她的丈夫兰迪是一位建筑师。一天傍晚，兰迪下班回家比往常晚了15分钟。当他走进家门时，妻子显得冷淡、沉默。他问道："晚餐准备好了吗？我饿坏了。"丹妮丝把菜饭猛地放在饭桌上，语气生硬地说："晚饭在这里，烧糊了。"兰迪对她的这种反应很惊讶，心里想："你怎么能这样冲着我发脾气，我不过是晚回家15分钟，就算我真有错，你这样也太过分了。"于是，他推开椅子，起身嘟囔了几句，便迈着大步到外面餐馆吃饭去了。

为什么丹妮丝会对兰迪发脾气呢？自有其中的原因。让我们来看看她在那一天都经历了哪些事情。早上丹妮丝在查看家里的开支时，发现有两张支票没有入账，所以她就无法平衡收支。她想"罪魁祸首"就是她那健忘的丈夫，他经常会丢三落四。这是她的第一个烦恼，可以算作20°的烦恼。半小时以后，她到厨房泡茶，发现女儿凯瑟琳忘了带午餐，于是她又有了新的压力：是把午餐送到学校去？还是让12岁的女儿饿肚子？这件小事可以算作10°的烦恼，加上已有的一共就有30°的烦恼了。

丹妮丝想了一下，还是应该给女儿送饭，可是她突然发现车子发动不了，电瓶没有电了，车门整个晚上都是开着的。现在她又有了三十度的新压力，压力的总数达到了60°。丹妮丝把车子送到汽车维修厂，回家后在信筒里又看到了一张透支的银行通知单。这时她又感到了50°的新压力，再加上已有的60°压力，心里一共承受着110°的压力。在她办理完所有的事情回到家准备休息一下的时候，又发现厨房里有一串老鼠屎，这又使她的压力增高至150°。

第二章 男女的差异

> 这些压力就是丹妮丝会有非常糟糕的情绪表现的原因,她无处释放自己的坏心情。虽然在旁人看来她真有些神经质,但她自己却感到发脾气是理所当然的。当听到兰迪询问晚餐准备好了没有时,丹妮丝的内心反应是:"这就是你想对我说的话么?我为这个家做了这么多的事情,你回家晚了连个电话也不打。回到家也不先跟我打个招呼或问问我今天好吗,你真是太自私了,只知道关心自己,我现在最恨你。我才不在乎你饿不饿呢,关我什么事。"她的神情举止和语气都是在释放已经积压了一天的150°的压力。

案例点评

从这个案例中,我们可以清晰地看到,丹妮丝在一天当中的压力是如何积累的。她对于一个接一个的压力事件,没有像男性那样把精力放在解决出现的问题上,而是对其事件带来的心里不快反应强烈。她不是独立地对待每一个事件,而是把对于前一件事情的心理情绪带到后一个事件当中,使得心理的烦恼和压力不断增大。这恰恰反映出女性的思维特征,即女性具有发散性的思维习惯,不能把不该联系的事物分割开来。其实,她并不是对兰迪有很大的意见,只是把他当成了发泄负面情绪的对象,把他同其他沮丧的事情联系在一起了,好像他才是"罪魁祸首"。由此看来,女人的情绪反应是很难受到理性控制的,在许多情况下她们会冲着所有可以发泄的对象发脾气,这一点导致很多女性被男人认为是"不可理喻"或"过度反应"的。

兰迪对于妻子的过分发脾气没有给出正确的回应,而是以消极的方式离开家到外面吃晚饭。他的这种做法,非但不能减轻丹妮丝的情绪反应,反而还会加重她的心理情绪。当女人有过度情绪反应时,男人一般会觉得自己在受惩罚,为了反击,往往以女性过激情绪应得到的回应方式来对待她,使两个人的情绪都越加恶化。这种想惩罚她的内在冲动,是两性关系中主要问题的根源。

如果兰迪了解女性对待压力比较容易情绪化的特点,明白妻子对他发脾气不是她的本意,不过是正处于许多事情的烦扰当中,不知道如何正确地解除烦躁的情绪,那么,在妻子对他的反应有些失控的时候,他就不会把她的过度反应看作是针对自己,也不会做出过分的自我防卫,反而会对妻子嘘寒问暖,了解和同情她的心理感受。或者,他也可以用幽默和忽略的态度对待丹妮丝的情绪发泄,不与她进行情绪对抗。如果他做到了这些,那天的晚餐一定会很温馨,丹妮丝过后也会觉得自己做得很过分，说不定还能主动向兰迪道歉呢……

案例 2-7

我不需要你的帮助[18]

一天傍晚，史蒂夫回到家里一句话也不说，看上去他神情紧张、烦躁不安。珍妮特想安慰他，就问道："你怎么啦？"史蒂夫回答说："噢，没什么，是与办公室的秘书合不来。她拒绝合作的态度快把我逼疯了。"珍妮特理解他的挫折感，但也明白秘书与史蒂夫相处的沮丧。她觉得如果他能多体谅秘书一些，就会把事情处理得好一些。珍妮特想得没错，但却不应该在这个时候向他提出建议。此时，史蒂夫尤其需要妻子站在他的立场上，同情并且向着自己说话。

然而，一心想着帮助丈夫的珍妮特却说道："你知道吗，如果你能花点时间听听那位秘书的看法，与她诚恳地沟通，我相信她的态度一定会好得多。你平时很少和她交流，你应当告诉她你的真实感受。"史蒂夫听到妻子这样说，顿时无语。起初他十分吃惊，接着便愤怒不已，他觉得妻子一点儿都不理解自己，把自己的能力看得这样差。他心里想："你竟然站在秘书那一边，认为这种状况的出现是由于我做得不好，是我引起的问题。你总认为我和她沟通得不够，其实沟通本身不畅才是问题的本质所在。你根本不仔细听我讲话，我已经被那个秘书气疯了，现在可好，又加上你来气我，跟你没话可说。"就这样，史蒂夫再也不讲话了，坐在那里闷闷不乐。

案例点评

类似这样的使两人交流处于尴尬局面的对话情景，在夫妻和情侣之间会经常出现。男性遇到压力时，大多数都会呈现沉默的状态。这时旁边的女性就会很着急，试图了解他为什么一言不发，并且会误认为是对自己有什么不满。于是，女性在这种情况下就特别想问出其中的原因，强迫男人说出自己的心事。因为男人本来不愿意在这个时候交流，想自己静静地思考，慢慢理清解决问题的思路，所以，他就会随便地应付对方。而女人这时还特别认真，帮助他分析原因，提出自己的办法，似乎自己是一个解决问题的能手。在这个案例中，珍妮特不但提出了自己的主观建议，还在一定程度上批评了丈夫。这使史蒂夫产生了很大的挫败感，在妻子面前显得很没有能力,他心中产生了拒绝和对抗,不愿意再同珍妮特交流。

在男性遇到压力出现沉默状态时,最适宜的做法是,不要去打扰他,静静地递上一杯他喜欢的饮料,或者就是让他独自待在那里,给出足够的空间让他充分地放松和思考,相信男人会想出自己的办法来解决问题。如果真的没有办法了,女人也不要指手画脚,提出自认为最聪明的"对策",而应当以探讨或者分析的态度,用商量和尊重的口气,提出自己的看法,与对方平和地探讨和交流自己的建议。如果女性能够这样做,男人会感到自己的妻子或恋人是善解人意的,并且很有思想和智慧,能够在重要的时刻理解和支持自己。这样,非但不会使两个人的交流"触礁",反而会不断加深彼此的感情,使两个人的心连得更紧。女人永远要记住,男人的天性是强悍和自尊,虽然他们心里大都清楚自己做得怎样,也会在行动上进行调整或改变,但他们却要千方百计地避免在任何人面前表现出无能,也不会轻易向别人承认自己做错了事情。

五、性格特点

性格是个体比较稳定的心理特征,是人对现实的较稳定的态度和习惯化的行为方式[19]。与女性相比,男性有一个最突出的性格特点,那就是不想成为失败者,他们总是试图表现自己是有能力的。这种性格是经过几百万年的进化而逐渐形成的。男人认为,他们肩负着养家的责任,在各个方面都必须做得十分优秀。男性的大脑已经形成了这样的模式,直至现代男人也绝对不愿意在任何事情上认输。当男人带着这种性格进入恋爱中的时候,就表现出很强的自尊心,不想在恋人面前表现得无能。所以,男人特别反感恋人对他能力的贬低,或者对他提出什么忠告,同时也非常忌讳说"对不起",因为这些都意味着他没有把事情做好,很没有能力。

男性的成功欲望还会在很大程度上导致极强的自尊心。他们特别害怕在众人面前丢面子,所以一定要使自己看起来很有能力,不会轻易向别人承认错误。任何有损于男性面子的做法,都会深深地刺痛他们的自尊心。而女性通常不了解这一点,容易在各种场合说出或指责恋人的不足或短处,使男性的尊严遭到损害。这种做法必定会引发男人的极度愤怒,使得其与恋人的关系受到重创。男人性格上的强悍,使他们想要找到佩服和敬重自己的伴侣,而不是时时指责或破坏自己面子的女人。

相比之下,女性对于自己的错误和弱点就不会那样在意,她们的思考方式倾向于开放、互助和互信,不忌讳在他人面前表现出不足,也不介意承认错误。女性普遍认为，有事情求教于别人是很正常的，没有什么不好，别人给自己提出忠告，正是建立了互信关系的标志。由此看来，当男人和女人碰到能力和面子问题时，表现出的个性特征完全不同，彼此很容易因为异性的反应而感到困惑，甚至产生很深的矛盾。

男人的性格除了表现出争强好胜、不甘示弱的特征以外，还有另外一个突出的特点，那就是习惯隐藏自己的情绪。男人的基因里充满勇敢，天生就喜欢竞争，为了使自己看起来非常有力量，同时也保护好自己，他们通常会选择隐蔽自己的感情。从男人的观点来看，流露情感是失去控制的表现，也是个人不够坚强的反映。当面对社会与周边环境的激烈竞争时，他们就更不愿意表露自己的情感，因为要表现的"像一个男人"，要显得能够"顶天立地"。正是由于男人的这种性格特征，往往会使女人感到他们缺少情感，难以知道他们心里到底是怎么想的。正像有女人形容与男人谈他的问题时就像"要拔他的牙齿一样"，会遭到极强的自卫，是一件非常困难的事情。

案例 2-8

他就是不认输[17]

柯林和吉尔开车一起去参加一个宴会，但两个人对那个区域都不熟悉。根据道路指南可知，到达宴会地点只需20分钟，但他们已经开了50分钟了，还没有看到目的地。下面是这段行程中柯林与吉尔的对话。

吉尔："亲爱的，我想我们应该在车库那里右转，然后停下来问路。"

柯林："没问题的，我知道就在这附近……"

吉尔："可是我们已经迟到半个小时了，宴会已经开始了。我们停下来问问别人吧！"

柯林："听着，我知道自己在做什么！是你开车，还是我开车？"

吉尔："我不想开车，可是我也不想整晚都在这里兜圈子呀！"

柯林："好，那为什么不让我掉头开回家！"

案例点评

这段对话反映出柯林具有男性的不服输的典型性格，他不愿在妻子面前承认自己开车没有找对路，也不愿意停车向其他人询问。这些都表明，柯林很强悍，不想让人觉得自己不会辨别方向。这个小插曲显示,男人在完成一项任务时,倾向于完全遵从自己内心的意愿,而且即便是遇到了挫折,也不愿意改变自己的做法。相比之下,吉尔就灵活得多,她希望得到别人的指点和帮助,对于自己没有能力辨别方向的事实并不在意,只要是能够找到方向,她就愿意请教别人。这种男性与女性的性格差异,在恋爱生活中随处可见,往往是情侣之间发生摩擦的诱因。如果处理得不好,就会产生争吵,甚至影响到两人的感情。

六、情感需求

当两个人进入恋爱生活以后,他们除了已经具有男人和女人各自的特点以外,还在情感需求方面表现出很大的差异。美国著名婚恋研究专家帕罗特夫妇曾针对情侣和夫妻的情感需求,开展过大量的实证研究和理论分析,总结出了男性和女性情感需求的差异。详细地了解这些差异,对于发展双方的感情,建立美满的两性关系,是相当重要的。

(一) 男性的情感需求

尽管男人的情感需求可以从许多方面得到满足,但最能够满足其需求的还是从美妙爱情关系中得到女人的爱。那么,在情侣相爱的过程中,男性的最基本的情感需求有哪些呢?归纳起来,主要有三点,即得到钦佩、有自由性和进行共同的活动[4]。

1. 得到钦佩

前面已经谈到,男人通过大大小小的成功来衡量自己的价值,同时也特别希望自己的成功能够得到认同。对于自己所取得的成绩,他们需要社会、同事、朋友和家人的认可和赞扬。而得到恋人或妻子的肯定,是他们最需要的,也是最能产生人生动力的。西方许多研究者已经发现,没有人能够像妻子一样满足丈夫独特的需要,只有妻子才能真正满足他的情感需求。

男人最大的需求之一是得到赞赏,这一点是毋庸置疑的。虽然女人对于钦慕和赞赏也很看重,但没有男人那么强烈。实际上,女性寻求赞赏时,更多的需求是得到理解和接纳,她们以自己是谁来获得自我价值感。而男性全然不同,他们以自己所做的事情来获得价值感。所以,如果男人在完成某项任务之后得不到赞赏的话,就会失去努力的愿望,大大降低动机水平,不会再为那件事情付出同样的努力。

对于男性来说，他们永远不能缺少来自恋人的钦佩，这是生活激情和继续奋进的燃料。得不到恋人的赞赏，男人就会感到自己没有能力，在对方的眼里没有地位，也就不再愿意继续努力从她那里得到钦慕。不被钦佩的男人，往往会失去继续发展恋爱关系的意愿，爱的力量就会枯竭，会逐渐想从恋爱的关系中退出。女性却大不相同，当她们不能从对方那里得到钦佩时，将受到很大的刺激，会比以前更加努力。

由此来看，男性和女性对于钦慕的情感需求是不同的。对于男性如此需要赞扬的特点，女性要认真对待，不能以为减少对恋人的赞赏会促使他做出更大的努力，这对于男性来说是无效的。当然，女性在向男性表达赞美和钦慕时，一定要出于内心的真诚，不能假装敬佩，说一些虚伪或献媚的话，这样只能事与愿违，造成对方的反感，从而削减彼此的感情。

2. 有自主性

从广泛意义来说，绝大多数男性都是需要自由空间的个体，不愿意受到束缚和管制，在工作的场所是这样，在恋爱的关系中更是如此。一个良好的亲密关系需要双方平等的互动与交流，而不应依照一方的意志来维系这个关系。如果在彼此交往的过程中，总是女性说了算，按照自己的标准来要求对方，甚至是改造对方，必然会使恋爱关系遭到严重的破坏。爱情的意义不是要改变人，而是要发掘双方的优点和长处，真正去欣赏对方，同时，爱情也包括发现对方的不足，愿意无条件地接纳对方。

男性和女性在诸多方面存在差异，这是恋爱关系发展遇到的最大挑战。在遇到差异时，女性往往倾向于按照自己的想法或习惯来要求男性，以自己的标准为中心，使得男人的自主性受到限制。许多时候，女性还以"我是为你好"的理由来勉强对方，其实，常常不是为了对方好，而是为了自己好。男性有他们自己的思考和做事的方式，在太多的地方不同于女性，如果女性对他们强行要求，一定会给对方带来心理负担，使他处在压抑之中。长久这样下去，必然会引起男人的反感甚至是抗拒，最终影响到两人的感情。

无论任何人，都需要有很大程度的自由，不可能因为开始恋爱或进入婚姻就失去这种心理需求。因此，女性过于要求对方，以至于改造对方，都是违背人的基本心理规律的。作为女性，务必要给男人一定的自由空间，不要试图管制他。西方人说："要么爱他，要么离开他，改造他是不可能的事。"女性需要真正放下"改造人"的心态，尊重恋人是一独立自主的个体，给他留出自由的空间，让他发挥积极的自主性。如果能做到这些的话,女性一定会拥有一个快乐的恋人,获得恋爱的幸福。

3. 进行共同的活动

对于情感培养的途径和情感亲密的表达方式,恋爱中的男性和女性持有不同的观念和态度。从许多女性的感觉来看,她们特别希望与恋人待在一起,亲密意味着分享秘密、谈论感受、探讨见闻和肢体搂抱等。女人在恋爱时希望对方多多关注自己,把精力放在自己身上,特别需要与恋人一起进行语言和情感的交流,不希望两人去做任何事情。她们认为,这种状态才是真正浪漫的恋爱。

而男性对于亲密情感关系的认识和理解却与女性不同,他们认为,两个人一起进行活动是最好的建立亲密关系的方式。在一起从事某项活动的过程中,两人可以有针对性地交流和磋商,能够共同完成一项任务。这比两个人只是待在一起,没有什么具体内容,也不做什么事情,要充实而有效得多。我们在此又一次了解到,男人是由活动导向的,他们任何时候都在关注着自己的成就。

由于对恋人之间应当如何建立和发展亲密关系的认识有差异,所以男性和女性在交往时往往会出现很多摩擦。许多女性一味要求恋人多花时间陪自己,但没有注意培养和拓宽自己的兴趣,两人并不能一起从事共同爱好的活动。在很多案例中,都是由于两个人没有相同的情趣和爱好,使他们在热恋之后还能继续交流的内容和共同参与的活动越来越少,导致两人无话可谈,在一起没有了乐趣,最终不得不分开。为了防止这种情况发生,女性要努力了解对方的兴趣与爱好,积极营造双方在一起的活动机会,创设共同享受的快乐时刻。这样,男女不仅是幸福的情侣,还会是最好的朋友。

案例 2-9

在共同活动中培育爱情[18]

克里斯托尔是一个教师,现在已经有了幸福的家庭。当她回忆起当年的恋爱经历时,非常有感触地说:"我就是在地中海俱乐部度假村遇到我的丈夫查理。我们都是爱好休闲运动的行家,都热爱水上运动,享受运动带来的乐趣。查理跳的舞棒极了,我实在是非常喜欢,我对他一见钟情。"

查理现在从事的是出版工作,他们俩的工作性质有很大的不同,但他们

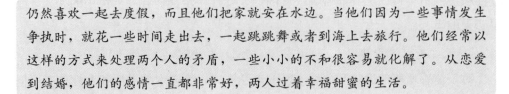
仍然喜欢一起去度假，而且他们把家就安在水边。当他们因为一些事情发生争执时，就花一些时间走出去，一起跳跳舞或者到海上去旅行。他们经常以这样的方式来处理两个人的矛盾，一些小小的不和很容易就化解了。从恋爱到结婚，他们的感情一直都非常好，两人过着幸福甜蜜的生活。

案例点评

这个简短的爱情故事给了我们一些重要的启示。首先，一个兴趣和爱好广泛的人，由于社交活动范围广，很容易接触到众多同年龄的人。这给单身男女遇到合适的恋爱对象，带来了更多的机会。其次，共同的兴趣和爱好可以为两个不相识的人搭起交流的平台，使他们能够彼此认识和深入了解，产生相互钦佩和欣赏乃至彼此吸引的情感效应。最后，有了共同的兴趣和爱好，可以使恋爱和婚姻生活更加富有生气和活力，能够增进彼此相爱的感情，同时，通过共同参与业余活动，还可以有效地消减两个人的摩擦，转移彼此不满或抱怨的注意力，使爱情得到及时的养护，不断地发展和升华。

（二）女性的情感需求

女性的情感具有丰富、细腻、多变和外向等特点，所以女性在恋爱中的情感需求与男性有很大差异。现代的研究已经揭示出，女性在恋爱和婚姻中的最基本的需要包括被珍爱、得到理解和受到尊重[4]。

1. 被珍爱

女人在谈恋爱时的情感非常敏感，会细细体察男性对自己的爱到底有多深，渴望从对方那里得到珍爱。无论对于哪类女性，这都是恋爱中最大的心理需求。这里所说的珍爱，实质上就是男人对女人所具有的深情，把她置于生命中最重要的位置。女人所要求的珍爱，是男人的全部感情，而且是心甘情愿的，也是始终如一的。当男性这样对待女性时，她们就会感到万分满足，也非常幸福，必然会倍加珍惜两个人的感情，努力在彼此之间建立起给双方带来快乐的伴侣关系。

作为男性，一般很难想象对恋人的温情和珍爱会产生如此大的力量。很多人错误地认为，只要真诚相爱、心中有她就足够了，不用总是说出来。但恋爱时不能如此，男性如果珍爱自己的恋人，就必须要让对方感受到，让她有足够的安全感。这就是为什么女性总是盼望听到对方说"我爱你"，即便一天听了好几遍，也总是听不够。当然，男性对于恋人的珍爱，一定得是发自内心的真

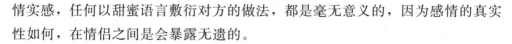

第二章 男女的差异

情实感,任何以甜蜜语言敷衍对方的做法,都是毫无意义的,因为感情的真实性如何,在情侣之间是会暴露无遗的。

2. 得到理解

对于女性来说,在遇到困惑、难题或心情不好时,需要的不是恋人提出建议或想出办法,而是要给予她真正的理解。所谓的理解,是指对于女性所说的全部内容,确实认真地倾听了,而且还要表示承认和接纳她的感受。如果男性在听到女性描述事情时,总是力求寻找要点、答案或办法,却不去仔细体会她的情感的话,女性此时会感觉到对方并不理解自己,心里将产生失落和不满。

从女性的特点来看,在私下场合说的话要比在公共场合说的话多上好几倍,她们天生就喜欢与人交流感情,总想找到与自己有相似经历的人和可以吐露心声的人。分享感受是女性的心理需要,尤其在恋爱和婚姻当中,是绝对不能缺少的。为了满足这个重要的需求,男性在与恋人互动时,要积极地倾听,回应对方的话语和感受,心里真正想要理解她。女人需要男人用她们的观点看待和经历她们的世界,而不是说服她们不要用某种观点看待问题。同时,女人还需要男性表达出他们的理解,用认真的倾听、安慰的拥抱和充满爱意的肯定来回应她们的倾诉。在现实的恋爱生活中,这些都是男人们需要好好学习的功课。

3. 受到尊重

男人与女人对于尊重的理解和行为反应是不一样的。就男性来讲,如果没有得到尊重,很容易产生自以为是的心理,而且在心中暗自不满。他们很可能会这样想:"反正你也不尊重我,何必还与你交往,不会再为你做任何事情。"所以,当没有从恋人那里获得尊重时,男性就会付出更少,不愿意继续为发展两个人的关系做出努力。而女人则不同,如果没有得到男友的尊重,她会觉得不安全,也会失去自我意识,对自我价值产生怀疑。她很可能会这样想:"我做得太不好了,不配做他的朋友,我在他的心中没有地位。"如果女性有了这样的想法,就是对两人的关系产生了怀疑,对于恋爱生活是非常不利的。

要想发展健康、长久的爱情关系,男人应该在心里真正尊重自己的恋人。男性对于女性的尊重,应当从多方面表现出来[4]。首先,不要试图改变和操纵她,尊重女友的习惯、需要、愿望、价值和权利。虽然两个人正在发展恋爱关系,但彼此都还是相对独立的个体,应当充分地尊重对方。其次,在做任何重要决定时,要真诚地征求恋人的意见和建议。一些男性习惯于掌控权力并自作主张,遇事不与对方商量,这样做会严重地摧毁女人的自信心和安全感,损伤两个人之间的感情。最后,尊重还意味着要支持对方实现她的理想,这是男性对于女性的最高层次的尊重。女性得到这种支持后,会心存感激,非常感谢男友的尊重和理解。这样,她就会把感恩之心融入两个人的爱情之中,用不断地努力和付出给予深情的回报。

案例 2-10

尊重与回报[4]

瑞查在芝加哥从事经商的工作,已经与劳拉相爱好多年了。前几年,他的女友劳拉非常想成为一名新闻记者。她在西北大学毕业以后,在他们居住的芝加哥郊区的一个小型报社里开始了她的记者生涯。两年后,劳拉得到了在另一个州做电视台记者的工作机会,她非常渴望能到那里发展她的事业。

然而,这件事情使瑞查面临着人生的艰难选择,因为他的事业已经发展得很好了。虽然他以前曾经承诺过劳拉会尊重她的梦想,但从来没有想过将有搬迁这样大的变化。面对这种情况,瑞查可以不顾劳拉的志向,坚持不到新的地方去,并且说服劳拉改变主意。但是,瑞查没有这样做,他坚守了诺言,尊重了劳拉的选择,支持了她的梦想。

搬到新的地方以后,他们很快就结婚了,生活得很幸福。劳拉一直深深地感谢她的丈夫,后来也为瑞查实现心愿给予过许多支持和让步。他们正在携手创造更加美好的未来!

案例点评

面对生活的选择和考验,瑞查用实际行动表现出了对恋人的最大尊重。我们知道,对于一个男人来说,做出一个对事业有很大影响的决定,并非一件容易的事情,因为男性向来都把工作和成功放在最重要的位置。而瑞查之所以能够遵从劳拉的梦想,同意与她一同到另一个地方去生活和工作,正是因为他深深地爱着劳拉,非常尊重与她之间的爱情,并且坚定地相信他们会有一个幸福的未来。当然,他对劳拉的理解也得到了非常宝贵的回报,妻子同样给予了他许多支持。

这是一个耐人思考的爱情故事,它告诉我们,在恋爱生活中会遇到许多类似的大大小小的考验,如何做出选择,不同的人会给出不同的答案。但不管做出怎

第二章 男女的差异

样的选择，情侣之间的相互尊重都是第一位的，若没有尊重，各顾自己的利益，爱情关系就一定会遭到损坏。许多时候，尊重对方意味着必须暂时放弃自己的理想，甚至放弃自己钟爱的事业，以便给对方创造出更大的发展空间。能否做到这一点，对于正在恋爱中的人们来说，的确是一个严峻的挑战。

思考与练习

1. 通过本节内容的学习，你已经了解到男女之间的心理差异存在于诸多方面。从你的感受或体会来说，哪个方面的差异最突出？会有什么外在表现？

2. 男女遇到不如意的事情时会有极为不同的情绪反应，如果你看到对方出现不好的情绪反应时，你会采取哪些有效的方式来对待？

3. 在遇到各种压力时，你的反应是怎样的？如果你已经有恋人或爱人，他/她的反应又是怎样的？你觉得彼此的差异大吗？

4. 在学习本节之前，你是否了解男女在恋爱时的情感需求？现在又有了哪些新的认识和理解？倘若你正在谈恋爱，在满足对方的情感需求方面，你认为做得如何？给自己做一个全面而客观的分析与评价。

第三章
恋人之间的交流与沟通

沟通是人与人之间、人与群体之间思想与感情的传递和反馈的过程,以求得思想达成一致和感情的通畅。情侣在发展爱情关系的过程中,无论是处于萌生爱慕心理的起始阶段,还是已经进入了成熟的恋爱阶段,彼此之间的真诚交流与沟通都是非常重要的。两个人只有坦诚地向对方倾诉真情实感,才能使双方不断地增进了解,相互愈加亲近和信赖。然而,在现实生活中,虽然许多人很想获得美好的爱情,期望找到心中渴求的能够共度一生的伴侣,但由于在恋爱中不能正确地与对方进行交流和沟通,使得恋爱生活屡屡受挫,无法实现自己的美好愿望。

美国婚恋研究专家帕罗特夫妇在他们的著作《让婚姻赢在起跑点》中提到："有一项研究对比了准新人和婚后六年这两个阶段的沟通方式，可以看到最初就学习有效沟通技巧的夫妻，能够在很大程度上提高婚姻成功的概率。"这说明情侣之间能够很好地表达和接受彼此的想法、意见和建议，两个人都成为更容易理解别人和被别人理解的人，这对于爱情关系的顺利发展是十分关键的。因此，要想获得恋爱的成功，每一个想谈恋爱或者正在谈恋爱的人，都必须清楚地认识恋人之间良好交流的重要性，认真学习和掌握正确而有效的沟通技能。在本章中，我们将对常见的恋人之间的错误沟通模式、相处中的冲突、负面的争吵及有效沟通的原则与方法，展开详细的分析和讨论。

第一节  恋人沟通的错误模式

亲密交流是使恋爱与婚姻得以健康发展和不断成熟的生命之血，没有沟通就不可能有牢固的爱情。伴侣是否能在恋爱的过程中感到幸福，取决于双方能否清楚地表达自己的想法并真正理解对方的需求。国外的一项调查显示，在认为自己和伴侣能很好沟通的夫妻中，几乎所有的人（97％）都感到拥有快乐的爱情关系，而在承认自己和伴侣缺乏良好沟通的夫妻中，只有56％的人认为两个人的关系还不错。这项调查总结出："在婚姻关系越来越脆弱的时代，沟通能力是建立牢固、满意婚姻的最重要的因素。"[4]我们也可以这样理解，如果两个人之间的沟通出了问题，就会使彼此的关系遭到严重的破坏。在生活中我们经常看到，恋爱双方在沟通方面存在许多不良的做法，导致彼此无法有效地进行交流，不再相互倾诉和聆听，两人之间渐渐产生隔阂甚至是排斥，在感情的道路上走到了尽头。一些学者对大量婚恋案例中的沟通状况进行了研究和分析，发现如下几种错误的沟通方式对爱情关系的破坏作用较大。

一、安抚型沟通

在情侣们刚开始谈恋爱的时候，安抚型沟通往往会成为一种常见的交流方式。在恋爱初期，由于双方处在彼此不够了解的状态，在主观愿望上都希望对方能够爱上自己。因此，为了让恋人产生好感，有的人就把对于一些事情的不同观点、不满的态度和真实的情绪隐藏起来，使自己表面上看起来非常随和、温情和善解人意。在表现出这种交流状态的恋人当中，男性所占的人数居多。为了使女朋友感觉到自己是一个称心如意的恋爱对象，无论对方提出任何要求或想法，也不管其要求和想法是否合理，许多男性都一味地给予满足，嘴里总是挂着"是的"、"好的"、"没问题"、"我想也是如此"等顺应式的回答。他们很喜欢讨好女朋友，常常想尽办法取悦她们，甚至会做出许多不该有的道歉，所以，安抚型沟通也被心理学研究者们称为"讨好型沟通"。讨好型的人忽略自己，内在价值感比较低，他们的言语中经常流露出"这都是我的错"、"我想要让你高兴"之类的话，同时在行为上也过度和善，习惯于道歉和乞怜。类似这些讨好型或安抚型的

第三章 恋人之间的交流与沟通

交流行为,当然也会出现在一些女性恋人中。

还有一种非常类似于安抚型沟通的恋爱交流方式,即"怀柔型沟通"。使用这种沟通方式的人非常仔细地倾听,并尝试取悦对方,而不强调自己的观点。此种"殉道式"的沟通形式,由于基本上是以规避冲突为目的,而非真正建立使双方满足的沟通,因此往往没有效果。这种类型的沟通者经常自我贬抑、自我忽略和让步,总是表示同意、感到抱歉并且不断试图取悦他人,尤其是生命中的重要他人。在这类沟通中,恋爱的一方无法知道另一方的真正想法,如果情侣一直采取"怀柔"策略,将可能使双方都丧失自尊。

为了创设和维持所期望的"和谐"状态,喜欢用安抚型沟通或怀柔型沟通方式与恋人交流的人,不太在意自己在恋爱中付出的代价,其代价就是长期这样互动下去会使他们自己感觉在对方的心里没有分量,得不到该有的理解和爱的回应。一些研究结果显示,在恋爱中一直给予对方安抚的人,一般都会压抑个人的情绪,很少表达愤怒之情,经常会把太多的真实感受和心思意念埋藏在心里,不向恋人倾诉。这样的人非常容易感到沮丧,并且也很容易出现身体上的疾病。如果他们一直带着这样的心理反应,并且总不能得到理解、减轻或消解,那么终将有一天他们会承受不住,在情感上产生巨大的改变,即不再情愿给对方以各种安抚,也不愿意再以这样的互动方式维系两个人的关系。而当给予安抚的一方的态度发生巨大改变的时候,习惯于被安抚的对方将很难接受恋人行为的突然变化,很大可能会认为对方不再爱自己了,这样,两个人的感情就会出现很大的裂痕。

实际上,在健康的恋爱关系中,男女双方的交流和沟通是相互坦诚和平等的,没有一方是在人为地违背自己的意愿来取悦对方。他们愿意敞开心扉,针对每一个话题谈论自己的观点,在倾诉想法的同时也期待对方给出中肯的意见和建议。这样恋人之间的交流,就像不断流淌的小溪,有着源源不断的活水。然而,在恋人相处的过程中,如果一方不想真诚交流,总是一味地"服从"对方的观点,一直试图"取悦"对方,彼此的沟通就是不对称的,必然导致畸形的恋爱关系,也一定会使给予安抚的一方在心里产生沉重的压抑感。

许多婚恋心理研究都发现了一个事实,情侣在恋爱中压抑心中的情绪或怨恨,会把两性关系弄得非常糟糕。压抑其实是阻挡恋人在彼此关系中勇于承担责任的很大障碍,无益于良好恋爱关系的建立。当观点或情绪被压抑时,当事人似乎感觉不到它的存在,也好像不会因其挑起不好的事端,但事实上,只是勉强地让对方喜悦和欢心,不去积极面对问题进行交流,会把事情变得更糟。如果彼此很少知道对方的真实想法，而且堆积在两个人中间的问题从未被认真地讨论过，也没有被有效地解决，即使两个人的关系表面上看似风平浪静，其间也隐藏着巨大的隐患和危机。

无数成功的恋爱实例告诉我们，在情侣相爱的过程中，自然流露是非常重要的。这里所说的自然流露，就是行为举止以及与对方沟通和互动的方式都完全符合自己的本性，不是试图表现出不是自己的样子，更不是根据对方所喜欢的状态，把自己塑造成那个样子。在恋爱时不是自然流露的人或一味给对方安抚的人，其外在的表现往往是违背心中意愿的。例如，本来是一个非常热心、精力充沛的人，但与恋人在一起的时候，却尽量压抑自己容易兴奋的性格；本来是一个幽默感十足的人，却在与对方长时间交谈时绝口不说诙谐的笑话；本来是一个喜欢知性讨论的人，但与恋人交流时，却尽量压抑自己的意见。他们如此表现出"精心包装"的样子，主要是害怕不合恋人的意而使其离开自己。这些做法，会使一个人处在装模作样和硬撑着的状态中，非常不自然，长此以往就会在心里产生十分压抑的感觉。

不能自然流露的人，不但没有坦诚地面对恋人，同时更没有真实地对待自己。一个人没有按照自己的本性与恋人进行沟通，是对自己最大的不尊重。这就像在对自己的灵魂说："我以你的一切为耻，所以我要把你藏起来，直到我使对方爱上我为止。到那个时候，我才会把你从密室里放出来。"[15]一个人掩饰或背叛自我，或许可以暂时得到对方的爱，但是却丢失了对自己的爱和应有的自信心。同时，不愿自然流露的人在与恋人交流的过程中还会在精神和情绪上非常紧张，抑制原本自发的言语和行为，时时监控自己的表现，无法进入放松的状态，所以就不能真正享受与对方在一起的温馨与快乐。

总之，要想达到亲密而有效的沟通，找到适合的恋人，正在恋爱的人不能一味地采用"安抚型沟通"方式，必须真实地面对另一方。如实地表达自己的想法、感受和观点，能够让对方了解自己更多的方面，从中判断彼此是否适合，要不要继续交往。毫无疑问，真诚的沟通和自然的流露，能够使自己自然地呈现在对方面前，给彼此以真正的了解、审视和决定的机会。一个人越是真实地做自己，越是在心理上放松和行为上自然，就越能够找到适合自己的伴侣，因为这样可以让适合的恋人也感到放松和自然，愿意留下来继续交往，发展彼此之间的爱情。

第三章 恋人之间的交流与沟通

案例 3-1

你是在敷衍我[4]

丈夫勒斯和妻子莱斯利结婚不到一个星期。一天傍晚,他们要出去吃晚饭,各自穿上外出的衣服。

莱斯利穿上新买的裙子,在房间的中心一圈圈地转起来,她对丈夫说:"我穿好了,你觉得怎么样?"

勒斯回答道:"不错,我们可以走了吗?我饿坏了。"

莱斯利追问说:"好极了,饿坏了,这就是你要说的吗?"她的不满情绪在脸上表露无遗。

勒斯说:"怎么了?"他敏感地觉得有问题。

莱斯利说:"没事。"

勒斯说:"那好,我们走吧。"

莱斯利说:"等等,我去换件衣服。"

勒斯说:"为什么?你看上去很不错!"

五分钟之后,从卧室里传出了哭泣声。勒斯走到卧室打开门,屋里的灯是关着的,莱斯利正蜷缩着趴在床沿上哭。

勒斯问道:"怎么了?"

莱斯利回答:"没什么。"

勒斯又问道:"没事吧?"

莱斯利回答:"没有。"

勒斯又继续问道:"那为什么哭呢?"

莱斯利没有回答,显然在心里抱怨着勒斯,因为她觉得他没有真正在乎她的感觉,只是在随便地安抚她,并没有真正用心。

案例点评

这个片断虽然短小,但却反映了勒斯和莱斯利这对年轻夫妻在交流中存在的问题。莱斯利穿上裙子后很想让丈夫评论一下(虽然可能不是真的要征求意见)。她期望得到的是勒斯的认真态度和真正的关注。而丈夫此时并没有像妻子希望的那样,给予她认真的回应,只是轻率地应付她。我们可以判断出,这时勒斯采用的就是"安抚型沟通"方式，即一味地顺应对方，只是顺情说好话。他认为这样就可以"过关"，没有对莱斯利的要求给予足够的重视。这种安抚的方式，非但没能让妻子满意，反而使她越来越生气，甚至还哭了起来。这个案例告诉我们，在夫妻或恋人的交流中，双方要认真对待彼此的对话，任何敷衍的回应都可能引起"沟通故障"。婚姻或恋爱是否幸福，在很大程度上取决于相互交流的状况，交流要么可以增进关系的亲密度，要么成为堵塞关系的障碍。而且，建立良好沟通模式的最佳时间是在恋爱开始的时候，所以，每一对情侣在起初就要重视和学习沟通技能，努力在彼此之间建立起正确的交流模式。

二、指责型沟通

采用指责型沟通方式的人，最突出的表现是凡事都怪罪对方，习惯于将责任或错误全部归结在恋人身上，一味地批评和埋怨。"都是你的错"、"你到底怎么搞的"是他们的口头语。很多时候，他们还非常挑剔，把微不足道的小事看成是天大的事，向恋人发泄所有的不满和责怪。在这样的恋人之间，除了互相指责，没有其他方式的交流。这种互动的结果往往会导致双方都变得十分谨慎，缩回到自己的"围墙"之中，以防受到对方的攻击。在指责型沟通的伤害下，昔日的情侣不再愿意互相倾听，也不再相互信任，而是产生彼此的排斥和失望。在许多情况下，一方可能会选择离开，即使两人都留了下来，也是处在感情上的分离状态。

习惯使用指责型沟通方式的人大多有如下几个心理与人格特征。其一，指责型的人通常感到孤单，有较多的失败经历，但他们宁愿与别人隔绝，以保护自己的权威。他们往往是不自信的，因为觉得自己不够好，就"先发制人"，把所谓的"错误"推到对方身上，以显示自己的"正确"。他们觉得向对方展开有力的攻击，是维护自己尊严较好的防守。其二，指责型的人多数具有"完美主义"情节，总是追求最好的结果，如果达不到心中的"标准"，或稍有不如意，就开始大发脾气和无理指责。其三，指责型的人缺乏情绪管理能力，不能有效地控制和调节自己的情绪，遇到不满意的事情只会以发泄的方式去处理。其四，他们的情感表达能力比较差，难以正确倾诉自己内心的想法、需求和愿望，所以常常以指责架势出现在恋人面前。

要想使恋爱获得成功，找到适合的心仪爱人，很重要的一点是要有自信心，对自己有一个全面、正确的认识。如果对自己都不相信，甚至没有真正地爱自己，就没有办法得到对方的爱。然而，自信的心理表现并不是要显示出强势，压对方一头，经常指责别人，而是在充分相信自己也相信对方的基础上，与恋人平等地交流，共同讨论或协商所面临的问题。任何以强势、指责和抱怨来进行互动的情侣，在很大程度上都将走向分离的结局。真正的自信，是相信自己有能力处理好与恋人之间的摩擦或矛盾，能够平和地说出自己的想法和见解，能够使彼此之间的感情不断加深，让爱情之花盛开得更加鲜艳。

在情侣交往的过程中，许多恋人表现出完美主义倾向，对待对方的想法、言语和行为都按照自己的标准去衡量，总是苛刻地指责对方，使得两个人的关系由此愈加紧张，感情变得淡漠。心理学上的完美主义者，是指那些把个人的标准和目标都定得很高，而且带有明显强迫倾向的人。他们的思想观念总是离不开"必须"、"一定"和"应该"，对待事情只考虑唯一正确的方式，非对即错，非黑即白。这类人一丝不苟的完美主义个性对工作很有利，能使他们在工作上表现得很出色，但在婚姻或者恋爱关系中经常会引发矛盾和冲突。这种人对自己要求很严格，总想拥有完美无缺的爱情，同时也对恋人或配偶要求苛刻，具有强大的批评能量，总认为对方可以把事情做得更完美。为了保护自己，完美主义者会时常攻击恋人的缺点和错误，因为他们总是觉得自己在精神上要高于对方[20]。尽管这类人是典型的"批评家"，但他们自己却受不了批评。

美国哥伦比亚大学的保罗博士和他的同事对76对结婚不足四年的夫妇进行了跟踪研究。结果发现，无论是丈夫还是妻子，当他们认为对方是一个完美主义者的时候，婚姻的满意程度及婚姻质量都会明显低于同龄人。与丈夫相比，当妻子的完美主义个性比较强时，她们对婚姻的不满程度更为严重[12]。具有完美主义特质的人，应该明白一个最基本的道理：每一个人都有自己的问题，他们所爱的人也一样不是完美无缺的，都是既有优点，也有缺点。所以，要容忍对方出现各种错误，或存在一些毛病，并且以宽容的态度与和谐的语气进行交流。如果在恋爱过程中总是向对方提出很多的要求和规则，并且无时不在地批评和指责对方，必定会使恋人受到极大的"压迫"，感到不胜重负、苦不堪言，最终导致两人的感情破裂，使本来应当属于自己的甜美爱情，因为不停地挑剔和斥责而告终。

上面我们还提到，缺乏情绪管理能力也是造成恋人之间产生指责型沟通的主要原因。情绪管理不仅是一个人应对工作上的问题时所必需的重要能力，也是面对恋爱问题时不可缺少的能力之一。情绪管理主要包括对情绪的识别、体验、评价、调控和应用等环节。一个具有较强情绪管理能力的人，在与恋人交往的过程中，可以准确、快速地理解对方的情绪，能够正确地抒发自己的情绪，并且有理智地控制和调节个人的情绪。正因为如此，这样的恋人之间的交流就不会被经常出现的消极情绪所左右，两个人能在积极、畅通的互动中逐步加深了解，不断增进彼此的感情。除此之外，情感表达能力也是尤为重要的，是影响恋爱关系能否顺利发展的关键因素。许多情侣原本感情基础很好，彼此之间已经产生倾慕与眷恋之情，但由于一方不能以恋人喜欢接受的方式表达情感，更不讲究彼此交流的艺术，在说话时随便指责对方，甚至以挖苦、贬损、痛斥等方式来发泄自己的不满情绪，将所有的责怪和愤怒都倾倒在恋人身上，致使双方的情绪和感情都变得越来越不好。更为严重的是，这种指责方式极大地伤害了对方的自尊，使得两人之间的关系由亲密变成对立。

为避免指责型沟通模式的形成和延续，情侣应及时释放和消解他们的压抑和怨恨这两种极端情绪，要以爱的态度来表达内心的负面情绪[21]。无论是压抑负面情绪，继续强迫自己关爱恋人，还是变得充满怨恨，任意发泄心中的不满，都对恋爱关系有害无益。处在恋爱中的人必须学会及时表达自己的负面情绪，不要让坏情绪郁积在心中。正确表达负面情绪的方法有许多，如诚恳地倾诉自己心里的感受，向对方提出积极的建议，还可以用书信的方式来表达自己的心声（在口头沟通不起作用的时候）。美国著名婚恋研究专家雷格把这样的信称为"感受信"，认为用爱的态度表达消极情绪的最好方法是把自己的感受写出来，再一一念给恋人听。他还对"感受信"的内容层次进行了总结，认为其包括愤恨、悲伤、害怕、自责和爱五个情绪层次。通过对这五个由浅入深的情绪层次进行倾诉，以及对自己内心真实感受的触及和探索，处于极端负面情绪的恋人会有非常好的心理释放，并且能够重新体会到积极情感的重要性，再次产生对彼此爱情的渴望与追求。

案例 3-2

我就是对你不满[22]

2008年的金融危机之后，王霞的丈夫下了岗，开始忙于四处找工作。由于连续碰了许多钉子，他有些灰心丧气，情绪很低落，家里的气氛也因此发生了很大的变化。每当王霞回到家，总是看到丈夫倒在沙发上，唉声叹气，打不起精神来，家里也是一片狼藉。一天傍晚，王霞回家后看见厨房里很乱，心里非常生气，就大声冲着刚刚做完晚饭的丈夫指责起来。

第三章 恋人之间的交流与沟通

> 王霞:"哎呀,菜板怎么能放在这里,你应该把它挂起来。"
> 丈夫:"我忘了。"
> 王霞:"垃圾这么满了,你怎么也不知道倒一下?"
> 丈夫:"我马上就去倒。"
> 王霞:"洗衣机用完了要放回原来的地方,摆在地中间儿多碍事呀!"
> 丈夫:"是,是,我这就搬回去。"
> 王霞:"你说你一个男人天天在家干什么,什么都不管,这家还是不是你的啊?"
> 丈夫:"我怎么了,这段时间我不是没有工作嘛,休息几天怎么了?"
> 王霞:"你还有脾气是不是?"
> 丈夫:"是我有脾气还是你有脾气,你就是看我不顺眼是不是?"
> 王霞:"我就是对你不满,怎么了?"
> 丈夫:"那你过你的,我也不在这儿碍事了。"
> ……

案例点评

我们可以很清楚地判断,王霞与丈夫的这段对话属于典型的指责型沟通。指责是不听信别人的说词,存心找碴儿。这类人往往不考虑别人的感受,而是以践踏别人提高自己为目的。这类的沟通通常较为尖锐并且音量颇大,把沟通的焦点放在对方的错误上,使对方处于防卫状态。王霞的每一句话都带有极强的不满情绪,而且毫无顾忌地把看到的所有不如意的事情都推到丈夫身上。她的语气非常冷酷,言辞十分尖刻,使丈夫根本无法接受她的指责和质问。暂且不说她的丈夫由于失去工作的原因情绪正处于最低谷,就是一个心情正常的人也很难接受这样一番话语。虽然我们没有听到他们对话的结局,但完全可以想象这个沟通模式会有一个什么结果。这样的对话对两人的关系具有极强的杀伤力。对于丈夫来说,这是对男性自尊心和人格的最大蔑视和伤害,会把他推向背离爱情和家庭的境地。因为在这个关系中,他没有得到妻子应有的爱,更没有体会到作为丈夫被尊重的自豪。

王霞之所以会对丈夫做出这般指责,最主要的原因是她太缺少对丈夫的理解和尊重。丈夫在这段时间遇到了失业的问题,这是人生中遭遇的很大困难,出现暂时的情绪低落或消极行为是非常正常的事情。而王霞对于丈夫的心理状态不但没有细心地观察，对他的情绪予以同情和及时的安慰，反而在这个时候对丈夫百般挑剔和指责，给了许多消极的评价。她有这种表现的另外一个重要原因是缺少自信。王霞如果认为自身有能力在丈夫失业期间照样维持好家庭，能够帮助爱人渡过难关，她就不会产生不安全感，出现急躁或焦虑情绪，也就不会对丈夫进行毫无控制的发泄和指责。当一个人觉得自己不够好的时候，便倾向于认定其所拥有的人或物的不足。也就是说，当他/她感到自己没有把足够的能力、时间和爱奉献于家庭的时候，会觉得对方也不够好，爱情和家庭也不够幸福。无论在任何情况下，消极性的评价和指责型的沟通，都会毁灭两个人之间的亲密关系。

案例 3-3

批评的艺术[12]

李娜和杨彬经过了三年的恋爱，刚刚走进婚姻的殿堂。李娜结婚前在家里是衣来伸手、饭来张口，从来没干过家务活。结婚后，她自然感到做家务很吃力，尤其对于做菜她更是一窍不通。杨彬对于李娜不会做菜感到无奈，只好挑起了这副"担子"。事实上，杨彬做菜的水平也很差，常常把菜炒得不是咸了就是淡了，而李娜会以聪明的智慧和温和的语言向丈夫提出建议。

一天傍晚，小两口开始吃晚饭，李娜吃了一口丈夫烧的菜（味道很咸），非常温柔地说："老公，你烧菜的水平比我强多了，要是换成我来做这道菜，咱俩就甭吃了，肯定就做煳了。不管怎样，你做的菜还是可以吃的。"杨彬听了李娜这样婉转地评价他烧的菜，不但没生气反而还笑了，他说："行了，行了，不就是嫌我做的菜不够好嘛，绕了这么一大圈，还把你自己先绕在里头。我看这样，以后我多加点班，多挣点钱，咱们请一个保姆得了。"李娜调皮地看了丈夫一眼说："别人做得再好吃我也不爱吃，这菜烧得虽然差了点，但我就是爱吃你做的菜。当然了，要是能少放点儿盐就更好了。"杨彬顽皮地用手点着李娜的脑门说："你呀，还挺难侍候的，好，下回保证让你满意。"

自那以后，杨彬买回了一大堆关于烹饪的书，而且还经常到老母亲那里去"取经"，他的厨艺很快得到了突飞猛进的提高。李娜就是想故意"批评"他，搞点小小的"撒娇"，都找不到理由了，他们生活得非常甜蜜。

案例点评

与案例 3-2 中的王霞相比，李娜是一个懂得心理和情绪调控的有智慧的女人。她对丈夫把菜做咸了的事儿，没有生硬地批评和指责，而是温和并且婉转地指出了对方的不足，以一种非常容易接受的方式与爱人进行对话，使得丈夫非但没有不高兴，反而还焕发了不断改进和提高厨艺的积极性。在与他对话的过程中，李娜没有一点埋怨的情绪，也没有一句指责的话语，而是非常舒缓、温柔地与丈夫交流，倾诉自己的感受和建议。另外，从李娜的语言中，我们还能清楚地看到，有对丈夫做的菜的充分肯定（"你烧菜的水平比我强多了"），也有对于丈夫的特殊欣赏（"我就是爱吃你做的菜"），还有对于他提高厨艺的诚恳建议（"要是能少放点儿盐就更好了"）。虽然李娜的言语如此简短，但其中却渗透了两性沟通的重要原则。

无论是情侣还是夫妻，相互沟通时都要遵循如下原则：其一，要用平和的语气讲话，不要向对方随便发脾气，这样才能为和谐而有效的交流创设安全的情绪氛围；其二，要以尊重对方的态度讲述自己的观点，不要以压制、责备或抱怨的姿态讲话，这样才能在两人之间产生平等的心理感受；其三，要以理解对方的情感进行沟通，不要误解或曲解对方，这样才能架起两个人心灵相通的桥梁。对于这三条重要原则，李娜全都做到了，因此使两个人都产生了愉悦的心理情绪。当然，两性之间的沟通，除了要遵守这些原则以外，还需要许多具体的方法和技巧，这就要求双方在交往的过程中不断地学习和实践。

三、超理智型沟通

美国著名心理治疗师和家庭治疗师维吉尼亚·萨提亚（Virginia Satir）曾对情侣及夫妻的沟通类型做过大量的案例研究，定义出几种常见的错误沟通模式，其中一种被称为"超理智型沟通"。采取这种沟通模式的人常常表现得极端客观，只关心事情合不合规定，道理是否正确，总是逃避与个人或情绪相关的话题。他们时刻告诫自己："人一定要理智，不论代价如何，一定要保持冷静、沉着，决不能慌乱。"超理智的人表面上看起来很优越，举动合理化，而实际上他们的内心很敏感，有一种空虚和疏离感。

在与恋人进行交流时，超理智型沟通者会采取如同电脑般的机械立场，对事情的分析和判断都非常冷静，态度也十分冷酷，在谈话时并不在乎对方与自己的感受，随时保持着理性，以免出现情绪化。所以，有些研究者也将这类沟通称为

"机械型沟通"[4]。虽然超理智者的语言富有逻辑,着重于抽象与理性的分析,但却毫无感情,说话口气刻板、单调和生硬,不考虑别人的情绪。这种沟通经常会使对方感到挫折与愤怒,使两个人无法深入地进行对话。

超理智型的人在与恋人沟通时还表现出从不接受对方指出的错误,却总是希望恋人能遵守规则和履行职责。另外,这类人不会轻易表露自己的情感,也对恋人的情感予以压抑。因为害怕涉及情感,他们在谈话时宁愿使用一些事实和数据来申述自己的观点。

案例 3-4

今天该你洗碗了[22]

王晓翔和孟珍是一对刚刚结婚的小夫妻,两个人都对做家务很反感,经常为这个发生摩擦。经过商量,他们索性制定了一个"家庭值日表",开始轮流干家务。可是,在实际按照值日表进行轮班时,问题还是出现了。有一天,两个人吃完晚饭一起看电视,在看完电视节目的时候,王晓翔伸了个懒腰就准备睡觉去了。孟珍看到他要去睡觉,就马上拿出"家庭值日表",与他展开了下面的对话。

孟珍:"王晓翔同学,躲是躲不掉的,今天可是轮到你洗碗了。"

王晓翔:"亲爱的,你一定是搞错了,我昨天才刚刚洗过,我还清楚地记得我洗了五个碗、六个盘子、五双筷子。"

孟珍:"那是前天的事儿。"

王晓翔:"我没有记错,就是昨天。"

孟珍(瞪起眼睛,指着王晓翔):"今天就是该你洗碗了,我去睡觉了。"孟珍一边嘀咕着一边迅速钻进了卧室,并且把门紧紧地关上。

王晓翔心里不服气,使劲地为自己辩解。就这样,两个人隔着卧室的门继续争论着到底该谁洗碗的问题。

案例点评

孟珍和王晓翔的这段对话,显示出他们俩都在用超理智型的方式进行沟通,都在说自己的那个"理"。他们以事先制定的"家庭值日表"作为依据,来为自己辩解,以达到免于做家务的目的。我们可以看到,使用超理智型沟通的人在对话中会拒绝承认自己的错误，一味地坚持让对方遵守规则，想办法推托自己的责任。在这个案例中，正因为双方都采用这种沟通方式，所以他们很难经过对话彼此让步，形成一致的结论。这种对话的结局往往是两个人都很生气，双方固执地坚持自己的观点，最后只好不欢而散。

其实，在两个人恋爱的过程中，如果不是遇到道德性或原则性的问题，并没有什么事情是不能沟通和协调的。也许在特殊的时候需要制定相应的"规则"，但在绝大多数情况下应该依靠两个人的相互理解、沟通和包容来解决问题。如果情侣或夫妻之间要靠"条约"和"协议"来维持彼此的关系，那就意味着他们的爱情已经所剩无几了。真正能够使爱情得以发展的是相互的体谅、宽容和信任，彼此的帮助和担当，而绝不是那些看似公平的所谓的"道理"。所以，我们常听到这样一句话："家不是说理的场所，而是讲爱的地方。"处在恋爱中的情侣也是一样，切忌总是强调道理，过于理性化，要以真诚的爱情为前提，展开相互的交流与沟通，用包容来对待两人之间的差异和矛盾，少一些过于强词夺理的辩论，多一些充满爱意的宽容和理解。

四、逃避型沟通

与超理智型沟通的人大相径庭，采用逃避型交流方式的人会避开对方提出的问题，避免直接的目光接触和回答问题。在与恋人交往的过程中，当他们遇到难以回应或处理的问题时，会用一些不相关的事情来做挡箭牌，以减轻自己面对那件事情的压力。因为担心直面问题会引起双方的辩论甚至是激烈的争吵（在他们看来那是极其危险的），逃避型的人经常迅速转移话题。例如，在对方说出一件难以回答的事情时，这类人会说："什么问题？我们好长时间没有看电影了，你想去吗？"他们总是想尽办法躲开正在谈论的话题，尽力在两个人中间创设一种和谐的气氛，这样会使自己心里感到安全。

由于逃避型的人在与恋人沟通时经常偏离话题，用其他的谈话内容来取代交流的主题，转移对方的注意力，因此也有人把这种模式称作"打岔型沟通"。这类人在交谈中不围绕主题，不直接回答问题或根本就话不对题，习惯于插嘴和干扰对方说话，使得双方都会分心，难以集中到谈话的中心上，所以相互之间的问题就难以得到及时的解决。

使用逃避型或打岔型沟通方式的人，在心理上处于一种逃避的状态，不敢或不习惯面对彼此共同遇到的问题。尤其是逃避型的人，他们的内心存在焦虑和畏惧的情绪，害怕如果说出了自己的真实想法和观点，会引起对方的反对或不满，产生反感或对立的态度，最终影响到两个人的关系。从更深的层次来分析，这种人的心中缺少归属感，对双方的爱情没有信心和把握，所以才惧怕自己的直率言语会引起对方的不满，阻碍彼此爱情的发展。

要使爱情更加深厚和久远，彼此成为终生的心灵伴侣，恋人在交流中应始终坚持一条最基本的原则，那就是"真实而直接地表达自己的观点"。当两个人的意见不一致时，真实地倾诉自己的想法，并不意味着一定会损伤彼此的感情，如果沟通的态度正确并且语气得当，反而会增进相互的认识和了解，在两人之间产生更深程度的亲密感。坦诚能够在双方内心之间架起一座桥梁，也如开启了通往内心的大门，让两人都能感觉到真实的对方。反之，如果没有感情上的坦诚，总是回避自己的真实想法，彼此的关系就会停留在表面上，无法扎根于深入的了解和信赖之中。

当然，不逃避问题的交流有时的确会引起对方感情的变化。我们常看到这样的现象，因为两个人的观点不同，产生了意见分歧，甚至是价值观上的冲突，最后导致两人恋爱关系的结束。在恋爱中出现这种情况，是十分正常的事情，这正好说明双方不是一路人，不能继续相处下去是必然的结果。恋人尽早地相互了解，思想及时交锋，正视彼此的关系，要比相互遮掩地讨好对方，把真实的自己隐藏起来，更有利于健康爱情的滋生和发展。因此，在恋人之间的交流中，不逃避问题，坦诚地说出自己的真实意见、想法和见解，敞开自己的内心世界，是非常明智的做法，因为这样做会吸引那些心灵相通及真正彼此欣赏和喜欢的人，同时也会使那些没有相同价值观的人由于看到了真正的分歧而自动离去。这对于正在寻觅知心爱人的年轻人来说，是一件非常值得庆幸的事情——找到了真正爱自己的内在并且志同道合的人。

案例 3-5

说出自己真实的想法[15]

莱西和约翰是一对初恋情人，他们正在谈论自己的两个朋友。那两个人原来也是一对情侣，但最近由于某些原因分手了。约翰对莱西说："鲍伯告诉我，他和茉莉分手后，茉莉很伤心。"

莱西知道鲍伯与茉莉分手的情景，因为茉莉昨天晚上给她打电话讲述了这件事情。其真实的情况是，鲍伯根本不敢当面和茉莉把话说清楚，没有与她面对面地结束两人历时九个月的恋情，只是在她的电话录音机上留了一句话，表明要与茉莉分手。

莱西对约翰说："当然，她很难过。说到底，鲍伯是个混球，他只在电话录音里留下一句话，说要和茉莉分手。我觉得那是很懦弱的做法，茉莉不但觉得被遗弃，也觉得好像他们共同经历的那些事情对鲍伯都没有意义。"

听完莱西的回答，约翰顿时对她皱起眉头，看得出他不喜欢莱西的这番说法。他带有讽刺意味地反驳说："你们女人总是团结力量大，不是吗？"

听到鲍伯这样说，莱西并没有因此而停止诉说自己的观点，而是继续表达自己的真实感觉。她接着说："从你的语气里听得出来，我说的话让你不开心，但我不是要刻意地攻击鲍伯，而且我一直都很喜欢这个人。可是，我确实觉得他应当多尊重茉莉一点，就算是说出分手会让人心里感到害怕，但也应该当面告诉她。"

案例点评

　　莱西与约翰谈论的是一个恋人们都很敏感的话题，曾经的男女朋友在结束恋爱时应该如何对待彼此。在这个对话片断中，我们看到莱西首先非常坦诚地说出了自己对鲍伯的看法，她没有等待或判断约翰有什么观点。当莱西听到约翰没有赞同她的看法时，并没有因此而停止表达自己的观点，也没有担心这样说会惹约翰不高兴，更没有人为地让约翰觉得"她是一个很好相处的人"。莱西没有逃避正在谈论的话题，不是绕着弯子去探查约翰的态度，而是非常鲜明地表达了自己对鲍伯的做法的意见和建议。

　　我们虽然不知道他们这次谈话的结果是什么，但至少可以肯定，莱西给出的明朗表白可以让约翰清楚地知道她的观点，以及对于处理恋人分手的棘手事情的态度。这对于约翰全面了解莱西的性格和为人，是一个非常好的机会。如果情侣在探讨问题时能够像莱西这样开诚布公，诚恳地表明自己的想法和立场，两个人之间就一定能不断加深了解，及早知道彼此的脾气秉性，从而正确地判断是否应该继续相处下去，能否成为相爱终身的伴侣。恋爱中的人们应当记住一个非常容易理解但又不容易实践的道理：有效的沟通永远应该以坦诚为基础。如果不能诚实地对待彼此，恋爱关系就会变得不愉快，变得复杂，就不能健康、长久地发展。

思考与练习

1. 以你对周围年轻情侣的交流方式的观察与了解，你认为哪一种错误的沟通模式最常见？通常会出现什么结果？对健康恋爱关系的发展产生了怎样的影响？

2. 如果你正在恋爱的过程中，请针对本节所讨论的四种错误沟通模式，反思一下自己是否也有类似的问题，并查找出现错误沟通的真实原因。

3. 恋人之间要避免发生错误的沟通，应从哪几个方面做出努力？你有什么有效的策略和方法？

第二节 恋人之间的冲突

人与人之间的冲突在相互交往中经常发生，当然在情侣之间也不例外。相爱的恋人能否正确地认识和理解冲突，并且能够恰当、有效地处理随时可能出现的各种冲突，对于两人爱情关系的发展和成熟，具有决定性的影响。在实际的恋爱生活中，许多情侣对于他们面对的冲突不但缺乏全面的认知，而且缺少正确处理的能力，使得本来可以解决的冲突不能得到及时的处理，从而导致两个人的关系越来越差，最后不得不以分手来结束曾经甜蜜的恋爱关系。在本节中，我们从多个角度来详细探讨恋人之间的冲突问题。

一、冲突的起因

从一般意义上讲，人际冲突（interpersonal conflict）指的是由于人与人之间的态度和期望的互不相容性，而产生的一种负面的紧张状态，这种状态在很大程度上会增加彼此交往与合作的难度。对于人际冲突的具体含义，一些学者给出了不尽相同的解释。彼得森（Peterson）将冲突定义为"一个人的行为干扰了另一个人行为的人际关系过程"，这一定义关注的是行为与冲突的联系。而鲁宾等人（Rubin, Pruitt, Kim）认为，冲突不仅涉及行为，也涉及人们的目标、计划和愿望。卡恩（Cahn）的观点更加不同，他认为冲突是"兴趣、观点或意见相左的人们之间的交往"。由此看来，人际冲突的发生会由众多方面的原因所引起，对于其原因的深入了解，是理解和解决冲突的重要前提。对于恋人来说，更应该知道哪些因素可能会导致双方的冲突,以便在相处的过程中能够更加理智地分析和解决所面临的冲突,使两人的爱情关系得以顺利发展。

恋人之间发生的冲突有许多起因,一时很难给出一个全面的总结。我们根据对既有相关文献的分析与归纳,以及在大学生中开展实际调查所得到的结果,梳理出如下容易引起情侣之间冲突的因素。

(一) 性格

按照心理学的定义,性格是个体在对现实的态度和行为方式中表现出来的稳定的个性心理特征。性格的形成需要一定的过程,客观事物对个体生活不断渗透,从而通过人的认识、情感、意志过程逐渐地保留在心理机构之中,形成特定的态度体系,并以一定的形式调整着个人的行为方式。如果其中某些反应已经巩固起来,成为经常采取的态度和与之相应的行为方式,便显示出独有的性格特征。由于每一个人在生长环境、文化背景和受教育程度等方面具有独特性,所以在性格上必然有其个人的特点,这样,人群中便形成了千差万别的性格。一旦某个人的性格已经形成,就会具有相对的稳定性,一般不会轻易改变。

性格作为一个描述人的心理特征的概念,具有比较复杂的组成结构。心理学研究者认为,性格由如下四个方面的特征构成[23]。

(1) 态度特征。人的态度主要指向三个方面:①对社会、集体和他人的态度;②对工作、学习和劳动的态度;③对自己的态度。这些态度特征在性格结构中具有核心意义。

(2) 意志特征。这一特征在人对自己的行为方式进行调节时反映出来,主要表现在四个方面:①行为目标的明确程度;②行为的自觉控制水平;③在紧急状态或困难条件下的反应;④对个人决定的贯彻执行情况。

(3) 情绪特征。情绪是人对客观世界的一种特殊反映形式,是主体依据客观事物对自己的不同意义而产生的对该事物的不同态度,在主观感受中产生肯定或否定的体验。人的情绪状态会影响他的所有活动。情绪具有四个方面的特征:①情绪的强度;②情绪的稳定性;③情绪的持久性;④对于个体心境的主导。

(4) 理智特征。这一方面的特征表现在人的认知方面,所以也有人称之为"认知特征",主要包括三个方面:①感知特征,体现在主动观察或被动观察、知觉的详细分析或概括分析、感知的快速性和精确性;②思维特征,表现在独立思考或依赖现成答案、偏好分析或偏好综合;③想象特征,体现在主动想象或被动想象、大胆想象或拘束想象。

对于性格的分析，除了考察它的结构以外，还可以将性格分成不同的类型。在这一方面，许多心理学家从不同的角度给出了划分的结果。19世纪英国心理学家 A. 培因和法国心理学家 T. 查理根据心理机能的差异，把人的性格分为理智型、情绪型和意志型三种；瑞士心理学家卡尔·古斯塔夫·荣格（Carl Gustav Jung）按照心理活动的倾向，将性格划分为外倾型和内倾型两类；H. A. 威特金（H. A. Witkin）根据两种对立的信息加工方式，把性格分为依从型和独立型两类；美国心理学家 T. L. 霍兰德（T. L. Holland）依据人格特征与职业选择的关系，把人的性格划分为现实型、研究型、艺术型、社会型、企业性和常规型六种类型[19]。

从以上对性格的理论叙述中，我们不难做出这样的判断：如果两个人的性格存在差异，他们在许许多多方面都会有不同的表现，所以，当存在诸多性格差异的恋人遇到一起，自然会产生许多摩擦甚至是冲突。在我们开展的一项以恋爱为主题的大学生调查中，当被问到"你在恋爱过程中遇到的主要困难和疑惑是什么"的时候，约有80%的被调查者感到："双方性格不合引起了一些矛盾和冲突，一直找不到适当的解决方法。"由此看来，性格不相容并且不知道如何正确对待，是青年在恋爱时普遍遇到的问题。

案例 3-6

你能不能快点儿[22]

郑军和桃子结婚正好半年，是一对人见人夸的小夫妻，日子过得很让人羡慕。可是，两个人的生活中也有一些不如意，只有他们自己才能体会到。

郑军是一个急性子，做事雷厉风行，而桃子恰恰相反，遇事不紧不慢。由于性格上的差异，两人经常产生矛盾。有一天，他们收到了一个晚宴邀请，开始的时间是晚上七点。由于怕路上堵车，郑军下午四点就给桃子打电话，让她早点准备好，五点半准时出发。

时间刚到五点半，郑军回到家中接妻子，他看到桃子还在洗澡。十分钟后，桃子洗完了澡，她又开始化妆。这时两个人开始了下面的对话。

郑军："跟你说了好几遍，我们要五点半出发。"

桃子："着什么急啊？"

郑军："路上堵车，第一次参加宴会，不能迟到的。"
桃子："路上要是不堵车呢？"
郑军："你快一点儿，你就快点儿吧！"
桃子："催什么催，催命鬼。"
郑军："你这个人哪，就是不知道着急，什么时候都是这样。"
桃子把化妆品往梳妆台上一扔，坐到了床上，生气地说："我不去了。"
郑军："你说什么？"
桃子："我不去了，你自己去吧。"
郑军："好，好，我自己去。"
桃子："你要是自己去，你就永远别叫我。"

郑军很无奈，只好忍住脾气，等妻子化完妆。在他们赶到晚宴地点的时候，活动早已开始了。由于两个人都很不高兴，晚上回到家后又吵了好一会儿。

案例点评

我们可以清楚地看到，这对夫妻的性格截然相反，一个是慢性子，另一个是急性子。在很多情侣和夫妻中，都存在类似的情况。在本案例中，桃子的慢性子是他们发生争吵的起因。他们俩在性格上存在很大差异，这是不能轻易改变的事实。身处在这样的状况之中，两人都应该宽容一些，接纳对方的性格特点。桃子对于丈夫的催促，首先应该尽量克服自己的弱点，加快行动的速度，并且用温和的语气与丈夫对话。她可以说："老公，是我没抓紧时间，我会快点的。""我马上就完事了，你别着急，下次我一定注意。"郑军面对妻子容易拖延的个性，应尽早多提醒几次，而且给她多留出一些时间。即便在最后他们还是迟到了，也不要埋怨她，而是要让妻子理解到拖延的性格会造成许多不好的结果，并且愿意尽快改掉这个毛病。如果他们能够如此对待对方，我们相信这对小夫妻就不会因为性格不同而吵架，反而会磨合得越来越好，生活得越来越幸福。

（二）价值观

价值观是一个人对事、对人和对社会的重要性的评价标准和尺度。它不仅能引导人对客观事物的意义进行判断和评估，还能有力地激励和调整人的行为，使其向着自己认为有价值的方向奋力迈进，具有极强的动力性。一个人的价值观既经形成，人生的方向就被确定下来，无论他是否意识到是价值观驱使着自己在工作和生活中做出了某些选择，都会全力以赴去实现其价值观所认定的目标。价值观对一个人的影响是决定性的，它会调动一个人所有的意志、智慧和能力，是生命历程中恒久的动力。

随着时代的变迁与社会经济和文化的发展，我国青年的价值观呈现出多元化的趋势，影响着他们的生活和工作的内容与方式。不同的人按照不同的价值观念，以从属、主次和轻重顺序来排列所面对的事物，体现出各自价值观的层次结构，即人们常说的"价值系统"。有的人将"事业成功"排在了"家庭幸福"之前，而有的人却以相反的顺序排列这两者；有的人把"获得真挚的友谊"看得比"得到爱情"更为重要，而有些人的观点正好相反；有的人把"有所作为"看成是人生的重要目标，而有些人把"舒适的生活"作为努力达成的状态。E. 斯卜兰格（E. Spranger）在其所著的《生活形式》一书中把人的基本生活领域分为六个方面，并依据个人倾向于其中的某一领域，相应地把人分成六种类型，包括经济型、理论型、审美型、宗教型、权力型和社会型。与这个分类相比，C. W. 莫里斯（C. W. Morris）对人的价值观进行了更加细致的划分，定义出十三种价值观类型，包括中庸型、达观型、慈爱型、享乐型、协同型、努力型、多彩型、安乐型、受容型、克己型、冥想型、行动型、奉仕型[23]。由此可见，人的价值观是多种多样的，这就使人的行为取向、社会活动和交往过程变得非常复杂。

人的价值观不同，其生活和工作的重心就会不同，时间和精力的分配也将不同。如果两个价值观存在很大差异的恋人在一起，势必会由于价值取向的不同而出现思想上的不一致和行为上的不协调，很容易在彼此之间发生争执和矛盾。而且，由价值观差异所造成的冲突，通常是很难调节的，与由于其他原因引起的矛盾相比，价值观冲突的强度是最大的。

（三）兴趣

兴趣是人积极地接触、认识和探究某种事物的带有情绪色彩的心理倾向。这种心理倾向会使人对一种事物心向神往，给予特殊和优先的注意，并且当兴趣被迎合时会伴有满足、快乐和兴奋的心理情绪。兴趣对一个人的推动力量是很大的，是行为的动力因素。一个人如果在做感兴趣的事情，即使那件事非常难做或者枯燥无味，他也会全力以赴地完成它。

与性格和价值观相似，人的兴趣也可以被划分为类型。在已有的研究中，心理学者一般从两个角度划分兴趣。其一是从兴趣的内容来分类，将兴趣划分为物质兴趣和精神兴趣。物质兴趣表现为吃、穿、住、行等生活方面的兴趣；精神兴趣主要指认识方面的兴趣，如研究哲学、天文、数学、文学作品和参加娱乐活动等。其二是从是否直接参加某一活动来划分兴趣，分为直接兴趣和间接兴趣。直接兴趣是指对活动本身发生兴趣，直接参与到活动之中，如打球、唱歌、看电影等。这种兴趣是由事物自身的特点引起的，往往不具有明显的目的性。间接兴趣是指对活动结果发生兴趣，人们常常对某种活动本身并没有什么兴趣，但意识到完成该项活动的结果具有重要意义，就会促使他们积极完成活动，对活动的结果具有强烈的期盼。例如，有的年轻人对学习英语的过程本身并不感兴趣，但对于学好英语的结果很重视，能与外国人进行各种交流。间接兴趣往往与个人的目标相联系，有较强的目的性。

对于相爱的恋人来说，他们的兴趣现状与彼此爱情的发展有着十分密切的关系。如果两人的兴趣相投，有相同或类似的爱好，就会有共同的活动和话题，有更多的交流内容，更容易使他们在其中相互探讨、学习和帮教，从而增进彼此的深入了解，加深双方的感情。相反，倘若两人没有任何共同的兴趣，没有共同喜欢的活动，就很容易造成彼此的疏远、隔离和冷落。美国得克萨斯州的一项研究发现，婚恋伴侣对各种不同活动偏好的相似性越小，他们在共同参与活动的时候体验到的冲突越多。在许多年轻人的恋爱经历中，都有过由于两人的兴趣完全不同而引起矛盾和冲突的体验。例如，男方酷爱足球，只要有比赛就必看无疑，无心去顾及对方的感受和情绪；女方喜欢去听音乐会，渴望与自己的恋人一起欣赏和陶醉。然而，女方几次邀请男朋友去看音乐节目都没有成功，他总是坚持坐在电视机前观看所有的足球比赛，漠视女友的兴趣和需求。这样的事情发生了几次之后，女友的心情变得很差，情感上受到了挫败，她觉得男友根本没把她放在心上，对她没有真实的感情。类似这样的事情在青年情侣之间比比皆是，兴趣不合成为爱情的阻碍因素。实际上，那些发生这类冲突的男女恋人并不是原本就存在感情上的隔阂，也不是起初就有矛盾，而只是因为他们没有真正了解彼此的兴趣所在，更没有以正确的态度和方法对待与照顾对方的兴趣。如果他们能够在恋爱之初就关注到彼此兴趣的异同，就会有效地预防和消除那些由于兴趣不同而引起的摩擦和不愉快，使双方的兴趣需要都得到应有的满足。

（四）生活习惯

从大量的恋爱案例中我们发现，男女恋人之间发生冲突的一个主要原因是由于生活习惯的不同。生活习惯是一个人经过长期的生活过程而养成的，具有较强的稳定性和持久性，不容易因旁人的要求或强迫而改变。个人的生活习惯涉及许多方面，如饮食、穿衣、花销、作息时间等，这些将构成日常生活的模式。当一对恋人在生活习惯上存在很大差异的时候，就会出现许多不如意的感觉，感到彼此的不协调。如果两个人能相互理解和努力地适应，也许会减少一些摩擦，逐步达到彼此的融合。但如果双方或某一方不能容忍对方的生活习惯，硬性地强迫对方改掉原有的做法，就必然会产生很大的矛盾和冲突。当所发生的冲突不能得到及时、有效解决的时候，两个人的关系就会受到影响，彼此的感情也会变得淡漠。

案例 3-7

我要多睡会儿[22]

李白和赵赵都属于工薪阶层，结婚后依然过着朝九晚五的日子。他们平时虽然很忙很累，但对当下的生活还是很满足的。当然，小两口也有发生矛盾的时候，丈母娘总结出他们产生摩擦的原因，那就是李白太喜欢睡懒觉。

妻子赵赵每天起得很早，周日也是如此，所以每当到了星期天，她都会叫李白按时起床。一个星期天的早上，赵赵依旧叫丈夫起床。

赵赵："老公，起床了，太阳都晒到你屁股了。"

李白恳求着说："别闹，再让我睡一会儿，就一会儿。"

赵赵："一会儿也不行，快起来，咱们得收拾屋子，然后去买菜，今天妈妈要来。"

李白："妈不是中午才到吗？你就让我再睡一会儿吧！"

赵赵："我让你起床，你听见没有？"

李白："我就睡一会儿也不行吗？"

赵赵："嘿！我看你起不起来！"她把刚用凉水冲过的手伸进了被窝，李白感到很不舒服，一下子就坐了起来。

李白："今天是周日，你还让不让人睡觉了？"李白气得大喊起来。

赵赵："你昨晚几点睡的？都睡了一圈了，你还没睡够吗？"

李白："当然没有睡够。"他又钻进了被窝。

赵赵："喂，你还死皮赖脸。"她双手叉腰，气得脸通红，伸手去揭李白的被子。

第三章 恋人之间的交流与沟通

> 李白:"你才给脸不要脸呢,我忍了你一早上了,你还有完没完?"李白坐起来,顺手将枕头向赵赵抛去。
>
> 赵赵:"你居然还敢打我,我跟你拼了!"赵赵举起拳头,不停地打在丈夫的身上。

案例点评

客观地讲,这对小夫妻都有一定的过错。赵赵强行要求丈夫起床,她的做法明显有些偏激。李白紧张工作了一周,感到非常疲劳,很想多睡一会儿,这是可以理解的。在这个时候,赵赵的强迫和命令的语气,只能使他觉得妻子不关心自己,产生强烈的抵触情绪。如果赵赵能够理解丈夫的辛劳,用体贴、温柔的方式与他交流,给他一些自由的空间,然后再慢慢提醒他起床,就不会出现两人非常生气并且动起手来的情况。

李白在自己非常疲倦时想要多睡一会儿,这是很自然的。但他也要考虑到家庭是个整体,不能过于随意,何况妈妈就要到他家里来。如果他真是特别疲倦,就应向妻子耐心地解释,说清楚自己当时的感受,并且表明只睡一会儿就起来,不会耽误家中的事情。倘若妻子赵赵听到了这样的解释,是会理解他的,小两口便可以融洽地解决好这个问题。

(五)交流方式

情侣之间常常沟通不畅,容易产生冲突,这在很大程度上缘于他们自身性别所决定的交流方式的不同。许多科学研究早已发现,由于男女大脑结构的不同(主要是左脑的语言功能不一样),他们的语言能力存在较大的差异。男性不擅言语,而女性的表达能力普遍比较强,这个事实从古至今都是这样,从来没有改变过。男性的语言天赋逊色于女性,主要表现在他们的语言能力发展迟缓、言辞不够丰富和表达过于直率[17]。与男性相比,女性的语言功能发展较早,她们乐于也善于表达,字句能力很强,能全面而精确地描述事物和表达心愿。

男性和女性在思维与语言表达上还有一些明显的不同。男性能在心里把他们的问题做好分类,然后将它们放在一旁,而女性则会不断地想她们的问题。女性要除去萦绕在脑海中的问题,唯一的办法是说出来,她的主要目的是发泄,而不是要找解决的方法。另外,由于男性大脑语言功能的特点,他们一般不能边做事边交谈,只有在特别必要的情况下,他们才开口说话。通常,男人说话的"行为"是在大脑里进行的,外表看起来并没有什么反应。

正因为男女在语言表达方面存在上述差异,所以恋人之间常常会出现误解或冲突。女性时常抱怨的是,男朋友不愿意讲话,对自己表现出冷漠,面对许多事情都无动于衷,不情愿表达观点,也不想与自己交流。即便他们说出自己的想法,也过于简单,没有耐心和情感。许多时候,如果男朋友坐着不说话,女性很容易觉得他不爱自己了。而对于男性来讲,常常厌烦女朋友的话太多,说话没有中心,嫌她太唠叨。在遇到问题时,帮助她们找出了解决的办法,可她们又不虚心地接受,只是不停地发泄自己的情绪。当男性遇到女友一下子抛出许多问题的时候,会让他们感到头昏脑涨,十分困惑,因为男性的大脑一般每次只能处理一个问题。一些男性在与女朋友交谈时,还特别反感对方不时地插话,他们把这种做法看作是对自己的不尊重。

语言对于男人而言是解决问题用的,他需要把话讲完,否则他会认为是没有意义的交谈。而女性具有发散思维、喜欢表达的特点,她们认为两个人谈话就应该共同探讨,这样可以建立亲密的关系。女性在与男性交谈时,还经常"有话不直说,刻意拐弯抹角",会用绕弯子的方式表达她想要的事物,时常还用试探的方法来了解对方的心思。女性不坦白说出心中的想法,主要是不想破坏与男友的关系。而这种"迂回"的谈话方式,很多时候对于男性是不灵验的,他们根本不明白这种"游戏规则"。当女人对另一个女人以拐弯抹角的方式说话时,不会有什么问题,因为女人比较敏感,能够心领神会,但对男人采取这样的交流方式,他们一般都会迷惑,甚至还会反感。

 案例 3-8

她怎么说起来就不停[17]

费欧娜和麦可是一对恋人,下面是他们在晚餐时的一段对话。

费欧娜:"嗨,亲爱的,今天过得好吗?"

麦可:"很好。"

费欧娜:"布莱恩告诉我你今天和彼得谈了一笔大生意,谈得怎么样?"

麦可:"很顺利。"

费欧娜:"好棒哦!他是很难缠的客户。你认为他会接受你的建议吗?"

麦可:"对。"

第三章 恋人之间的交流与沟通

……

麦可感觉自己好像在接受审问,开始感到不耐烦,他只想要"安静"。但为了让谈话继续下去,他便主动发问。

麦可:"你今天过得怎么样?"

费欧娜:"嗯……哇,今天做了好多事哦!我决定今天不坐车进城了,因为我表姐的在公车站工作的朋友说,今天有罢工,所以我决定走路。天气预报员说今天的天气很好,我决定穿那件蓝色的正装,你知道是哪件吗?就是我在美国买的那件。你知道吗,我还在路上碰到了苏珊……"

费欧娜开始把今天还没说的话一下子全倒了出来。而麦可觉得很奇怪,为什么她不停下来,让自己的耳朵清静一些。费欧娜不停地说话,他觉得自己快被烦死了,真想要一会儿安静的时刻。

费欧娜接着说:"……然后我在人行道上滑倒了,结果弄断了新鞋的鞋跟,后来……"

麦可(打断她的话):"等一下,费欧娜,你不应该穿高跟鞋去购物中心!我看过一篇调查报告,上面说穿高跟鞋很危险,穿凉鞋比较安全!"

他心里想着:"问题解决了!"而她心里想着:"他为什么不闭上嘴听我说话?"

她继续说……

费欧娜:"等我回到车上,结果后轮竟然没气了,所以……"

麦可(再次打断她的话):"听着,你该做的事是给车加油和检查轮胎,这样,下次就不会有同样的状况发生了!"

他想着:"解决另一个问题了。"

她心里想:"为什么他就是不闭上嘴听我说呢?"

他想:"她为什么还不闭嘴,不再烦我?她的问题我不是全解决了吗?怎么她还不清楚状况呢?"

虽然麦可不时地打断费欧娜的话,但她还是不停地说着……

案例点评

女人喜欢说话,并且极易使谈话内容发散,这是女性与人交流的主要特点。而男性不善言辞,语句简洁但有组织,直击谈话的主题。所以,男性和女性交流时，常常会因为交流的习惯和方式不同，使沟通出现障碍。当男性给出简短并且针对问题的回答时，女人往往不喜欢接受，她们更多地关注和叙述事情的过程，而不太重视如何解决问题。男性需要了解的是，当女性与恋人谈话时，她并不只是期望男朋友帮着想出解决问题的办法，而主要是希望他真正理解她的情绪和感受。女人要把每天遇到的问题说出来，这是她们缓解压力和除去不快的方法，所以，去寻求心理咨询的人多数是女性，而且多数的心理咨询师也是女性。对于女性来说，则需要知道男性是以解决问题和达到目的为导向的，他们不喜欢毫不相干的谈话，时间长了还会觉得无趣或厌烦。情侣们如果事先了解到男女的这些固有差异，就会在恋爱交往中注意到对方的特点和需求，使彼此的沟通顺畅而愉快，达到双方都很满意的交流效果。

 案例 3-9

为什么有话不直说[17]

芭芭拉和亚伦晚上要参加一个非常正式的朋友聚会。为了这次聚会，芭芭拉特意买了一套新衣服，想在聚会上展现自己最好的一面。她找出两双鞋，一双是蓝色的，另一双是金色的。

她问亚伦："亲爱的，你觉得哪一双可以配我的这套衣服？"

这样的问题每个男人都怕听到。亚伦感到有些紧张，他知道自己有麻烦了。

他结结巴巴地回答："看你喜欢哪一双。"

芭芭拉不耐烦地说："你怎么这样呢！你认为哪一双穿起来比较好看，蓝的还是金的？"

亚伦硬着头皮说："金的。"

芭芭拉接着问道："这双蓝的有什么不对？"

亚伦着急地说："你一直都不喜欢蓝色的鞋子！我花不少钱买了这双鞋，可是你一点儿都不喜欢，对不对？"

亚伦接着说（带有不高兴的语气）："芭芭拉，如果你不需要我的意见，就不要问我！"

案例点评

在这个情境中,芭芭拉向亚伦提出了一个关于选择的问题,这是女性与男友对话的主要议题之一。她明明已经有了自己的答案,但还是要问对方,而且还是拐弯抹角地询问。实际上,她早已决定了自己要穿哪双鞋,去问对方的意图是要得到进一步的证实,显示自己的选择是正确的。女性在这种情形下提出问题,一般不是真想知道对方的见解,所以是听不进去其他意见的。虽然对方说出了具体的办法,但她们并不在意,许多时候还很不高兴。对于这种拐弯抹角的询问,男性最好不要直接给出答案,可以反问对方,如"你觉得应该是怎样的呢?"这样就能很快地知道女朋友心里的选择,并趁机给予称赞和夸奖,这么做会使交流非常愉快。当然,在女友真正想征求意见的时候,男性要坦诚地给出自己的建议,帮助她做出正确的决定。在双方的沟通中,彼此都要善于判断对方的谈话态度,从而以最适当的方式做出回应。

除了上述引起恋人之间冲突的原因以外,还有许多比较重要的因素也能导致两人的矛盾。我们在一次以恋爱为主题的座谈会上向大学生询问,哪些原因可能会引起情侣之间的摩擦和冲突,他们提到了许多因素。例如,生活经历、个人素养、能力水平、经济条件、心理成熟度、彼此尊重程度、人际关系、年龄、民族、政治见解、宗教信仰等。由此看来,造成恋人之间冲突的原因是多方面的,情侣要想进行良好的沟通,正确面对和解决可能发生的冲突,应当很好地了解这些因素,并且以积极而有效的方式,最大限度地减小各种因素对爱情关系的负面影响。

二、冲突的发展过程

在恋人之间发生的冲突,有一个从无到有、从小到大的发展过程,也有一个削弱和消除的过程。对于这些过程的全面了解,有利于情侣之间避免、缓解和解决冲突。彼得森于1983年提出了一个关于人际关系的"冲突发展模式",它包含了三个主要阶段。这个模式也可以用于解释和认识恋人之间的冲突,对于有效解决情侣的矛盾,具有重要的参考和使用价值。

(一)开始阶段

这一阶段涉及三个要素:前提条件、引发事件和发生冲突。前提条件主要指那些已经存在于恋人之间的利益冲突(包括花销分配、责任担当、时间掌控等)、情境性压力（遇到一个问题或事件时的情绪、态度和行为），以及由某些事情引起的一定程度的怨恨等。引发事件涉及彼此对于对方实现目标的行动干扰，可能包括批评、无理要求、拒绝和不断积累的不愉快。发生冲突是指双方对于某一问题或事件，出现了语言、态度或行为的差异甚至对立。情侣之间的冲突一旦出现，他们就应及时地意识到它的存在，对于冲突的理性认知，是后续恰当解决冲突的关键所在。

（二）中期阶段

当两个人的冲突发展到中期阶段，一般会出现三个明显的特征。第一个特征是冲突的升级，表现在将问题泛化、责怪对方、人身攻击、强行命令和威胁程度增强等方面。冲突的升级虽然最终会导致冲突的结束，但它经历的过程可能是曲折的。第二个特征是分离，表现在情侣的一方或双方在冲突没有消除的时候就自动回避，他们认为面临的问题是无法解决的，而且在心里继续责怪对方，不愿意坐下来心平气和地商讨。在这种情况下，会有两种可能：一个是两个人都冷静下来，不再继续彼此追究，随着时间的推移，冲突慢慢变小，最后自行消失；另一个是如果导致冲突的条件仍然没有改变的话，双方还会有进一步的冲突。第三个特征是协商，在分离一段时间以后，双方感到发生的问题是可以解决的，并且愿意做出妥协和爱的表达，对爱情关系仍有很强的承诺。这时的妥协意味着男女双方都降低了自己的要求，以找到相互能够接受的替代选择方式。在协商的过程中，情侣表明各自的立场，以不偏不倚的方式交换意见，共同找到解决问题的途径和方法。在理想情况下，有效的协商可以直接使冲突终止。

案例 3-10

冲突的升级[7]

佩姬开车去上晚间的形体课。她应该把丈夫保罗从婆婆那里借来的修剪篱笆树的大剪刀还回去，但是她忘记了。第二天早上，保罗发现大剪刀还在车上，而帮助母亲修整篱笆的那个人当天就要来干活了。所以，在上班的路上他特意将大剪刀带到了母亲家。这一天他还有很多事情要做，而归还剪刀占用了一部分时间，对此他心里有些不高兴。晚上回到家，保罗让佩姬知道她的健忘给他忙碌的一天带来了不便和额外的压力。而佩姬心不在焉地嘟囔

第三章 恋人之间的交流与沟通

了一句:"啊,我忘了。"

保罗看到佩姬似乎并不在意,就被惹怒了。他说:"如果你能还了它,确实对我有帮助。"佩姬回答道:"嘿,你妈今天要用大剪刀,一个星期前你就知道了。"言外之意是"你为什么不早点还"。保罗开始真的生气了,他一下想起了佩姬的一连串不负责任的做法:她没有及时付账单;在汽车油箱空了的时候留给保罗去加油;她的杂志和邮件扔得满屋子都是;她还在没有征求保罗意见之前,私自对外答应了许多事情……

过了几分钟,保罗实在压不住火了,他大声说道:"你干吗指责我没有去还?你说过你要去还,你就知道抱怨——抱怨我,抱怨我妈,抱怨这个家。上一次你是什么时候给车加油的?你什么时候会记得把乱七八糟的杂志从餐桌上拿开?你对家里的事情关心过吗?"

佩姬反驳道:"你想让我什么都做,你就像个孩子需要人照顾。长大一点吧!你也应该做你应该做的事情了。你想让我下班以后回家做所有的家务,这可不是20世纪50年代,你能不能把孩子接送到他们要去的地方,星期六打扫打扫家也算是尽尽义务。"

保罗说:"对,这可不是在20世纪50年代,那时人们说话是算数的。"

佩姬说:"要不是你把大剪刀放在后座上,我早就去还了。"

保罗又说(提高了声音):"你从来都记不住,从你做的事情来看,你以后也记不住。"

佩姬回应道(一边走出房间):"等你能够文明地和我讲话,再来找我吧。如果到这个周末之前你还这样的话,那你就自己招待你的客户奥尔森夫妇吧。"

案例点评

这个案例详细地展示了伴侣之间冲突的升级过程。本来归还大剪刀的事情并没有多么严重,但却成了保罗与佩姬之间产生矛盾的起因。保罗很快对佩姬所做的其他事情生气,如没有按时付账单、加汽油、整理杂志和邮件等,他把问题泛化和扩大化了。而佩姬认为,保罗将剪刀放在车的后座位上使她没有看见,他才应该为这件事负责任,所以对保罗加以责备。佩姬还说:"你就像个孩子需要人照顾。长大一点吧!"这实际上是对保罗的人身攻击。她还强行命令保罗:"把孩子接送到他们要去的地方,星期六打扫打扫家。"最后,她威胁道:"如果到这个周末之前你还这样的话,那你就自己招待你的客户奥尔森夫妇吧。"以上整个过程就是冲突逐步升级的演变过程,最后导致冲突的难以控制。

由这个例子我们了解到,夫妻或情侣之间的冲突会以一个很小的起因开始,发展到非常严重的地步。在这期间如果任何一方能够把握对话的内容和方式,都会及时控制事态的发展,不至于出现矛盾激化的局面。在彼此遇到不满意时,恋人们特别要做到如下几点:①在沟通时不随意将气愤泛化,只针对当下的问题进行交流;②不指责对方,可以客观地进行分析;③不向对方进行人身攻击,也不说任何不尊重对方的话;④不强行命令恋人去做某事;⑤不用自己的某种做法来威胁对方。如果青年男女在恋爱的过程中能够坚持做到这些,就能有效地避免冲突的升级,使初发的矛盾得到及时的控制和解决。

(三)终止阶段

大多数在恋人之间产生的冲突,发展到一定程度的时候都会结束。彼得森描述了冲突终止的五种方式。下面按照从最具破坏性到最具建设性的顺序,对每一种方式给予简要的描述。

1. 分离

分离指在两人发生矛盾之后,双方都采取攻击性方式,谁也不肯让步,都认为出现的问题应该由对方负责。他们不但不反思和检查自己,反而不断地责备恋人,导致双方不能继续沟通,只好终止所有的交流。这个阶段的分离与中期阶段的暂时分离的含义不同,此时的分离在一定程度上是不可逆的,很难回到冲突前的状态。而暂时的分离是指双方一时赌气走开,但经过冷静的思考之后,还会回到一起,以积极的方式面对和解决冲突。

2. 控制

控制指恋人之间的冲突持续一段时间以后,虽然两个人进行了一些协商,但其结果却不理想,不能使两个人的愿望都得到一定程度的满足。其中一方继续硬性坚持自己的态度,不肯做出妥协,控制着两人的关系。而另一方由于某些原因,放弃了自己的观点,随从了对方。这个结局是坚持的一方"胜利"了,放弃的一方"失败"了,"权力"的分配出现了不平衡,而且后者得到的结果往往是负面的。在这种情形之下,尽管两个人之间的冲突看似解决了,但仍然存在着矛盾重新复发的威胁。

3. 妥协

妥协指处于冲突中的双方都降低自己的期望，最大限度地接纳对方的要求。与由一方控制来结束冲突的方式相比，以双方妥协的方式解决问题会公平很多。在妥协的情境中，任何一方的想法都能得到一定的满足，但还不会完全得到满足。例如，在去什么地方吃饭的问题上，男友想去自己喜欢的四川餐馆，而女友非常想去广东饭店，为了让双方都能达到一定程度的满意，他们选了一家档次不高的既有四川菜又有广东菜的餐馆，这样就达到了相互的妥协，在就餐口味方面的矛盾便得到了较好的解决。

4. 协调一致

协调一致指在解决彼此产生的冲突时，双方都尽量满足恋人最初的要求和目标，每一个人都不需要做任何的妥协。当然，以这种方式解决矛盾是比较困难的，一般很难实现。这就需要两人在实现各自主要目标的时候，采取灵活的方式，并进行密切的合作。有学者把这种解决冲突的方法称为"滚圆木似的互相帮助"，即男方在一个问题上让步，女方就在另一个问题上让步，以便使每个人的主要需求都能得以满足。例如，男朋友喜欢足球，而女朋友酷爱芭蕾舞，他们就这一次去看足球比赛，下一次去剧院看舞蹈演出。这样，两个人的爱好在彼此的协调中都得到了重视和满足。

5. 结构改善

相对于其他方式来看，结构改善的方式对于终止冲突是最理想的。结构改善指在双方协调矛盾的过程中，影响关系状态的一个或几个原因条件发生了改变。情侣经过曾经发生的激烈冲突，会对对方的许多方面更为了解，比从前更信任恋人及其爱情关系，同时也愿意表现和发展对方所欣赏的个人品质。更值得庆幸的是，双方都希望以一种更有益处、更加积极的方式来解决目前和未来所面临的问题。随着两个人交往态度的变化，他们能够非常坦诚地交流，交换个人的想法和观点，更加珍惜彼此的感情，也更加尊重对方的个人价值，允许彼此之间存在差异。可以想象，结构改善能够大大提高情侣之间的爱情关系的质量，也能够使他们学会调整自己，以更好的姿态迎接恋爱和未来婚姻生活的挑战。

三、恋人之间的争吵

恋人之间的冲突有多种表现形式，而争吵是他们发生冲突时表现频率最高的一种互动方式。生活中的大量案例显示,许多年轻情侣常常因为双方总是争吵不停而感到烦恼和困惑。我们所调查的正在恋爱的大学生和研究生也反映,让他们感到最痛苦的事情就是与恋人之间经常激烈地吵架,两个人很难和谐相处。为了使恋人们对争吵这一普遍现象有一个清楚的认识,下面我们来做一些具体的分析。

在情侣的恋爱生活中,发生争吵是在所难免的,也是有一定益处的。良性的冲突和争吵可以增进彼此的深入了解,有利于爱情关系的发展,同时也会促进双方不断地成长。实际上,没有争吵的恋爱关系是不正常的,并不是一种好的现象。当然,过度和彼此损伤的争吵是有害无益的,会破坏甚至摧毁两个人的感情。那么,哪些因素会引起恋人之间的负面争吵呢?一些婚恋研究者进行了大量的实证调查,总结出如下几个主要因素[13]。

(一)批评

这里所说的批评,意思是说话的内容直接指向对方的特定行为,而且话语中带有责怪和指控。这种批评一般都出现在对话的开始,例如:"你又把菜做咸了!为什么总是这样?真是无法理解!"这样批评对方多半会成为争吵的开始,因为如此指责一定会让下面的谈话陷入争执。约翰·哥特曼(John Gottm)博士说:"只要有类似的开场白,一般在3分钟内两个人就会吵起来,而且96%的结果都是不欢而散。"

批评与抱怨乍听起来没有多大区别,但同抱怨相比,批评引起争吵的可能性要大得多。批评往往不只是针对行为,还会含有人格攻击,严重地贬低对方。批评时刻薄的语气会让对方非常生气,通常等不到话说完就会开始反驳。而抱怨是对不如己愿的事情给予负面的评论,主要是表示自己不愉快的心情,不是去挑剔和指控对方的过错。在对话时,抱怨常以"我"开头,批评则多用"你"开头。例如,"我希望我们一起外出旅游的机会比现在多"是抱怨,而"你从来都不带我出去旅游"就是批评。批评的语气仅比抱怨重一点点,抱怨听起来是斤斤计较,但批评听起来具有很强的指责性,更让人感到糟糕。可见,对话方式的微小偏差就会导致交流结果的巨大差异。

(二)防卫

一旦恋爱的一方说出了带有批评语气的话语,另一方就很可能摆出防卫的架势。例如:"最近我工作很忙,所以忘记了这件事,你再提醒我一下就好了,就不会误事了。"这样的防卫性话语会让对方觉得很气愤,因为这让他觉得你不但不承认自己的疏忽,反而还推卸责任。做出防卫的人是在强调,"引起问题的责任在于你而不在于我",不愿意为出现的问题负责。如果类似的防卫反复地出现,对方一定会做出回应和反击,致使已经开始的争吵继续下去,局势向更坏的方向发展。防卫之所以对于恋爱关系有很强的破坏力,是因为防卫的人出于本能的反应,看不到防卫本身的危害性,它往往使轻微的问题上升为难以解决的冲突,导致两个人越吵越厉害。

(三)蔑视

当恋人之间的对话中反复出现批评和防卫时,接下来很可能就会有嘲笑、挖苦甚至蔑视的言语出现。例如,"你就是个吝啬鬼,把钱看得那么紧"、"只有你才会说出这么无聊的理由"、"我不知道自己怎么和你这样的人谈上了恋爱"。根据华盛顿大学的约翰·哥特曼博士的观点,蔑视和批评的区别在于"蔑视是对伴侣的故意侮辱和心理伤害"。无论在怎样的情况下,蔑视都是造成谈话破裂的直接因素。只要到了这个阶段,不管最初谈论的是什么,都会变成极具破坏性的争吵。婚恋研究专家帕罗特夫妇认为,蔑视的目的是在对方心里留下伤痛,并以伤害对方的自尊心和损毁夫妻的关系为结果。蔑视让夫妻之间的每一份美好感觉都不复存在,一旦它进入两个人的关系,婚姻就会从不好变得更加糟糕。同样,如果蔑视在恋人之间的吵架中频繁出现,那么他们的情侣关系也就到了危机的边缘。

案例 3-11

是什么引起了争吵[5]

刘颖和代强是通过朋友介绍相互认识的。那时候,代强还在加拿大留学,虽然相距很远,但他们爱得很甜蜜。刘颖和代强除了用电子邮件联系,还经常两天打一次电话,每个月还会互赠小礼物。虽然相隔万里之遥,但他们之间的感情有增无减。在代强回国之后,两个人的关系更是亲密,他们很快走上了神圣的红地毯。

结婚后,刘颖和代强依然深爱着对方,但过了一年之后,两人的感情逐渐淡了下来。也许是因为夫妻双方都忙于各自的工作,没有时间进行交流,也可能是由于当初的激情已经不在。随着时间的推移,两人的感情变了味道。刘颖开始觉得和代强无话可说,就连一起出去旅游都觉得索然无味。

情人节那天，刘颖见代强很晚才下班，就主动要求和他出去吃饭。到了饭店，刘颖对代强说："老公，今天是情人节，你怎么这么晚才下班，而且也不给我买玫瑰花。"代强听了妻子的话，小声嘟囔道："这鱼都钓上来了，我干吗还给它喂饵呀。"

　　听到老公说出这样的话，刘颖火冒三丈，开始大声呵斥代强。这时，代强觉得妻子在公共场合呵斥自己，太不给自己面子，也生气了。于是，两个人谁也不让谁，就在饭店里大吵起来。吵了几句之后，代强感到家丑不可外扬，两人这样在众人面前互揭短处，岂不是让别人看笑话。代强立刻起身去买单，并拉着妻子说："咱们回家继续吵！"就这样，他们回家后又吵了两个多小时，最后两人都吵累了，瘫坐在地板上。想到丈夫说的话，刘颖仍然气得无法平静，不想再看到他，一气之下离开家到朋友那儿去了。

案例点评

　　案例中小夫妻的感情由亲密变得淡漠，从密切交流倒退到相互争吵，这种现象在年轻情侣中并不少见。导致此种状况的一个重要原因是两个人缺少经常的沟通。再甜蜜的爱情也需要不断地加以"养护"，双方都要在发展彼此感情上做出努力。如果两个人不及时交流思想和感受，互不了解对方目前的心理状态，时间久了必然会感觉疏远，在情感上出现隔阂。虽然刘颖和代强的感情基础比较好，但由于婚后两个人不再像以前那样关心对方，缺少彼此的互动和分享，所以使爱情的热度大大降低。

　　在感情上出现冷漠之后，他们俩不但没有做出应有的努力，反而还互相斗气。刘颖在情人节的时候向代强提出要求，还质问他为什么没有给她买花。这种交流方式首先在态度上就令对方不愉快，不是一种充满爱意的沟通。而代强也犯了同样的错误，没有用温和的态度说出自己的想法或解释，反而给出一种特别难以让刘颖接受的回答："这鱼都钓上来了，我干吗还给它喂饵呀。"不管这个回答是出于代强的本意，还是在开玩笑，都是绝对不应该说出来的话。在听到非常令人反感的回应之后，刘颖不能克制自己的气愤，在公共场合开始呵斥丈夫。这便使代强也开始愤怒起来，导致了两人的激烈争吵。

　　很明显，在这个案例中，刘颖对丈夫的挑剔和责怪，代强对妻子的蔑视和人格攻击，都是他们争吵的诱因。如果他们的对话中没有这些内容，而是利用情人节这个宝贵时机,两个人坐下来好好交流,情况就会大不一样。他们可以回忆婚前恋爱时的幸福往事,也可以谈论一下婚后的生活,还可以憧憬他们的美好未来。这些内容都会使这次情人节晚餐成为加深两人感情的契机,也能帮助他们重新激起彼此的爱情。然而,他们不但没有抓住这个可以利用的机会,而且让这个晚上给他们留下了很深的伤痛。

思考与练习

1. 如果你已经谈了一段时间的恋爱,可以思考一下你与对方交流与沟通的现状。倘若你们曾经发生过一些冲突,试着分析一下是哪些因素引起了你们之间的冲突。如果你还没有恋爱,也可以分析身边情侣之间的冲突状况,帮助他们查找一下原因。

2. 通过本节内容的学习,你对恋人之间冲突的发展过程有了哪些新的理解?尤其是对于预防冲突的升级,获得了什么启发?

3. 在恋人之间发生争吵时,最应该避免哪些负面语言?想一想你自己是否犯过类似的错误,对两个人的感情产生了怎样的影响。

第三节 恋人沟通的原则与方法

恋人之间产生冲突并不一定是坏事,两个人之间发生争吵也并不可怕,可怕的是情侣自身不清楚如何解决冲突,也不知道怎样吵架。正确处理恋人之间的矛盾与冲突,不仅需要聪明智慧,而且也需要一定的方法和技巧。具有智慧和方法的情侣,即使他们遇到很大的冲突,也能恰当地解决和处理好,使爱情的航船经受风雨,最终驶向幸福的彼岸。而不具备冲突处理能力的人,即便两个人基础不错,也会因为不懂得如何面对和解决矛盾,使感情变得冷漠,让爱情之舟搁浅。所以,任何企盼得到幸福爱情的年轻人,都必须了解如何对待恋爱中的分歧,善于使用合适的方法解决两个人之间的冲突。在这一节中,我们来一起学习恋人之间沟通的原则及一些有效的方法。

一、恋人沟通的基本原则

恋人之间的交流与沟通,与其他人际间的交往一样,要想达到好的效果,也必须遵守一些相应的原则。深入地了解和实践这些原则，就会在恋爱生活中少犯错误，得到来自爱情的更多的幸福。根据已有的关于恋人沟通的研究结论和在相关调查中得到的结果，我们总结出了下面几条非常重要的原则。

（一）正确表达自己的感受

在情侣遇到问题开始交谈时，很多时候会因为表达不当而使沟通难以进行。例如，话语的逻辑性差，无法使对方理解；内容偏离主题，使谈话很难集中，不能在一个问题上停留足够长的时间来解决；认为自己已经理解了对方，轻易下断言或下结论；随意打断对方，相互之间无法正常交谈下去。这些表达中的问题都会在很大程度上对恋人的沟通产生负面作用。

要避免这些情况的发生，提高交流的效果，情侣首先应遵循的原则是，将谈话的内容聚焦在对方的一个具体行为上，并且尽可能平和地、详细地进行描述。这样的"行为描述"不仅能告诉恋人自己的真实感受，还能使谈话不偏离中心，不涉及对方的其他方面。

恋人在针对具体行为谈论个人观点的时候，应当用第一人称"我"来表述自己的感受，这对于双方都是有利的。例如，应该说"我现在心情非常烦躁"，而不要说"你惹烦我了"。"我"的句式表达出对于理解的心理需要，更容易激起对方的同情与认可。而"你"的句式会成为爱情关系的障碍，除了使对方感到被责备、批评和指控以外，几乎没有别的，所以会本能地给予"还击"。

在恋人面前清楚、诚恳地表达出当下自己的真情实感，容易促使对方认可我们的感受，给出一个体贴的、歉意的回应。在发展恋爱关系的过程中，真诚是最重要的，无论哪一方都需要一个真实的恋人，而不是一个"完美"的恋人。

（二）积极倾听对方的想法

在交流中接收到对方的信息时，恋人有两个重要的任务，都基于认真的倾听。其一是准确地理解对方的意思，其二是将关注和理解表达给对方，使他/她知道自己的话语已经被听到和注意到，并且也被理解了[7]。在情侣交流的过程中，倾听是非常重要的，98%的良好沟通都取决于倾听。按照心理学的定义，倾听是通过积极地把听到的信息反馈给对方而产生的一种互动。

许多时候，情侣双方都把沟通的重点放在自己要说什么，而没有认真倾听对方在讲什么，也没有把自己对于恋人话语的理解及时地表述给对方。尽管双方都说了很多，但因为都没有认真地倾听对方所说的内容，也没有及时地反馈自己的理解,所以造成两个人越说越不通,越说越气愤,最后无法使沟通进行下去。瑞士著名心理学家保罗·涂尼尔曾说过:"我们再怎样强调需要别人的倾听、认真对待和理解都不过分……如果连一个理解我们的人都没有,世上就没有人能自由地成长并拥有完整的生活。"许多婚恋研究发现,比起那些简单地自认为理解了伴侣意思的人们,使用倾听技巧的人们通常有更幸福的婚姻生活。

(三)真正尊重对方的人格

无论两个人是刚刚开始谈恋爱,还是已经交往了一段时间,一直保持对于对方的尊重是一条非常重要的原则。如果两人之间失去了应有的尊重,感情就不会发展,爱情关系也很难维持。尊重是一切良好人际关系的条件,更是健康恋爱关系的基石。情侣之间经常发生负面的、具有破坏性的吵架,很重要的一个原因就是彼此都失去了应有的尊重。恋人之间的尊重具体表现在如下三个重要方面。

1. 接纳对方

每一个人都有自己的优点和缺点,即使有一些方面是令人非常难以接受的,但一经决定对方已成为自己的恋人,就应该全然地接纳他/她。美国婚恋专家认为:"接纳既不是让你的恋人任意妄为,也不是迫使自己说一些煽情的话。它是让你的恋人拥有自我,拥有轻松、自由和平静的心态。它增强恋人的自信心,避免他/她迎合你的喜好而扭曲自己。"[4] 接纳是建立温暖恋爱关系的前提,更是解决两个人冲突的关键。

2. 具有同理心

要避免恋人之间发生破坏性冲突,双方都必须具有同理心。所谓的同理心,是指从对方的角度看待周围的事物,对待当下面临的问题和冲突。在心理学研究中,人们也常把同理心称作"换位思考"。同理心是人的情商的一个重要方面,是理解他人情绪和人格特征的一种能力,要求一个人能设身处地去体验他人的主观感受及内心的各种情绪状态[24]。勒斯·帕罗特在《爱的隐藏的敌人》一书中讲到,只用心去爱是同情,只用脑去爱是分析。同理心是把同情和分析连在一起,心脑相连地去理解自己的恋人。遇到冲突的情侣一旦能够用同理心去处理问题,解决起矛盾来就会容易很多。

3. 不贬低对方

当恋人之间的交谈出现争论或不愉快时,常常会伴有贬低性语言。这类言辞对双方感情的伤害是巨大的,例如,"看你笨的,连这点事儿都做不好","晓丽的男朋友可能干了，都当上部门经理了，可你还是老样子，真没出息"。这些话非但不能解决两个人面临的冲突，对于调节矛盾无济于事，反而会给对方的怒气火上浇油，使被贬一方的自尊心受到严重打击。对于男性来讲，他们非常忌讳听到"笨蛋"、"无能"和"没本事"等贬低性用语。你可以说他粗心大意，但绝对不能用这些词来指责他。这样一些说法会贬损他们的人格与尊严，使他们感到自己在对方眼里毫无地位和价值，因此就会发起最强烈的反抗与回击。

另外，还有些人习惯在争吵时贬低对方的父母或家人，这也是非常致命的。尽管人们允许自己去批评自己的父母和家人，但决不能忍受自己的恋人去指责或贬低他们。许多研究结果显示，一句贬低性的话语能够抵消对恋人说出的数小时的好话。所以，要想建立快乐、永久的恋爱关系，情侣应当很好遵循的又一条重要原则是，在交流与沟通的过程中一定不能彼此贬低。我们常常看到，在尊重和礼貌方面，人们对待自己的恋人往往不如对待其他人，越是亲密的人越容易相互贬低和伤害。这是一个比较突出的现象，应当引起正在恋爱的年轻人的高度重视。

 案例 3-12

他们在彼此贬低[5]

一对小夫妻正在吵架，女的说男的没本事，就会在老婆面前逞能，在别人面前就是个软蛋。男的听到女的骂他没本事、是软蛋，便立刻气急败坏，狠狠地回击对方说："就你有本事，你怎么不找那个有本事的人去？想当初人家不要你，还不是我这个没本事的人好心捡回你这个二手货？"男的不停地嘟噜着，而女的已经捂着脸哭泣地走开了。

案例点评

这是夫妻之间互相贬低的一个非常典型的例子。我们听到这样的对话，不禁为他们毫无顾忌地彼此伤害而感到痛心。夫妻是最亲的人，怎么能用这样一些话来侮辱对方？他们不但缺乏关于吵架的一般常识，更缺乏对爱人最起码的尊重。从吵架的内容和程度可以判断，他们在平时的交流中一定很缺乏对彼此的尊重，会说一些带有贬损、挖苦和人身攻击的话语，否则他们不会在这次吵架中达到如此严重的相互谩骂的程度。这样的吵架无疑会使两人的感情受到很重的伤害，恢复起来的难度会非常大,即便他们俩愿意和好,也需要较长的时间。

争吵在恋人之间会经常发生,是一个十分正常的现象。两个人在许多方面的差异一定会引起一些矛盾和冲突,争吵是不可避免的。当争吵发生后,应当知道用什么样的态度和语言对待对方,什么话可以说,什么话一定不能说,要知道如何以正确的方式与对方沟通,也应当知道怎样从争吵中退出来,回到常态、平静的交流中。而要真正做到这些,除了从理论上理解恋人之间交流的原则与方法之外,更要在实际的沟通中对自己提出具体的规则,不断地提升自己的品格,提高个人的交流能力。我们相信,只要有决心做出改变,并付诸行动,恋人之间原本不理想的沟通状况就一定会出现可喜的变化。

(四)注意管理自己的情绪

在大多数情况下,恋人在交流中出现的问题并不在于事情有多么严重,而是因为恋爱的一方或双方没有控制好自己的情绪。如果在沟通时经常大发脾气或是发泄对抗性的情绪,即使发出或接收到了准确的信息,也是无济于事的。坏情绪使人无法进行理智的交流。人在情绪冲动的情况下,会有很多伤害性的语言和行为,如轻视、嘲弄、贬损、敌对、报复、动手等。这些举动对于两人的感情是极具杀伤力的,经常会使相爱的人反目成仇。一些案例研究发现,与满意的配偶们相比,不满意的配偶们更经常地陷于一种负面的情感互动当中,彼此瞧不起,轻视对方所说的[7]。因此,要想成为幸福的情侣,就必须学会管理自己的情绪,在遇到冲突时保持冷静,用理智的思考、礼貌和态度对待两人之间的冲突。当然,情绪管理不是容易学好的功课,尤其在面对自己最爱的人的时候,就更加具有难度,所以需要付出很大的努力。

二、恋人沟通的有效方法

虽然上述四条原则对于恋人之间的有效交流非常重要,但还不能保证沟通就一定能够成功,情侣们还需要学习和运用一些能提高沟通效果的具体方法和技巧,才能真正使爱情生活变得愉悦而顺利。

(一)使用赞扬和欣赏的语言

从心理需求的角度来看,任何一个人都需要得到别人的肯定,尤其是从恋人或爱人那里获得赞扬和欣赏。一位德国心理研究者提出了一个婚姻保鲜方法:当你与伴侣争吵一次后,应该找机会赞扬他五次。这样不仅能让他消气,得到心理上的安抚，还能使他感觉受到了爱人的重视[12]。这个方法同样适用于恋爱着的情侣，赞扬能够让他们的感情更加深厚，使他们的爱情得以巩固。与此相似，恋人之间的欣赏也能促进爱情的不断发展。

恋人之间要想给予恰当的赞扬和欣赏，就要在日常生活中善于发现对方的优点与长处，并且在互相交流中及时表达出自己的看法。得到别人的赞扬和欣赏是一种精神上的抚慰，任何人都不会排斥真正欣赏自己的人。如果一方能够真诚地欣赏对方，会给另一方增加很大的心理愉悦感和自信心，从而使两人的心理距离变得更近。在沟通中向对方表达赞扬和欣赏，可以用多种方式：恋人之间可以在交流中用眼神传递发自内心的欣赏，用含情脉脉的微笑来表达赞扬；可以用直接的语言来表示称赞，如"你真棒"、"你做得太好了"；可以用肢体动作表示欣赏，如给一个拥抱或击掌，身体接触是交流的一种有力表达方式，能够慰藉心灵和传递温暖的情感；可以通过纸笔、电子邮件、手机短信等方式，用文字来表达赞扬和欣赏。这些方法可以使双方的心理获得很大的满足，使彼此的爱情得到进一步的滋养。

（二）利用 XYZ 方式进行表达

情侣在沟通中表达不愉快或气愤的情感时，常常表现出批评、埋怨、蔑视等心理情绪。这些表达方式没有真切地说出自己的感受，而是直接向对方"发起攻击"，对于恋人之间的交流会起到极大的破坏作用，使两人的沟通遭受阻隔。为了促进情侣之间的有效交流，心理学家提出了一个简单的 XYZ 表达方式[7]。X 表示发生的某种情况，Y 表示恋人的某种行为，Z 表示自己的真实感受。按照这个方式，恋人可以向对方说："当我们在路上开车时（X），你没有先问我就换了频道（Y），我觉得很受伤，因为你没有考虑到我的存在（Z）。"这样表达比"听音乐时你根本不考虑我的存在"要好得多，对伴侣更有建设性，听起来更令人信服。处于恋爱中的情侣应当高度重视两人交流的表达方式，决不能轻视这个问题，要在彼此沟通中不断地学习，自觉地提高沟通意识和交流能力。

（三）明确彼此争吵的内容

许多情侣之间之所以经常发生争吵，其主要问题是他们揪住交往中的一些枝节不放，很难放松地面对彼此的差异和不同意见，无法互相谦让和妥协。婚恋研究专家经常告诉恋人们，一般情况下，90%的争吵话题是可以被忽略的，不值

第三章 恋人之间的交流与沟通

得两人为其大动干戈,吵得"不亦乐乎"。生活中有各种各样的事情,绝对不是所有的事情都要分出青红皂白。正在恋爱的年轻人要学习去分辨什么应该被改变、什么能够被改变及什么应该被忽略。尤其在双方发生冲突的时候,更要清楚当下为之争吵的事情是否重要,是否值得彼此为其争论不休。

一些恋人在争吵的时候,并不清楚他们在为什么吵架,也没有清楚地定义"问题"。如果不知道问题到底是什么,也不清楚出现冲突的原因在哪里,恋爱过程中的争吵就会成为一种习惯,变成彼此交流的一种模式。因此,情侣应当学会找出引起冲突或激怒的根源,并且试图找到与其相关的因素,如脾气秉性、兴趣爱好、成长经历、文化修养等。在争吵发生时,恋爱双方可以彼此询问:"我们到底在为什么而争吵?""我们意见不合的真正原因是什么?"双方了解了冲突背后的原因,搞清楚了为什么事情而争吵,就容易将紧张感或气愤感放松下来,也能避免小题大做或将问题泛化,一般也会自行化解矛盾。

(四)诚恳向对方表示道歉

婚姻研究专家指出,要维系婚姻的幸福,夫妻双方要接受一个共同的观点:要学会道歉。如果不能向对方道歉,那么就不会忠于彼此的关系[12]。在恋爱过程中也是一样,某种不愉快在情侣之间发生后,真诚的道歉是非常有益的,它能成为解决问题和加深关系的有力推动。真诚道歉是对于恋人最好的坦诚,它可以使自己的过错变小,得到对方的谅解,能够成功地消除矛盾。

对于年轻人来说,向恋人做出真诚的道歉有时会不太容易。他们常常摆出道歉的姿态,也说出道歉的话语,但心里面却没有真正地存有歉意。草率或敷衍的道歉只是为了避免冲突升级,躲开真正需要解决的问题。这样的道歉不会赢得对方的理解,还会阻碍彼此真心的交流。在恋爱中,只有双方都认识到彼此的责任后,诚恳的道歉才会发生。道歉是在用一种方式表明,双方必须对自己的行为和话语负责,出现错误后自己愿意承认和检讨。另外,道歉也意味着自我改变的意向和决心。一旦情侣懂得了何时应该道歉及如何表示道歉,爱情关系就会变得愉悦和顺畅。

向恋人表达歉意的方式很多,可以向对方真诚地说"对不起"、"我错了"、"请原谅",也可以给对方买个小礼物表示道歉,用实际行动弥补自己的过失,在行为上做出真诚的悔改,等等。无论道歉的形式如何,真诚是最重要的,诚心的道歉会给情侣带来新的亲近关系,使双方产生如释重负的美好感受[4]。

思考与练习

1. 除了本节提出的恋人之间沟通应遵守的四条原则以外，是否还有其他原则也需要情侣们去遵循？

2. 如果你已经开始恋爱了，请做个自我分析，在与对方交流与沟通方面，你个人的长处和不足分别是什么。

3. 你是怎样理解同理心的？如何才能使自己与恋人换位思考？

4. 倾听对于提高情侣之间交流的效果具有非常重要的作用，你认为如何才能做好相互倾听？你有哪些有效的方法？

5. 如果恋人之间发生了激烈的冲突，应如何控制各自的情绪？你对情绪管理有什么体会？

6. 在恋人之间的交流中，通常比较缺乏欣赏和道歉，你觉得如何才能在交往中将这两个方面做得更好？

第四章
恋爱中的性

当男女青年的身体发育达到一定的程度，在生理因素和情感因素的共同作用下，他们之间会萌生身体接触的欲望，产生性方面的吸引。这种现象的出现，往往会导致情侣之间强烈的性爱，发生不同程度的性行为。性是人类一种正常的生理本能，起着表达爱情和繁衍后代的重要作用。

然而，对于许多青年人来说，由于缺少性知识，不清楚应当如何对待性行为，所以在两人相处时会出现一些不正确的想法和做法，从而导致心理上和身体上的诸多问题，承受很大的精神压力和肉体痛苦。为使青年人增加必要的性知识，对性有一个正确的理解，避免有损于身心健康的事情发生，我们结合青年性心理和性行为的现状，在这一章里系统地讨论有关性爱的问题。

第一节 性心理的表现

随着身体和心理的不断发展与成熟,青年人的性心理活动愈加丰富起来,并且会通过多种方式的外显行为表现出来。

一、对性知识发生兴趣

在一切美好的两性关系中,不管当事人是否意识到,对异性的神秘感都占据着重要的位置[3]。当一个人进入青少年时期以后,最突出的一个心理变化就是对性产生较强的神秘感和好奇心,试图了解更多的有关性方面的知识。进入恋爱年龄阶段之后,人对于异性的好奇和接触欲望将更加强烈。他们常常借助网络、书籍和影视等途径,获得并了解性知识,以满足心理上的需求。然而,出于爱面子的心理情绪,青年人往往以一种比较秘密的方式来寻求信息和找到答案,很多时候不是从正确的渠道获得性知识,而是通过一些不正规的途径来满足自己的需要。这就有可能被一些不良的内容所侵蚀,导致一些错误的理解和行为。一些非法的网站和刊物,就抓住了青年人对于性的好奇心和探求欲,放入了许多不健康的内容,误导青年的性心理和性行为,致使他们在性方面不能正确地把握自己。

面对干扰青年人树立正确性观念的媒体,除了在法律和制度的层面上加以遏制以外,更重要的是应以更多容易被接受的方式,开展广泛的性教育,向广大青年传授系统的相关知识,以满足他们对于性知识的兴趣和渴望。在大学里开设内容恰当并且形式灵活的课程、讲座和专题等,对于帮助青年提高关于性的全面认识,树立起正确的性观念,能够起到非常重要的作用。

对于青年人自身来说,也应该积极主动地通过正规途径,学习正确、完整的性知识,加强自己对于性的全面而系统的了解与认识,以满足个人的兴趣和求知欲。青年人应当切记,不要去触碰那些不健康的信息媒介,以防自己被一些关于性的污秽的东西所影响。

二、对异性产生爱慕和追求

自有人类以来,男女两性就始终互相吸引与寻找,不可遏止地要结合为一体。而这种异性之间的追求是在青少年时期开始的,他们向往自己心目中的理想伴侣,渴望彼此在思想和情感上的交流,希望在一起分享各自的情绪和感受。如果爱慕很深并且产生了爱情的话,还渴望有肌肤和身体的接触。这些是人在身心发育成熟之后必然要出现的心理特征。

青年男女之间的倾心爱慕和强烈吸引会伴有非常不同的心理反应。当遇到心中有特别感觉的异性的时候,常常心跳会加速,手心会出汗。如果两人在一起吃晚餐,还会觉得自己好像在空中飞翔一样,感到无比的舒展和幸福,整个人显得精神抖擞。这样的相聚会使两个人都感觉快要被融化了,几天之后都不怎么吃东西,但心情却异常的好,即便患了感冒也会痊愈[17]。根据神经学研究的结果,这些"恋爱"现象是大脑中一连串化学反应所造成的,进而引起心理和身体上的反应。诺贝尔医学奖获得者、英国科学家法兰西斯·克里克(Francis Crick)曾说过:"你的快乐、忧伤、记忆、感情、对身份的感觉、自由意志以及爱,全都是神经细胞运作所引发的行为。"按照这样的解释,人到了青年时期,身体的神经系统已经基本发育完全,所以产生对异性爱慕与追求的心理反应就是很自然的现象了。

既然对异性产生爱慕和追求是青年人生理和心理成熟的必然反映,就不应该对其进行批评和非议。在遇到这样的现象时,长辈及同伴都应给予更多的理解和尊重,不应以嘲笑、反对或压制的方式对待他们,更不应该给他们扣上"胸无大志"、"不走正路"或"品行不端"的帽子。在青年人追求爱情的过程中,应当给他们以正确的引导,帮助他们恰当地对待和处理恋爱问题,使他们以积极而健康的方式获得自己的爱情。

三、性欲望和性冲动

由于青春期激素的生物动因及与性有关的外界刺激,再加上情感、想象和记忆等心理动因的影响,青年人在遇到有吸引力的异性时,会联想到对方的身体,萌生性的欲望。人身体的性感部位会形成裸体表象,冲击青年人的性意念,使他们体验到自身的性冲动。除此之外,当他们看到一些与性有关的文字信息时,也会产生对异性的臆想和自身的生理性反应,还会联想到自己所爱的某一个异性。

在青年人产生性欲望和性冲动之后,如果不能正确地对待和有效地控制,往往会产生一些不良的结果。学校里和社会上发生的一些性案件,许多都是由于对性欲没有控制而造成的。性欲虽然是人的本性,但必须受到伦理和道德规则的制约，它与社会责任有着极其密切的关系。所以，青年人应该对性欲和性冲动有一个非常清楚的认识，并且有一种很强的心理能力来调控它。我国哲学研究者周国平曾对性欲有一个非常客观的评说："情欲既是卑贱的，把人按倒在兽性的尘土中，又是伟大的，把人提升到神性的天堂上。性是生命之门，上帝用它向人喻示了生命的卑贱与伟大。"确实是这样的，如果能够将人的性欲呈现在永久的爱情与婚姻之中，那将是最美好的事情，但如果滥用性欲，助长一些不道德的性行为，那就是对人性最大的玷污。

四、性幻想

所谓的性幻想，指的是在某个特定因素诱导下，"自编"、"自导"、"自演"与异性交往内容有关的联想[25]。性幻想可导致生理上的性兴奋、性器官充血，也可偶尔出现性高潮。性幻想是性冲动的发泄形式之一，属于正常的生理和心理现象。

引起性幻想的原因有很多，可能是由于身体中的性腺活动过于活跃，性激素水平较高；也可能是因为看到了具有性刺激的文字和图片，引起大脑的想象和身体的反应；还可能是由于与异性接触的时间较长或与恋人的相爱程度很深。但无论什么原因，都是人的脑中枢、激素和环境条件综合作用的结果。在发生性幻想时，青年人大可不必过于紧张，可及时自我安抚激动的情绪，尽量快速从自己的想象和行为中脱离出来，使自己恢复到清醒、正常的思维和情感状态。

在这里需要提醒的是，如果性幻想的情绪和行为比较严重，得不到及时的控制，很可能会形成一种心理和行为的模式，经常发生这种现象。当幻想的程度更为严重时，当事人也可能会将幻想中的性行为迁移到真实生活中，以满足自己难以控制的性欲。为了避免这种不良情况的发生，性幻想比较严重的人，一定要高度警觉自己的思想和行为，使自己在一个稳定的控制状态之中。如果性幻想的情况经常发生并且程度越来越严重，应当及时到专业医生那里寻求有效的帮助。

思考与练习

1. 在你的成长过程中，是否曾经对性知识发生过兴趣？你是通过哪些渠道了解性知识的？

2. 根据自己的体会和对周围人的观察，你觉得当一个人对异性产生爱慕和追求时，会产生怎样的性心理情绪？有什么典型的特征？

3. 按照你的观点，你认为青年人应当如何控制过度的性欲望、性冲动和性幻想？

第二节 性行为

作为一种生理和心理相融合的自然现象,"性"是人的一种本能,始终贯穿在恋爱的过程当中。它伴随着情侣的爱情生活,深刻地影响着每一对恋人的健康、幸福及恋爱的成败。它可以使人获得愉悦和快乐,也能给人带来痛苦和悲伤。对待性的态度和行为,将决定一个人是走向美好的爱情境界,还是误入懊悔的错误歧途。在现实生活中,由于错误性观念的影响,再加上性知识的缺乏,一些青年人不能正确对待和处理性问题,给爱情关系和双方身心都带来了一些损伤。

由于我国传统文化的缘故,绝大多数青年人没有接受过正规的性教育。无论在家庭里还是在学校中,都很少正式地谈论有关性的话题。这就导致他们对于性知识了解得很少,对于性行为的认识也比较模糊。为使青年人对于恋爱中的性行为有一个清楚的认识,提高这方面的自我意识和自控能力,能够在与恋人的交往中正确地对待性行为,我们对情侣之间可能发生的性行为做一些具体的分析。

一、性行为的程度

一般来说,如果恋爱过程进行得比较顺利,随着恋人相互接触的增多,以及彼此在心理上和情感上的逐步融合,两个人之间必然会产生不同程度的性行为。性行为指的是能够唤起性兴奋并产生性高潮的行为,其范围非常广泛,包括性交、爱抚、亲吻、拥抱和牵手等行为[26]。按照美国婚恋情感专家格雷的观点,男女之间的性行为大致分为四个程度,从弱到强逐步上升。

(一)初步的肌肤接触

在男女恋爱的初期,感情不断升温的情侣会逐渐开始亲密的接触。他们在一起的时候,相互之间会偶尔深情地凝视对方,沉浸在他们感觉到的幸福之中,忽视了周围旁人的存在,也忘记了时间的流逝。他们相互依恋着,不愿意分开,更不愿意结束那种极其美妙的感觉。在不得不暂时分开时,许多男友会握住女朋友的手,把她拉在自己的怀中,低头亲吻她。在若干次这样的约会之后,他们的亲吻渐渐地变得炽热而长久。

随着彼此感情的加深,情侣之间将更加亲近,男友会用胳膊搂抱住女友,无论在私人空间还是在公共场合,他都始终牵着她的手。在没有人看见的时候,他们会更长时间地紧紧拥抱在一起,或者激情地热吻,恨不得两个人变成一个人。在恋爱的这个阶段,两人如胶似漆,总是愿意黏在一起。他们情意绵绵,激情无限,双方都想要更多的依偎、拥抱、亲吻和爱抚。一些性研究专家把这样一些亲密的肌肤接触称作"边缘性性行为",其表现的目的是为了显示对恋人的爱慕。

(二)更为亲密的爱抚

格雷博士在进行过大量性行为研究之后,对这一程度的性行为进行了描述。在这一阶段,情侣们开始刺激能唤起情欲的敏感地带。人的身体有三个敏感区域:第一个区域是肩部以上,第二个区域是腰部以上,第三个区域是腰部以下。随着情侣相互感情的加深,彼此更加地了解,他们在生理方面的感觉会愈加强烈,将产生更多的性需要,开始探索对方身体的未知领域。在这一方面,男性的欲望比女性更强烈一些,一般会更为主动地抚摸恋人。

(三)对性器官的抚摸

随着恋人心理和生理需求的不断上升,两个人的性欲望会继续增强,性行为将进一步升级。他们开始接触彼此的性器官,包括触摸、抚弄和互相刺激彼此的全部敏感区域[18]。尽管男人没有进入女人的身体,但两人都从相互的刺激中得到了快乐和满足,享受到了两颗心合二为一的巨大快感。

但是,在许多尚未达到双方感情成熟的情况下,女性会因为满足男性的欲望,不好意思拒绝对方,就匆匆忙忙进入这一阶段。她们感觉到了对方很久以来对自己的渴望和期盼,所以就一味地顺从了男友。然而,很多时候女方并没有准备好,并不确定与男友之间一定会继续相爱下去并最终成为夫妻,就盲目地陷入到性爱当中,使自己失去了应有的控制。此时,她们的理智已经完全被感觉所压制,根本没有想清楚自己到底要走多远。

(四)性爱

恋人之间的性行为如果不断升级,最后就会发展到最高的级别——两人之间发生实质意义上的性关系。对于大多数女人来说,尽管她们对前几个性行为阶段没有较强的意识,但对于发生性关系却有着清晰的理解。每当发生了这样的事情，她们才清楚地意识到自己做了什么。这就是为什么一些女青年在与男朋友发生性关系之后，才感觉到两人的关系还没有到达这一步，会为自己的所作所为感到万分的懊悔。在双方性欲程度都很高的情况下，女性应努力让自己处于清醒的状态，万万不可出于对男友的同情，或觉得是自己的义务，就一味地顺从对方。

在现实社会中，我们经常看到或听到这样的事情，年轻的情侣在没有确定婚姻关系的情况下，就发生了性关系，并且造成女方怀孕，但后来又因为某些原因两人分了手，给双方带来很大的痛苦。特别是对于女方，不但在身体上受到很大创伤，而且在精神上和心灵上也遭受到巨大的伤害。许多沉痛的教训告诉青年人，虽然性是人的自然本性，在法律、伦理和道德的规范内也是人的自由，能够给人带来美好而快乐的身体和心理的体验，但同时它也具有很强的伤害性甚至是毁灭性。很多时候，不负责任的性行为给女性造成的身心打击与伤痛，是伴随终生的，难以彻底抚平。因此，青年人在恋爱的过程中必须树立正确的性观念，对不同程度的性行为不但要有十分清楚的认识，而且还要有很强的自我控制能力，能够自觉地避免随时可能发生的错误性行为，从而保证恋爱生活遵守性道德规范，不会给彼此带来心灵和肉体上的伤痛。

针对青年恋爱中的性道德问题，我国心理咨询专家吴少怡女士提出了以下五条基本原则[26]。

(1) 自愿原则。性行为自主权是人的权力之一，在非自愿的情况下强行实施性行为，属于粗暴侵犯，会给人造成身心上的巨大创伤。

(2) 相爱原则。男女之间只有在相爱的基础上，才可以发生性行为。它不仅仅是生理上的冲动，更主要的是相互之间的依恋和爱慕心理的体现。

(3) 合法原则。男女之间发生性行为，必须建立在依法缔结的婚约基础上。双方必须根据《中华人民共和国婚姻法》的规定，履行结婚登记手续，才是合法婚姻，也才会受到法律的保护。

(4) 隐秘原则。性行为应具有隐蔽性，对他人的性行为进行拍照和录像，或在公共场所表现性感极强的动作，都是不道德的。

(5) 不伤原则。性行为涉及他人，具有很强的社会性。尽管性行为只发生在两个人之间，但如果处理不当，也会给周围的人及社会带来种种不良后果，如意外怀孕、人工流产、导致生育及传播各种疾病等。因此，患有各种传染性和遗传性疾病的人，与他人发生性行为是极不道德的，应当坚决予以杜绝。

案例 4-1

性爱的苦果[26]

小茹是某大学的学生，有着高挑的身材和优异的学习成绩。本应是充满自信、受人羡慕的一个女孩，却要结束自己年轻的生命……

她从深山中走出来，怀抱着理想和对这个世界的渴望，考上了梦寐以求的大学。单纯的她，在大一新鲜的生活中，遇到了第一份来自异性的爱和心目中可以依赖的一位男生。感情越演越烈，在雨后一个宁静的夜晚，虽然天气比较凉，但两颗相爱的心却在火热地燃烧着，在相依相偎中，小茹把自己给了他。

小茹心中从此有了归属，觉得自己已经属于了他，已经"嫁给"了他。一个月、两个月过去了，小茹还沉浸在爱的幻梦中，而就在她觉得无论两人如何吵吵闹闹都不会分开的时候，男友却提出了分手。在前一秒还幸福着的女孩，瞬间崩溃了，从天堂跌进了地狱，完全失去了生活的动力。她曾在心里坚信，自己已经属于那个男生，她非常爱他，而现在她痛恨那个男生，并且恨所有的男人。

被沉重的怨恨包裹着的小茹，一遍一遍地冲洗着自己的身体，觉得自己已经不再干净、不再纯洁，将不会再被别人接受，更无法面对父母、老师，甚至无法面对马路上来来往往的陌生人……这一切的痛苦伴着她幻想出无尽的压力，把她逼上了绝路。一个月缺昏黑的夜晚，亮闪闪的刀片，殷红的血迹……好在她被及时发现，才幸运地保住了性命。

案例点评

在大学生和社会青年中，类似这样的案例是比较常见的。由于缺乏正确的性观念和必要的性知识，使得他们对于恋爱中随时可能发生的性行为，既没有清楚的认识，也没有心理和身体上的应对能力。另外，他们也尚未认识到，我国目前还没有针对自愿性行为而制定的相关法律条文，所以恋爱中的性行为及其所造成的不良后果，是不受法律保护的。在校大学生和其他18岁以上的青年人，已经是享有民事行为能力的人，由性行为所引起的各种损失都要由个人负责。

第四章　恋爱中的性

在两个人的婚姻关系没有明确以前，过早地发生性行为是两性关系中最常见和最痛苦的错误之一。本案例中的小茹所遭受的打击是巨大的，这都是由于她对爱情和性行为缺少正确的认识所造成的。在她与男友的爱情没有达到成熟的时候，而且对方也没有对婚姻给予承诺的情况下，她就与男友发生了性关系。这是非常轻率的，是对自己的不负责任，也是对自己最大的不尊重。正处于恋爱过程中的青年人，应从这个案例中很好地汲取教训，以理智的态度对待两个人的感情，更要以严肃而谨慎的态度对待性行为，以保证自己和对方不会因为冲动的性行为而造成身心上的损伤。

二、性行为的动因

随着社会的变化和人们思想观念的开放，青年人在恋爱过程中发生性行为的概率在逐年上升，由此也引起了一系列的道德和法律问题。为使年轻人对性行为有一个完整、清晰的认识，能够自觉而效地预防性行为所产生的不良影响，下面对性行为进行一些审视，深入剖析发生性行为的不同动机和原因。

（一）只是为了"纯真"爱情

在当代青年中，一些人对于恋爱中的性存在着这样一种心理倾向："既然我们现在彼此相爱，就要毫无保留地相互献出一切，包括自己的身体。"持有这种观点的人还认为，如果对方有性的要求，自己却不顺应，会表明自己是不忠诚的，对爱情没有全心全意。尤其在女性之中，相当一部分人有这种想法。由于她们坚信一旦有了爱情，就应该为此全然付出，所以，每当两个人出现性的冲动时，就毫不克制地进入其中。

还有一些青年人，虽然对于性爱没有那么明确的观点，但也不认为性是多么严肃的事情，觉得只要两个人情投意合，两厢情愿，有了要求就让它顺其自然。处于这种状态的女青年为数不少，她们缺乏对于性行为的正确认识，更不知道性冲动后的结果对于她们可能意味着什么。一些调查结果显示，由于对性行为没有任何的预防和控制，女大学生意外怀孕的比率在不断地上升，给自己的身体、心理及学业造成了很大的损失。有些人在事情发生之后因为承受不了身心的打击，更无法面对周围人的看法和议论，就选择了一些极端的方式对待自己，如自暴自弃、厌世甚至结束生命。

案例 4-2

我不再是个好学生[26]

秦小悠是一名大二学生，个子不高，白净的脸上有一双明亮的眼睛，看到她总是能够感受到她的快乐和纯净。在那个以工科类专业为主的校区，她算得上是"大美女"了，在同学的眼里小悠是成功的。她在班里担任学习委员，工作能力受到师生们的好评，并连续两年获得了一等奖学金。她还有一个对她关爱备至的男朋友。在别人还在苦苦追寻的时候，她早已享受到了爱情的甜蜜。

一个星期五，这一天是男友阿凯的生日，同时也是他们恋爱一周年的日子。那天晚上，他们俩去了离学校较远的一个饭馆。为了纪念这个特殊的日子，平时都不喝酒的他们要了一瓶红酒。在缓缓的音乐中，他们一起回忆过去美好的时光，畅想着光明的未来。在不知不觉中，时间已经到了晚上10点。小悠想提醒男友得回学校了，但是看到他高兴的样子却有些不忍心。

快乐的时光总是一闪而过，当瓶中的酒所剩无几的时候，已经11点了。小悠推一推有些醉意的阿凯，叫他清醒过来。他说："小悠，是我不好，不该喝这么多酒。现在回去的话，学校肯定已经关门了。"小悠说："既然已经回不去了，我们就在外面走一走吧。"他们走出了饭店，沿着公路一边走一边聊，由于天气有些寒冷，小悠冻得发抖。阿凯看到她冻得很厉害，就提议在前边一家小旅馆住下。开始小悠有些担心，但也没有更好的办法，只好答应了。

尽管有些羞涩，他们俩还是暂时在那里住下了。房间里只有一张大床，他们久久不能入睡。看着被冻得双腿发红的小悠，阿凯心里涌起甜蜜的爱意。他们相恋这么久了，还是第一次这样亲近，能听清楚每一次的呼吸。或许是由于酒精的作用，两个人都有莫名其妙的冲动。在慌乱的呼吸、笨拙的动作中两人有了第一次的亲密接触。

他们第二天一早回到学校。小悠想起头一天晚上发生的一切，内心充满了矛盾和后悔。从小到大，父母、老师和同学都认为她是个乖孩子、好学生，而现在小悠觉得自己已经不再是个好女孩了，还有什么比自己做的事情更下流呢。下午，她赶紧去了学校的浴室，足足洗了两个小时。想把自己身上的不干净冲洗掉。可是，无论她再怎么冲洗，也不能将心情恢复到原来那般平静……

第四章 恋爱中的性

案例点评

从小悠和阿凯的案例中，我们首先可以看到，对于青年恋人来说，发生性行为的可能性是很大的，在不经意间就会出现想象不到的事情。对于性知识的缺乏，是导致他们对自己的性行为没有加以控制的直接原因。另外，小悠对性的认知很片面，认为性是肮脏的、见不得人的，发生了性关系就是"坏女孩"了，所以产生了极大的沮丧和自卑心理，完全失去了自信和对自己的客观评价。这件事的发生，对小悠和阿凯的心理冲击很大，即使他们的感情基础很好，能够慢慢接受这样的事实，也会在彼此的内心留下后悔和自责。如果他们不能继续发展爱情，没有最后进入婚姻，小悠在心理上又将面临新的考验。

正像小悠和阿凯那样，恋人相处一般都比较愿意去一个相对安静的地方，找到僻静的环境相互倾吐心声，表达彼此的爱慕与情感。但待在一起时间过久，就难免从心理感觉变为身体感觉，出现生理上的冲动和性欲望。所以，处于热恋中的情侣要自觉地进行自我监控，把握好在一起独处的时间。初期恋人更不宜在一起时间过长，应有意识地在适当的时候结束约会。两个人在一起要注重培养感情上的亲密关系，而非只是肉体上的亲密关系。

（二）单纯满足生理需求

在现今社会中，有一些青年人对于性的认识是极端错误的，他们把性行为完全看成是对生理需要的满足，与爱情没有多大关系。所以，他们在没有爱情或是爱情根本没有达到成熟的情况下，就允许自己发生性行为。这种人进行异性交往的目的，不在于发展感情和培育爱情，而只是为了满足个人性欲的需求。他们对于性的态度是极不严肃的，与对方交往的目的也是不端正的。

我们经常可以见到，一些年轻人由于没有看清这类人的动机和目的，很单纯地与他们谈恋爱，将自己的感情全部投入其中，而对方却只是利用谈恋爱的途径，来满足自己的性需求。很多女性由于过分相信对方，钟情于所谓的"感情"，就一直等待着男友做出结婚的决定。可是，尽管她们全身心地期待和陪伴着对方，却始终没有盼来最幸福的时刻——举行婚礼的那一天。这类男人既没有真正的爱情，也没有最起码的道德与责任，唯独有的就是充满私欲的性要求。

案例 4-3

我要等到什么时候[6]

阿琳的自述：

我的男朋友相当有钱——当然不是像房地产大亨唐纳德·特朗普（Donald Trump）那么有钱，但他有家族遗产，而且他自己也是一个很成功的生意人。他成年以来一直有那种感觉：所有的女人都把他当成金库看待。他跟任何女人交往几个月后，就开始觉得那根"婚姻之弦"已经颤动。我不是那种女人，我有工作，可以自食其力。我从来不拿他的钱，我就是爱他这个人。我今年35岁，我们已经恋爱3年，同居2年，我们从来没有谈婚论嫁过，一次都没有。就我了解到的情况来看，一旦某个女人跟他谈到结婚，他不久就会与她分手，似乎没有什么例外。可他一定知道我是与众不同的。我明白有钱是很怪的一件事，所以我要尽量理解他。难道他的怕被骗的心就那么强吗？我该不该怀疑他对我的爱呢？

案例点评

阿琳与男友已经相处了很长时间，但却从来没有与他谈论过结婚的事情，这是很不符合常理的。这个男人历来以其他女人都是为了贪图他的钱财为借口，经常随意地与对方分手，由此可以断定他是一个对于两性关系极不严肃的人。乍听起来，似乎他的说法很有道理，但实际上他频繁更换女友的根本目的并不是在寻觅爱情，找到将来结婚的对象，而是利用自己非常富有的身份来吸引女性，以满足心理和生理的需要。如果不是出于这样的企图，他为什么对于经济条件很好并且能够自食其力的阿琳（不需要他的钱财），也从不提及结婚的事情呢。他与阿琳交往、同居多年，两人之间应该非常了解了，但却并不想与她结婚，能够解释他之所以这样做的原因是，他需要的只是性，不是真正的爱情，更不是久远的婚姻。正常情况下，大多数男人在与女朋友交往足够长时间之后，都会让对方明白他是什么态度。然而，阿琳仍不知道他心里的想法，她所处的境况很令人担心，也很值得同情。如果她在这五年之中交往了一个真正爱她的人，也许已经步入了婚姻的殿堂。

阿琳的遭遇值得年轻人借鉴，有两个方面应当引起重视。其一，在投入太多

第四章 恋爱中的性

感情之前,要先问清楚。谁也不会在不问租金、不看清楚房子里有什么设施、不了解房东愿意答应哪些条件的情况下,就先租下自认为好的房子。谈恋爱的人更应该在双方接触的初期就询问一些重要的问题。其中一个要害问题就是过去谈的恋爱和分手的经历,从中可以了解对方对于爱情和婚姻的基本态度与价值取向。

其二,恋人要等到有亲密感情之后,才能有亲密的性关系。阿琳与男友交往了很多年,看似已经有了深厚的感情,但从他们尚未提及婚姻的事实来看,他们所有的不是那种可以达到结婚程度的感情,而是一种夹杂着其他目的和原因的"恋爱关系"。阿琳为男友献出了年华、身体和情感,却没能在他那里获得对于彼此关系的承诺。由此看出,性关系并不能保证相互关系的长久,真正能够使两人牵手一生的是心灵的结合和亲密的感情。

(三) 为了达到某种目的

性本来是属于人类的一种美好的本性,可以通过性爱来抒发两性之间的纯真无瑕的爱意,能够使甜美的爱情结出果子,繁衍可爱的下一代。然而,这种人性往往被一些缺乏性道德的人肆意滥用,来达到自己的某种目的。现实中不乏这样的事例,应当引起青年人的注意,用对于性的尊重态度来加以预防。

有些人对于恋爱没有端正的认识,不是通过与异性交往建立相互平等和相互尊重的爱情关系,而是以一种很强的占有欲来对待两个人的关系。为了能与对方保持恋爱关系,就在两个人的感情还没有达到成熟的时候,或者在对方已经感到两人在一起不合适,产生了结束关系的想法的时候,主动要求与恋人发生性关系,以此来"拴住"对方。这种"被拴"的情况时常发生在女性身上,而且往往会成为爱情的悲剧。一些女青年在没有完全了解对方的情况下,由于被一时的盲目激情所驱使,与男友发生了肉体关系。在性欲平息之后,却发现自己的行为并不是爱,而是本能的性欲,实际上自己并不真的爱对方,就很后悔与男友发生了性关系。但女性又往往碍于尊严和面子,认为自己只好跟他了,便不得不继续保持与对方的性关系,使自己的性行为"合法化"。其实,这正是男方想要达到的目的——女友永远属于他。

另外还有一些人(主要为女性),也是利用性关系来达到自己的目的。例如,为了个人的发展、升迁和荣誉等,不惜牺牲自己的身体,来赢得男性领导的欢心;为了能够一下子获得很大的经济利益和舒适的生活,心甘情愿"当小三"或"傍大款";更有甚者,为了能快速获得钱财,不惜以出卖自己的身体为代价,从事肮脏的卖淫活动。凡此种种，大部分都披着"爱情"的面纱，但其实质是用性行为来获得各种利益，达到通过正常努力而难以实现的目的。对于这些不正当的性行为，青年人要时刻保持警觉的心理，坚持正确的性道德准则，不做别人的"性俘虏"，防止在爱情中迷失自己，更不能丧失自己的伦理道德，滥用性的权利，去伤害别人的感情和身体。

三、婚前性行为的危害

当代青年思想非常活跃，他们的婚恋观发生了很大的变化，对于性问题的看法也逐渐趋向多元。特别是对婚前性行为的认识，出现了比以往更加开放的趋势。一项在大学里进行的有关性行为的全国性调查显示，有 10.6% 的男生和 5.6% 的女生承认发生过婚前性行为。在 24～26 岁年龄段，男女婚前性行为发生率分别达 19.5% 和 17.6%，27 岁以上的男女婚前性行为分别为 56.6% 和 42.9%。在对大学生婚前性行为的态度调查项中，半数以上的学生认为，婚前性行为是可以被接受的[25]。由此可见，对于青年人来说，性已经不再是封闭而神秘的禁区。

然而，在分析了大量与性行为有关的案例之后，我们发现婚前性行为给青年人带来不少迷惘和困惑，甚至是不同程度的诸多危害，对他们的学习、生活和个人发展产生了很大的负面影响。下面结合实际例子，对婚前性行为的主要危害做一些具体的分析。

（一）引起心理问题

从严格意义上来讲，性行为是一种生理、心理和社会性三者交融的一种复杂现象。其中，心理因素起着非常大的作用。正当、健康的性行为能够给人带来精神上的愉悦，对人的心理有积极的促进作用，而不正当的性行为会造成心理上的创伤。

一些青年人认为，如果两个人的爱情关系发展得好，只要是双方愿意，婚前发生性关系是很正常的。所以，他们对待性行为是放任的，对于自己的性冲动不加以理性的控制，没有想到要对自己和对方负起应尽的责任。他们也尚未认识到，在不能担负起经济责任和社会责任的情况下，性行为对自己与对方的现在和将来都意味着什么。

由于对性行为缺乏足够的认识和心理准备，一些女青年在发生了性行为之后，产生了比较严重的心理问题，如沮丧、自卑、不再进取等。她们觉得自己做了很丢脸的事，从此开始逃避现实，躲避他人，并且感到厌恶男性。更为严重的是，有些女性产生了自暴自弃的想法，彻底失去了自信心和活着的勇气。这些心理问题成为她们日后生活的羁绊，不良的心理情绪一直困扰着她们，甚至会影响她们的一生。

（二）造成身体损伤

一些恋爱情侣不了解婚前性行为可能对身体造成的伤害，在性方面采取了十分轻率的态度，这是非常危险的。无数的实例表明，不当的性行为会给男女造成很大的危害。尤其对于女性，伤害会更加严重。很多女青年因为婚前性行为导致多次人工流产，给身体带来无可挽回的损伤。有的人在手术后出现了炎症，导致输卵管堵塞；有的人由于做了很多次人工流产，致使终身不能生育；过早的性生活和流产还会大大增加宫颈癌的发病率。另外，不当的性行为还会对男女产生一种可怕的威胁，使他们容易被传染上性病和艾滋病，酿成"一失足成千古恨"的悲剧。所有这些身体上的伤害都是难以治愈的，对当事人的心理打击更是巨大的。

案例 4-4

"爱情"的沉痛代价[26]

小梨和男朋友第一次见面是在学校门口。那是初春的一个上午，小梨最好的朋友兼室友小娟约她去爬山，并告诉她还有几个男生一块儿去，很有要帮助小梨介绍男朋友的架势。

起初小梨有些犹豫，因为家里人对她谈恋爱控制得很严。记得有一部琼瑶的电视剧叫《烟锁重楼》，小梨的家乡就在这部电视剧的拍摄地安徽歙县，一个把女子的贞洁看得比生命都重要的地方。小梨生长在一个传统的家庭，父母从小就教育她要与男孩子保持距离，她很听话地按照他们说的去做。大学期间也有两个男生追过小梨，也许是由于对父亲的承诺，她很理智地克制了自己，拒绝了他们。但逐渐看着身边的女同学一个接一个地有了男朋友，有时小梨心里也在暗暗地想，恋爱的滋味到底是怎样的呢？

这回爬山遇到了男同学，小梨心里想，为什么不能和男生接触一下呢？就这样，她认识了蓝刚。他是中文系的学生，长相算不上很帅，但那双大大的眼睛却很有神采。整个爬山过程非常愉快，其间小梨和蓝刚聊得越来越多。在这次接触之后，他们开始交往，成为一对情侣。

蓝刚是一个细心的男孩，也很会制造浪漫。虽然他的年纪比小梨小一岁，但他一直很照顾她，也很疼她。尽管小梨有时会感觉到蓝刚对她似乎有所隐瞒，时而会对他们的前途有些担心，但每次提到这些，蓝刚都会笑她傻，他说要在大连等她（小梨学习成绩优异，被学校保送读研究生，所以要比蓝刚晚毕业）。看到他眼中的那份柔和与温情，小梨暗暗给自己打气，相信真爱会战胜一切。

时间转眼即逝，蓝刚快要离校了。那天晚上，他们缠腻到很晚，蓝刚试探性地问小梨，能不能和他一块儿出去住。小梨明白他的意思，害羞地说："今晚不行，等到我们结婚的那一天，我会把我的一切都给你的。"蓝刚虽然有些不开心，但也没有强求。

蓝刚毕业了，小梨一下子变得形只影单。孤独和寂寞时时包围着她。不久，小梨也放假了，她发短信告诉蓝刚自己的孤独和思念。蓝刚也说非常想她，问她暑假可不可以来大连看自己，顺便也考察一下以后的工作环境。小梨答应了他，然而这个决定让她付出了沉重的代价。

在码头见到了十分想念的蓝刚，小梨非常高兴！他们兴奋地聊着，很快就到了蓝刚联系好的宾馆。进了房间，蓝刚拉着小梨的手，很急迫地把她拉进了自己的怀抱，接着就不停地吻她的脸和嘴唇。小梨觉得自己都快被他融化了，多日的相思仿佛积蓄了无限的能量，就在这一刻爆发了。她紧紧地抱住蓝刚，热烈地回应着他的吻。他的吻顺着脸颊一直往下，他的手开始解她的衣服。小梨一下子僵住了，大声喊道："不要啊！"她开始清醒了，拉住了他的手。

"小梨，你知道我有多爱你吗，我们分开了二十一天零五个小时，这段时间我每一分每一秒都在想你。你知道吗，有时候我好害怕，怕你毕业以后不会来找我，怕你把我忘了。小梨，如果你真的爱我就给我，好吗？"小梨第一次听到蓝刚用这样的语气和自己讲话，温存中透着一丝凄凉，原来这个看似坚强的男孩也有担心的事情，而他担心的事情就是自己。小梨开始心疼这个男孩了。

蓝刚不容她想太多，他的吻又一次袭来，他的鼻息在她的耳畔撩拨，一点点地侵蚀着她的思想。小梨心里矛盾极了，理智上她觉得自己不能这样做，但又抵挡不住他强烈的攻势。最后，情欲战胜了理智，他俩纠缠在了一起……

第四章　恋爱中的性

然而激情过后，小梨却没有感觉到丝毫的甜蜜和幸福。她的心中涌起阵阵的恐慌和不安，有很多后悔和担心。她想跟蓝刚说说话，可他忙着跑到外面接电话，说是工作的事，一打就是半个小时。她只有拉过被子，希望借着它的温暖来抵抗心中的寒意。接下来的几天，小梨都没让蓝刚碰，她不想再错下去了。

从大连回到家之后，不知为什么蓝刚很少主动与小梨联系。她给他发短信，蓝刚总说在复习准备考试，给他打电话，说不了多久，他说正在学习，老妈在身边监视就挂断了。那段时间小梨郁闷极了。在家里，她每天面对父母，都有一种负疚感。为了减少自己的痛苦，她就拼命地干活。有一天，她感觉自己的下体在隐隐作痛，但也不能说，只好忍着，希望能慢慢地好起来。然而，她的疼痛丝毫没有减轻，反倒发生地更加频繁了。小梨只好借口学校有点事，就提前离开了家。回到学校后，她马上到医院做了检查。

检查的结果出来了，医生说小梨得了性病。她立刻问医生："会不会搞错了？"医生很不耐烦地打断了她的疑问："这怎么会搞错，自己做过什么自己还不清楚吗？"小梨木然地站在那里，脑子里乱成一片。她在心里不住地连连发问："也不过就是一次，怎么会这样呢？难道他有性病？他曾经在外边眠花宿柳？难道他在骗我？"受骗的感觉混合着受伤的屈辱，让她一下子不知所措。小梨又听到后面的人在窃窃私语地议论她，说着很难听的话，她的眼泪顿时夺眶而出，接着她以最快的速度跑出了医院。

不知不觉中，小梨已经走到了学校门口。这个大门曾留给她很多美好的回忆，但今天却让她感到无比的痛苦。回到宿舍，小梨憋闷得要命，有个念头浮出脑海，会不会是误诊？第二天，她到另外一家更权威的医院做了检查，结果证实是误诊。小梨立刻有一种死而复生的感觉，回到宿舍放声大哭了一场。

事情已经过去三个月了，小梨和蓝刚已经彻底断了联系。原来这场"恋爱"只是一个骗局，它留给小梨的教训是极其深刻而沉痛的。

案例点评

案例中的小梨是不幸的，从一个天真纯洁、向来优秀的女孩，变成了一个深受打击、充满痛苦的人。她之所以会有这样的遭遇，是由多种原因造成的。

第一，家庭教育的缺失。虽然小梨的父母很重视对她的培养与教育，但在与男性交往方面，却采取了非常极端的方式，从小就教育她与男孩子保持距离，更不允许她在大学谈恋爱。这就使小梨的社会性发展受到了阻碍，对如何与男性交往没有任何的知识和准备，一直处于陌生和压抑的心理状态。所以，一旦结识了蓝刚，摆脱了家庭的束缚，她立刻对异性产生了极度的迷恋和依从，从一个极端走向了另一个极端。

第二，没有对恋人进行深入的了解。虽然小梨和蓝刚在同一所学校，但是在不同的专业读书，彼此之间并不了解。小梨跟他谈恋爱之后，并没有对他的过去做一些必要的了解，只是被蓝刚表面上的温情和体贴所迷惑。她的心里没有一丝的警觉，失去了心理防线。她看到的都是一些外在的现象，并不真正知道男友是一个什么样的人，这就成为日后不幸遭遇的隐患。在恋爱过程中，许多与小梨有同样经历的女青年，都犯了一个同样的错误，那就是还没等到真正了解对方，就与男朋友发生了性关系，结果在发现对方是个骗子或两个人并不合适在一起的时候，才感到后悔莫及，心灵上受到巨大的打击。

第三，没有足够的性行为的控制能力。当蓝刚邀请小梨去看他的时候，小梨就应该有足够的心理准备，因为在学校时蓝刚曾经向她提出过性要求。小梨在宾馆里遇到蓝刚向她发起"进攻"时，没有坚持住自己的原则，没能控制自己的情欲，使得原本可以防止的事情还是发生了，使小梨在身体上和心理上都遭受了很大的损伤。

从以上三个方面的分析来看，这类事情是完全可以预防的。只要在谈恋爱的时候掌握了足够的性知识，对恋爱的过程有一个清楚的认识，并且具备一定的性行为控制能力，就能够在两人相处时采取正确的行为，避免不幸的事情发生。

（三）带来社会问题

婚前性行为不但会给青年人的身体和心理造成巨大的创伤，而且还会给社会带来很大的负担。因为缺乏正确的性知识与性行为的自控能力，一些女青年（其中不少是大学生）在结婚前就怀孕了。由于种种原因，她们不得不把小孩生下来，因为没有法律上的婚姻关系，没有组成家庭，而且刚刚参加工作或者还在上大学，所以只好把孩子交给父母或家人抚养。这种情况给她们的父母和家人带来很大负担，增添了很大的心理压力。更糟糕的情况是，一些年轻女性生下小孩后，因为没有能力和条件抚养，就将孩子遗弃，造成婴儿死亡或被人捡到。这样的人不只是缺乏道德、责任和人性，而且触犯了国家的法律。在儿童福利院，有许多未婚女子生下的孩子，一直不知道他们的父母是谁。这样的行为不仅给政府造成了

第四章　恋爱中的性

很重的负担，而且还会引起严重的社会问题。

案例 4-5

性与人性[27]

怀胎十月，在出租屋内独自生下一名女婴后，年轻的王新将孩子扔在洗手池下肮脏潮湿的地上，两天不管不顾。直到房东发现报警，奄奄一息的孩子身上已经多处化脓，右眼和脐带爬满蛆虫。2012年6月20日，济南市市中区法院刑事法庭上，王新因犯遗弃罪被判处有期徒刑一年半、缓刑两年。

一、孩子近在咫尺哭泣，她却一直置之不理

站在法庭被告席上，1989年年底出生的王新清秀瘦弱，齐耳短发，穿着T恤和干净的帆布鞋，一副有朝气的女孩子的样子，这让人很难将她与一个冷漠心狠的母亲形象联系起来。

大专毕业的王新在网上认识了某中年男子，之后双方保持了一年多的性伴侣关系。王新表示，2010年12月，她发现自己怀孕了。告诉男子后，王新得到了5000元流产费，之后便再也联系不上对方，而她连男方住在哪里都不知道。2011年5月，王新在市中区后龙庄租下一间带厕所的房子。2011年8月13日，当王新从疼痛和昏迷中醒来后，发现自己躺在地上并生下了一名女婴。分娩后她随手把孩子扔在了厕所门口洗手池下方的地上，哭声近在咫尺，这个母亲却再也没有抱起过孩子一次，没给过孩子一口水一粒米。

市中区检察院工作人员告诉记者，王新承认自己之前有过流产史，因为害怕做手术疼痛，这次就一直拖着把钱花光了最后生下孩子。警方无法查找孩子的生父，当初男方给王新看的身份证信息都是假的。

二、孩子被发现时已生命垂危

2011年8月13日晚上，王新把门一锁便出门吃饭。夜里11点多回来后却发现钥匙是留在屋里。房东帮忙开门后发现地上有血表示疑问，王新称自己来月经了。之后王新上床睡觉，第二天起床上班，发现当日没排自己的班便去了网吧上网。

王新在网吧看《快乐大本营》时，即2011年8月14日下午1点多，心怀疑虑的房东打开了王新的房门，顿时被眼前的场景惊呆了。昏暗的屋子里弥漫着一股臭味，洗手池下方躺着一个浑身是血的婴儿，全身已经多处感染化脓，右眼和未经处理的脐带爬着蛆虫。房东立刻报警，赶来的医生原本以为孩子已经死亡，后来发现孩子的腿在轻微抽动，立即将其送往医院抢救。孩子在医生的精心照料下最终康复出院，并被福利院收养。

2011年8月15日下午，济南公安局市中区分局的民警在出租屋内将王新抓获。2012年5月29日，市中区检察院以王新涉嫌遗弃罪向市中区法院提起公诉。

三、听到宣判，她才哭了起来

"你把孩子扔在潮湿阴暗的水池子下面，没有食物供给也没有任何医疗处理，你有没有想过会有什么后果？"

面对法官的质问，王新报以沉默。良久后轻声答道："当时心里害怕。"

庭审中，王新对女婴展现出的惊人冷漠被逐一指出：2011年8月14日下午，发现孩子不见了仍然不管不问上床睡觉；案发至今没有询问过一次孩子的情况，没有给福利院打过一次电话，始终称呼自己的女儿为"弃婴"……

2012年6月20日上午11点，主审法官宣判，王新对女婴有抚养义务而拒绝抚养，且情节恶劣，犯下遗弃罪。考虑系初犯且认罪态度较好，判处有期徒刑一年半、缓刑两年。

听到宣判，走出法庭的王新最终忍不住泪流满面。

案例点评

王新遗弃女婴的所作所为，让我们感到非常气愤，同时又为她23岁年华而惋惜。她正值风华正茂的年龄，本应是一个朝气蓬勃、前途光明的青年，但由于对恋爱及性知识的极度缺乏，没有正确的恋爱观，再加上结识了一个品德败坏的男人，而走上了一条堕落的道路，成为今天这样一个罪犯。

从王新的经历来看，她在性方面是非常轻率的，曾经有过流产史。她不但不从以往人工流产的疼痛中汲取教训，反而还继续和别人发生不当的性行为，导致怀下这个女婴。从报道的情节得知，她很不尊重自己，自我价值感极低，别人用一点钱就可以让她付出那样沉重的代价，摧残年轻的身体，出卖纯洁的感情与灵魂。她不但在性爱方面很无知，而且在人生观、价值观上也很迷惘，不知道什么对于女人最重要，更不清楚人生的方向在哪里。

最让人痛心和愤恨的是，王新生出自己的孩子，竟然没有抱起过一次，也没有给她任何吃的，而是把孩子放在了洗手池下肮脏潮湿的地方，丝毫没有尽到母亲的责任。她把女婴生下来之后，不但从来没有管过，甚至都没询问过，表现得无一点点人性。她知道自己没有能力抚养，却又不把孩子托付给别人。她全然不顾孩子的生死，还去网吧寻找自己的快乐，连最起码的人道主义都没有。在法庭上，她用"心里害怕"来推脱，其实怕的是自己承担责任，却不怕孩子得不到及时的保护和喂养会失去生命。王新考虑的只是自己，完全失去了一个人最起码的道德和良心。她是一个受过高等教育的青年，而所做的事情却无法让人置信。在爱情观、金钱观和道德观等方面的低俗和混乱，断送了她的青春年华，酿成了人生的悲剧。

这个案例对于当代青年的教育是深刻的。处于恋爱阶段的年轻人，务必要做好心理装备，在性观念、伦理观和价值观等方面，一定要有正确的认识，同时，还要有很强的性行为自控能力及识别真假爱情的分辨能力。爱一个人是要真诚地爱那个人的内心，而不只是对方的身体、好看的外表和诱人的金钱。对自己性行为的疏忽和放任，必定会给个人带来不可挽回的损失，造成终身的遗憾。

（四）影响个人发展

因为婚前性行为的后果而影响个人发展的事例也数不胜数。许多女大学生由于不当性行为而导致怀孕，之后不得不做人工堕胎，请长时间的病假回家休养。这样，就不可避免地耽误了自己的学业和学校的正常活动，影响到个人的进步和发展。即便有些人不请病假，但由于身体的不适和心理的打击，也会使正常的学习受到很大的冲击。一些女大学生就因为性行为出现了严重的后果，从此产生内疚和自卑心理，放弃了对自己的要求，不再追求上进。

在年轻人中，曾一度流行这样的说法："不管天长地久，只要曾经拥有。"这是非常错误的恋爱观，也许一时冲动可以带来短时间的兴奋与满足，但由于两个人之间并没有亲密而深厚的感情，发生性行为之后往往只留下痛苦和创伤。对于婚前性行为容易造成的那些后果，青年人真的要好好想一想，能否承担得起"曾经拥有"之后的责任与沉重代价，甚至是一生的悔恨。

要有效避免婚前性行为带来的危害，青年人应该努力加强性方面的修养，形成健康的性心理和道德观念。关于性健康的表现，达拉斯·罗杰斯（Dallas Rogers）认为，一个在性方面有教养的人，应当符合以下几条标准：①具有良好的性知识；②对于性没有由于恐惧和无知所造成的不当态度；③性行为符合人道；④在性方面能做到"自我实现"；⑤能负责地做出有关性方面的决定；⑥能较好地获得有关性方面的信息交流；⑦性行为受到社会道德和法律的制约。我国学者申继亮等人还针对大学生的性健康，提出了明确的标准，包括有正常的性需要和性欲望、有科学的性知识、有良好的性道德和有正当的性行为。

以上标准为青年人形成健康的性心理和树立正确的性道德观念，提供了重要的指导和依据。只要能够按照这些标准去努力，严格要求自己，加强性道德修养，就能在性方面把握住自己，避免由不当性行为所造成的诸多危害。

思考与练习

1. 恋爱中的男女青年如何在交往中正确、理性地控制有害的性行为？

2. 性关系应当以恋爱双方的感情作为基础，以美好婚姻为根据和理由，青年人在与异性交往的过程中，应当怎样辨别和对待性关系？

3. 不当的性行为会引起哪些不良后果？作为正在谈恋爱的年轻人，应该如何预防婚前性行为可能导致的各种危害？

4. 对于处在恋爱阶段的青年来讲，应当在哪些方面促进自己的性心理健康和提高性道德修养？

第五章
恋爱中常见的心理困惑

当有人说,没有爱情的人生是黑白的,爱情能给人带来色彩绚丽的美好生活。对于绝大多数青年人来讲,拥有一份真诚而永久的爱情,是他们心中一直向往的目标。愉悦而温馨的爱情,可以给人以强大的心理能量,促进人格的成长和事业的成功。

然而,爱情也是一把"双刃剑",它在给人带来快乐和幸福的同时,也能制造许多痛苦和不幸。爱情是至关重要的,它的确可以左右人生,对生活和工作产生巨大的影响。因此,如何正确、有智慧地对待爱情,让它产生积极的正向动力,便成为青年人必须面对的人生课题。在对青年恋爱遇到的各种心理困惑进行广泛调查和梳理的基础上,本章选择了一些相对普遍而且困惑较大的心理现象,借助有关的心理学理论来进行深入剖析,以帮助年轻人破解其难题,使恋爱之路变得顺畅。

第一节  择偶的条件

从恋爱的心理动因来看，青年人开始谈恋爱，主要有三种情况。一是在男女交往的过程中，相互之间萌生了好感和爱慕，最后发展到产生了爱情。在这一过程中，双方的心理状态是自然的，没有刻意的强求和外界因素的影响。二是一些青年人在学习或工作环境中没有遇到心仪的人，就主动去其他地方寻找自己喜欢的人（如征婚）。在这种情况下，无论是男性还是女性，不管是否意识到，都会按照自己心中已经想好的条件去寻找恋人。这是一个由择偶标准驱动的寻觅恋人的心理过程。三是由于多种原因，一些青年人要由别人来帮助才能找到自己的恋爱对象，如父母、亲戚、师长、朋友或同学等。这种寻找恋人的方式表现出更加明显的"按照标准选人"的倾向，只要对方达到预定的条件，就会成为被选的对象。由此看来，在现实社会中，人们在面对恋爱这件事情时，第一个不可回避的问题就是：选择恋人应当考虑哪些条件？对于这个问题，许多青年人是非常困惑的，不知道到底应该从哪些方面去衡量对方是否可以成为自己的恋人。在本节中，我们试图在择偶条件方面展开一些分析和讨论，希望对那些仍然处在疑惑中的年轻人有所启发。

一般情况下，青年人在选择恋人时会考虑众多方面的条件，对其进行心理上的权衡，判断对方是否符合自己的心意。为了更加清楚地认识择偶的条件，我们把它们分为两类，即外在条件和内在条件。

一、外在条件

所谓外在条件，是指一个人所具有的稳定的外在状况，通过客观的了解就能被清楚地知道。通常情况下，外在条件不会随客观环境的变化而改变。现实中，人们在选择恋人时都非常重视一个人的外在条件，包括年龄、相貌、身高、健康状况、学历、职业、家庭背景、经济条件和社会地位等。尤其随着我国经济的迅速发展，一些年轻人的择偶观呈现出"经济化"取向，把一个人收入多少、是否有房有车看成是最重要的恋爱条件。在持有这种心理的青年人中，女性的比例要远远高于男性。这种现象的出现，一方面是由于受到我国"男人要比女人强"的传统婚姻观念的影响，另一方面是由于仍有相当一部分女性的心理独立性比较

第五章 恋爱中常见的心理困惑

弱。她们认为，找到一个经济实力强的男人，就可以托付终身了。事实上，虽然经济因素在恋爱与婚姻中能够起到很大的作用，但它绝不是唯一的、决定性的因素。其他的外在条件也是一样，都不能成为两个人爱情的"保险"。在生活中，我们随处可以见到这样的事例：虽然相恋的两个人都有相当好的经济条件，在外人看来一定是非常幸福的一对，但两人的爱情并不长久，没能成为心灵相通的伴侣。与此相反，虽然两个人不具备常人赞叹的那些优越的物质和经济条件，但彼此心心相印，共同战胜生活中的困难，相亲相爱一辈子。由此可见，青年人不应将爱情完全建立在对方的外在条件上，只有真心相爱并且志同道合，才能建造起经得住考验的爱情大厦。

案例 5-1

"完美爱情"的破灭[28]

法国拿破仑三世（拿破仑的侄子）爱上了全世界最美丽的女人特巴女伯爵马利亚·尤琴，并且和她结了婚。她的父亲只是西班牙一个地位并不显赫的伯爵，但她的高雅、妩媚、年轻和貌美，使拿破仑三世的内心充满了幸福和快乐。在一篇皇家文告中，他不顾国民的意见，非常激动地表示："我已经选上了一位我所敬爱的女人，我从来没有遇见过像她这样的女人。"

拿破仑三世和他的新婚妻子拥有财富、健康、权力、名气、美丽和爱情，这一切都符合一个十全十美的罗曼史，从来就没有婚姻之圣火会燃烧得那么热烈。

但是，这爱情的圣火很快就变得摇曳不定，热度也冷却了，只剩下余烬。拿破仑三世可以使尤琴成为一位皇后，但不论是他爱的力量也好，还是他的帝王权力也好，都无法使这位法兰西妇女终止挑剔和唠叨。

由于她中了嫉妒的蛊惑，存有很大的疑心，竟然藐视丈夫的命令，甚至不给他一点私人的时间。当他处理国家大事的时候，她胆敢冲入他的办公室。当他讨论最重要的事务时，她却干扰不休。她总是担心丈夫会跟其他女人亲热。她还常常跑到妹妹那里，数落丈夫的不好，又说又哭，又唠叨，又威胁。她会不顾一切地冲进丈夫的书房，不停地大声辱骂他。拿破仑三世虽然身为法国帝王，拥有十几处华丽的皇宫，但却找不到一处不受干扰的地方。

> 由于忍受不了尤琴的无理取闹,拿破仑三世彻底厌烦了她,他常常在夜里从一处小侧门溜出去,用头上的软帽盖着眼睛,出去看看巴黎这个古城,在外面溜达溜达,走在神仙故事中的皇帝所不常看到的街道上,呼吸着本来应该拥有的新鲜空气。
>
> 这就是尤琴得到的结果。不错,她是坐在法国皇后的宝座上,她是世界上最美丽的女人,但在唠叨、嫉妒和霸道的毒害下,她的尊贵和美丽没有帮助她保住爱情。尤琴高声哭喊着说:"我最怕的事情,终于降临在我的身上。"

案例点评

按照世俗的眼光来看,拿破仑三世与尤琴的爱情可谓十分完美。他们拥有人世间最好的一切,最富有的外在条件,包括政治权力、社会地位、金钱和美貌,同时他们也曾拥有过甜蜜的"爱情"。然而,所有这一切,都未能使他们的爱恋保持下去,没有让他们过上甜蜜的夫妻生活。对于尤琴极端刁蛮的行为,拿破仑三世实在无法忍受,使他们的爱情最终走到了尽头。

这个案例对于过分看重外在条件的青年人来说,是一个很好的警示。拿破仑三世和尤琴虽然具有极其优越的外在条件,但妻子对于丈夫却没有丝毫的信任和尊重,缺少爱情中最核心的东西。实际上,她对丈夫并没有真正的爱,只把丈夫看成了自己的"附属",不给他应有的自由和自尊,她的行为与真爱背道而驰。尤琴最后才意识到,丈夫离开她是最可怕的事情降临在自己的头上,然而,这一爱情的悲剧完全是她自己演出来的——她在其中扮演了一个地地道道的婚姻破坏者。这个故事告诉我们,仅凭外在的优越条件,并不能使爱情长久,如果没有内在的健康的心理基础,没有相互之间的亲密感情,再好的外在条件,也无法挽救必然死去的婚姻。

二、内在条件

所谓内在条件,是指一个人所具有的内在品质,需要通过较长时间的接触和感觉才能被充分地了解。个人的内在品质包括众多方面,如道德修养、价值观、性格、情感、兴趣、才能、偏好和生活习惯等。对于恋爱的情侣来说,这些个人特征往往是决定两人爱情关系能否健康发展的重要因素。在我们所开展的一项大学生调查中,84%的被调查者认为,性格是影响恋爱成功的最重要的因素,性格不合往往

第五章　恋爱中常见的心理困惑

会导致两人恋爱关系的终止。除此之外，78%的被调查的大学生还认为，沟通不畅也是两人爱情关系发展的阻碍因素。在许多青年人的恋爱过程中，兴趣和爱好也会成为影响恋爱进程的主要因素。然而，婚恋心理专家们普遍认为，在所有的内在因素中，对于爱情关系的建立和巩固起决定性作用的是两个人的人生观和价值观。性格差异大、兴趣不相投和生活习惯不一样，都可以在两人相处的过程中慢慢地"磨合"，但如果人生的价值观不一致，两个人就很难结合到一起。

案例 5-2

他们不是一路人[28]

托尔斯泰是俄国的伟大作家，是最著名的不朽小说家之一。他的两本巨作《战争与和平》和《安娜·卡列尼娜》，将在地球上的文学中永远灿烂耀目。除了名气以外，托尔斯泰和他的夫人还有大量的财富、显赫的地位和聪明可爱的孩子们。人们都这样认为，天下从来就没有像这样美满的婚姻。从各方面看，他们都应该是最幸福的一对儿。

刚开始在一起的时候，他们的婚姻生活非常甜蜜而且完美，看起来一定会白头偕老。他们俩也曾跪在一起，祈求全能的上帝，永远不断地把幸福赐给他们。

然而，如此幸福的好景不长，托尔斯泰渐渐改变了生活的方向。他把自己的财产送给别人，过上了穷苦的生活。在田地里劳作，砍柴叉草，自己做鞋，用木碗吃饭，成了托尔斯泰的生活内容和习惯。这些做法与他夫人的喜好完全不同。他的夫人喜欢华丽，但他却看不起；她热爱名声和社会的赞誉，但这些浮华的事情对他却毫无意义；她渴望金钱和财富，但他认为那些东西是身外之物。

许多年中，托尔斯泰坚持把著作的版权连一毛钱都不留地送给别人，他的夫人就因此一直唠叨，不停地骂着和哭闹着，争抢着去要托尔斯泰写书所能赚到的钱。当他不理会她的时候，她就歇斯底里地叫起来，在地上打滚，手里还拿着一瓶鸦片，发誓要自杀，或者威胁他要跳井自尽。

他们一生中的一次长谈，曾被认为是历史上最令人怜悯的一个场面。有一天晚上，这位年华已逝而且心已破碎的夫人，由于极度渴望爱情，走到她的丈夫面前，祈求他为她大声读出他在十五年前为她写的一段充满浓情蜜意

> 的日记。当他读完那早已永远逝去的美丽而快乐的时光后,两人都哭了。他们的现实生活与起初拥有的罗曼蒂克之梦已经是天壤之别!
>
> 在托尔斯泰82岁时,他再也忍受不了家里那种悲惨的情形,在1910年10月的一个下着大雪的夜里,逃离了他的夫人。他逃到寒冷的黑暗里,不知道要到哪里去。11天以后,他因肺炎死在一个火车站里。他在临死时提出了一个要求,不许他的妻子来到他的身边。
>
> 托尔斯泰的夫人最终也发现自己是一个不称职的妻子,甚至认为"自己有精神病"。可是,一切都已经晚了!在她逝世之前,她向几个女儿承认道:"是我害死了你们的父亲。"她的女儿们没有回应,只是抱在一起大哭。她们知道,母亲说得没有错,是她用不断的埋怨、没完没了的批评和唠叨,把他们的父亲害死了。

案例点评

托尔斯泰是一个文学巨人,为人类写出了流芳百世的文学著作,但他的婚姻却是一场悲剧,令人遗憾和叹息。这桩起初看似绝对美好的婚姻,最后却失败告终,其中必然有其非常重要的原因。从外在的条件来看,托尔斯泰和夫人应有尽有,境况好到了极致,所以婚姻的痛苦当然不是因为缺少名气、钱财和社会地位。真正导致这个婚姻走向绝境的,是这个妻子的人格因素。其一,他们的价值观出现了很大差异。托尔斯泰喜欢的是安静、简单和济贫的生活,而他的夫人贪图的是富有、显赫和尊贵的地位,生活的意义和目标可谓是南辕北辙。这些价值观上的冲突,使他们的生活重心无法一致,他们各自有着自己的生命追求。没有了共同的生活方向和价值认可,他们不免会分道扬镳,并且渐行渐远。其二,托尔斯泰的夫人有着自私自利的个性,对丈夫没有最基本的理解,更谈不上对他个人意愿的尊重。夫妻之间失去了理解与尊重,婚姻的失败就成了必然的结果。其三,托尔斯泰的夫人在脾气修养方面也是相当差的,时时处处显示出专横跋扈的性格。她总是对丈夫发脾气,不断地无理批评与埋怨,没完没了地唠叨,甚至还对他责骂和哭闹。这些做法,对他们的婚姻无疑都有极强的杀伤力,使托尔斯泰原本深爱她的那颗心变得灰冷,最终以离家出走来逃避她无休止的折磨。

这个婚姻悲剧再次告诫我们,在考虑恋人的条件时,一定要把对方的道德修养、价值观、性格和脾气等重要的个人因素放在首要位置,切忌只看重对方的钱财、地位和权势。幸福的爱情需要建立在共同追求和心灵相通的基础上,同时也离不开相互的理解、呵护和尊重。

虽然我们从外在和内在两个方面分析了择偶的条件，但这并不意味着只要对那些条件进行周密地分析和评估，选中了恋人，爱情就一定能够成功。在寻求爱情时，人们常常怀有一个错误的假设，那就是只要按照想要的条件找对人，幸福就会接踵而来。这个想法是完全错误的，也是极其危险的，它会使找到对象的人变得懈怠，不再用心呵护两人的关系，从而导致爱情的质量不断下滑，最终远离预期的幸福。

其实，真正能够长久维系的爱情，靠的是双方潜心的经营，而不是按照设定的条件找对了人就万事大吉了。如果一个人的爱情观只重视对方的条件能否满足自己，而不去关注自己有没有"爱的能力"，那么，各种优越的条件就会成为魔障，使人对爱本身迷惑不定，无法让自己专注在良好爱情关系的建造上。如果有一天恋人的那些优越条件消失了，由于没有很深的感情基础，爱情就会随风而逝，一去不再复返。所以，要赢得幸福而长久的爱情，青年人应当努力培养爱的能力，学会发展彼此的关系，而不应只把自己的精力用在挑选恋人上。倘若没有爱的能力，就算是按照严苛的条件找到了对象，也无法真正抓住已经到来的幸福。

思考与练习

1. 如果由自己来选择恋人，你会考虑哪些外在条件和内在条件？相比之下，你觉得什么条件是最重要的？

2. 请思考一下，你是否同意"对于成功的爱情来讲，具有充足饱满的爱的能力，比选择一个条件好的恋人更重要"这一说法？为什么？

第二节　情感的判别

在青年人追求爱情的旅途中，常常会遇到一些容易与爱情相混淆的情感现象，这会对他们的心理产生很多影响，导致一些不适宜的交往行为。如果青年人对那些情感表现没有一个正确的认识和理解，不能清楚地将其与爱情区分开来，就会形成很大的心理迷惑和误解，从而阻碍他们获得美好的爱情。在本节中，我们将针对青年人与异性交往时容易发生的几种情感现象，展开一些分析与讨论，以帮助他们正确分辨和面对不同的情感，在获得幸福爱情的道路上走得更加顺利。

一、好感

人与人的交往是一个很有趣的现象，不是相互之间都会产生好感，每个人都有一定的社会性选择，这与人自身的特点和喜好有关。所谓好感，是指在人际交往中所产生的一种彼此欣赏和吸引的情感体验。人们在工作、学习和社交中，通过相互的认识、了解与往来，会对某些人产生好的印象，滋生愿意进一步接触的心理倾向，甚至会有要建立友谊的愿望。在年龄相当的青年人中，这种好感的产生更容易成为结交朋友的动因。

然而，对于好感的误解，常常导致青年男女在相互的关系上模糊不清，往往会把彼此的好感误认为是爱情。实际上，男女之间的好感，并非是爱情，只是双方可能萌发爱情的一个基本的前提。爱情的产生和发展，会受到很多因素的影响，不是单凭有了好感就能使爱情出现在两个人之间。

好感和爱情是有本质区别的，主要体现在如下几个方面。

第一，一个人可以对许多人产生好感，这种心理体验具有广泛性，而爱情却只能针对一个人，有一个特定的对象，具有专一性或者称作排他性的特点。

第二，引起好感的原因一般比较简单，看到对方的某个或某些优点，使自己感到舒服和快乐，就会产生好感，而爱情是双方在许多方面相互倾慕、接纳和融合之后，所产生的一种依恋的情感。

第三，好感一般属于情绪反应，处于比较浅的情感状态，而爱情则是对某人的非常深厚的情感依托，是在相对长的交往中发展起来的感情。

在现实中，许多青年人不能清楚地分辨好感和爱情，尤其在一方只有好感而另一方产生了爱恋之情的时候，往往会发生一些令人困惑或不愉快的事情，随之带来较大的心理负担和精神压力。如果青年人不能及时地缓解或消除这种心理情绪，势必给生活和工作带来很大的负面影响。因此，在青年时代，要学会分清好感和爱情，以正确的态度和方式来对待两种不同的情感，使自己的感情生活能够处在轻松和快乐的状态中。

第五章 恋爱中常见的心理困惑

案例 5-3

是好感还是爱情[25]

小A是个刚上大学的新生,他已经和家乡的女朋友谈了一年多"恋爱"了。两个人在一起时感觉很开心,彼此间也很谈得来,只是由于女友高考失利,没能和他一起考上大学,现在还在家乡复读。

在大学里过了半个学期之后,小A在一次社团活动中遇到了小B,这个活泼可爱的女孩子一下子就占据了他的心,以致在后来的几天里小A的脑海中总是晃着她的影子和她的音容笑貌。一周后,社团再次活动时,小A表达了想和小B交朋友的愿望,而小B对小A似乎无所不知的才华也很欣赏,自然也就赞同了。此后,他们俩在一起的时间越来越多,相互之间交谈得也越来越深。突然有一天,小A发现自己已经喜欢上了小B,总是想和她在一起,甚至还想到了更多……然而,一种对家乡女孩的愧疚却冒了出来,他觉得自己不应该去喜欢小B,应该忠于家乡的女友,可事实却是他真的很喜欢小B。小A陷入了深深的矛盾与痛苦之中。

案例点评

小A在应该与哪个女同学建立男女朋友关系的问题上,出现了很大的心理困惑。他之所以在感情上产生矛盾,就是因为他不能清楚地辨别与两个女同学的关系。他自己认为与家乡的女同学产生了爱情,应该持守那份感情,但实际上他们之间很可能只是非常要好的朋友,彼此都有很强的好感,并没有真正达到相互依恋的程度。从故事所描述的情况来看,他们可以算是非常要好和知心的男女朋友,但还算不上是相爱至深的恋人。

小A进入大学之后,对女生小B产生了好感,并且希望继续加深了解和交往。在大学中,我们常常见到类似的案例,两个异性同学在接触中产生了好感,并且随着交往的深入慢慢产生爱情。然而,在这个故事中,小A是否与小B能够产生深厚和持久的爱情,将取决于他们之间交往的状况,也许最后也只是非常要好的同学。小A不应急于确定他与小B之间是否一定是恋爱关系,而是应该在进行一段健康的交往之后,才能知道他们之间是否存在真正的爱情。

小A对两个女同学都产生了好感,这对于异性吸引非常强烈的青年人来讲,是一种正常的现象。正如前面已经分析过的，一个人很可能对多个人产生好感，愿意与合得来的人进行交往，但真正产生爱情的对象却只有一个。这时小 A 应该对自己的心理做一个分析，弄清楚自己与两位女同学的关系的属性是彼此之间的好感还是萌发的爱情。如果他能够明辨自己的情感归属，就不会出现很大的心理矛盾和精神痛苦了。在区别异性好友与相爱恋人的问题上，许多青年人还不能给予恰当的对待，需要好好学习正确进行异性交往的功课。

二、友情

同人与人之间的好感相比，友情是一种更为密切、更为稳定的人际关系。对于友情的基本属性和结构，国外许多社会心理学家给出了一些分析。德·弗里斯（De Vries）认为，友情具有三个主要维度，即情感、共享和社交。情感主要体现在个人思想和感情的自我表露与相互交流上，彼此之间能够提供鼓励、心理支持和同情，具有信任和忠诚等特点。共享是指参与共同的活动、彼此的相似性、给予和得到非情感的帮助等。社交包括共同消遣、有相同的业余爱好和一起娱乐等。

友情虽然是爱情发展的基础，但与爱情比起来是有很大区别的。友情中大部分的情感成分是喜欢，而爱情中的核心要素是爱。喜欢与爱的最大不同在于，喜欢是一个人的事情，而爱是两个人的事情，爱比喜欢涉及更复杂的情感，需要两个人走到一起并好好经营彼此的关系。爱情比喜欢更美妙、更深刻、更持久，当然失去时也会更让人感到痛苦。喜欢和爱都包含对于对方的积极评价，但两者的感觉很不相同。异性朋友之间建立了友谊，无论两个人发展到多么密切的程度，都不会产生相互拥有对方身体的愿望。然而，爱情的心理感受是对伴侣着迷、希望亲近对方，具有强烈的性吸引和性满足的情感需求。除此之外，爱情关系会涉及更加严格的行为标准，与对待朋友相比，对待恋人会更加忠诚，也更愿意伸出援助之手。而在友情当中，人与人之间的社会规范约束力较小，不会有那么多的义务，所以友谊的关系更容易解体。另外，朋友之间较少有积极情感的公开表达，很少充满激情，不像爱情那样浓烈[7]。

在实际生活中，许多青年人不能很好地辨别友情和爱情，不乏出现这样一些事例。一个已经进入恋爱的人，同时又有了一个异性知己，而且与这个人所谈的事情及暴露的内心世界超过了自己的恋人。他们之间交流的深度，早已胜过与自己恋人分享的程度，他们的心理距离也小于与恋人的心理交融。一旦青年人在处理友情和

第五章　恋爱中常见的心理困惑

爱情时出现了这样的状况,他们就会感到非常迷惑不解,一时不知所措。

还有一种情况,也是由于青年人不能清楚地分辨友情和爱情所至。例如,一方对另一方产生了好感,另一方也有相同的感觉,于是彼此建立起朋友之间的友谊。然而,随着两人交往的深入,其中一方产生了强烈的爱恋之情,而另一方却没有一点情爱的感觉,只是把对方当成一个好朋友来对待,他们之间出现了情感上的不匹配。萌生爱意的一方无论是开口表达爱情后被拒绝,还是憋在心里不讲出来,都会在心中产生莫大的痛苦。在对方根本没有恋爱意愿的情况下,他却把与对方的友情当成了爱情,结果给自己的心里增添了很大的困扰和负担。

案例 5-4

我很难忘记她[25]

从大二开始到现在,我一直陷在深深的苦恼中,不能自拔。大二刚开学,我进入系学生会工作,和我搭档的是一个很漂亮、很有气质的女孩。由于常常在一起,我有机会深入地去了解和认识她。加上我以前认识的女孩比较少,时间长了,我发现我对她萌生了好感。再到后来,我慢慢地喜欢上了她,但不敢向她表白,怕万一被她拒绝了,就一点退路都没有了。最痛苦的就是我喜欢她,但不知道她喜不喜欢我。每次和她在一起的时候,我总是很小心翼翼,生怕说错一句话,做错一件事。她快乐的时候,我很高兴;她痛苦的时候,我也会不开心。由于我心里认为她是喜欢我的,所以在很多时候,我都会把她的行为看成是对我好。例如,她给我一个笑脸、一个眼神,我认为那是传情;她请我看电影、邀我一起上自习,我认为肯定是对我有意思;她送给我的礼物,我认为是信物;甚至于她用的笔、她的头发,我都会小心地收藏起来。我愿意隔着一段距离远远地看着她,在心里觉得她是属于我的,我就觉得很满足了。

到了大二下学期,一切都变了。她的身边多了一位男生,天天陪着她上自习、吃饭,而她与我接触得越来越少了。我很痛苦,时常宽慰自己,她从来就没有喜欢过我,一直都是我自作多情。她现在有了男朋友,对我一点损失都没有。但过不了多久,我就会发现,在我心里面,还是在深深地想着她。每一次看见她的时候,

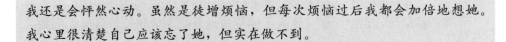

我还是会怦然心动。虽然是徒增烦恼,但每次烦恼过后我都会加倍地想她。我心里很清楚自己应该忘了她,但实在做不到。

案例点评

案例中这个男同学非常真实地叙述了他对那个女生产生爱恋之情的整个经过,我们也十分同情他的境遇。他开始对那位女同学产生好感,不久便喜欢上了她,而且很快就产生了爱情。这是一个从好感发展为爱情的典型过程。然而,虽然这位男同学的感情在急剧升温,而那位女同学却没有对他产生男女之间的恋情,仅是一种比较密切的男女同学之间的友情。那个女生曾在多方面表现出对这位男同学的好感和友情,如一起看电影、一同上自习、给他买礼物等。这些对这位男生来说,都被误认为是她对他的爱情表达。由此看到,这位男生没有将友情和爱情区分开来,错把女生对他的友情当成了爱情,致使自己深陷其中不能自拔。

爱情只有在双方都产生了爱慕之心并且全然接受对方一切的情况下,才能真正在两个人之间发生。如果只有一个人单方面去爱对方,无论他/她爱得有多深切、多么投入,都不会开出爱情的花朵。这位男同学实际上是处在"单相思"状态,这对他的心理产生了很大的影响,如果不能及时地消解,还会出现更加不利的负面结果。我们认为,这个男生应该尽快从这种情感状态中走出来,用冷静、现实的态度对待自己的感情。他应该把精力转移到自己的学业上来,从多方面丰富和提高自己,同时还应积极找一些个人喜欢的事情去做,与更多的男女同学交往。只有这样,他的爱恋情绪才会得到缓解,心结才能慢慢打开。当然,要做到这些,这个男同学必须提高心理自控能力和情绪调节能力,显然他要经历心灵上的很大挑战。这也正是当代青年在面对恋爱挫折时需要加强自我修炼之处。

三、一见钟情

有些男女青年初次相遇时,会产生"一见钟情"的感觉,即两个人同时有了好感,觉得对方就是自己一直想要找的爱情伴侣。"一见钟情"一旦产生,两个人的感情就会迅速发展,爱情的温度直线攀升。一项"关于恋爱经历的问卷调查"结果显示,55.2%的人有过"一见钟情"的体验,其中有61.1%的男性和50.6%的女性。美国社会科学家进行的调查还表明,"一见钟情"存在着男女差异，男性"一见钟情"的发生率更高一些。这从一个侧面反映出，男性更容易"以貌取人"，而女性则更倾向于看重对方的内在品质。

许多婚恋研究专家对"一见钟情"进行了心理学分析。他们认为，当人凭借直觉认为"自己已经喜欢上了那个人"之后，就会给对方身上的优点寻找种种理由。通过寻找出足够的理由，使自己的直觉"正当化"，更加确认那个人就是自己心中向往的对象[14]。研究者们还尝试从脑科学的角度来解释"一见钟情"，认为直觉是由大脑扁桃体掌管的，扁桃体会把以前喜欢和厌恶的情感体验保存下来，并根据这些经验进行判断，由大脑新皮层理性地思考其判断的理由，得出思维的结论。最近，又有一种新的说法，认为人的大脑具有一种瞬间找到结论的功能，有学者把它称为"适应性无意识能力"。这种能力与直觉不同，它是人类所具有的一种瞬间判断能力。也就是说，人能在一瞬间看清事物的本质或者找出问题的结论[29]。人正是凭着这种本能，在与对方接触的瞬间，快速得出认知上的结论，对自己中意的异性立刻产生好感和爱慕。

人们对于"一见钟情"是否会持续长久，两个人能否永远相爱下去，直至建立幸福美满的家庭等问题，大体上存在着两种不同的看法。一种观点认为，产生"一见钟情"的人，第一眼只能看到外貌和表面的行为举止，即使会产生好感，也并不可靠。这时擦出的"火花"，不久就会熄灭，因为瞬间产生的好感并不意味着两个人的性格是相容的，一定要经过长久的相处，才能知道两人是否能成为生活伴侣。而另一种观点却认为，"一见钟情"是非常纯真的感情，两个人并没有用许多条件来衡量对方，是在心里产生的一种真实情感，脱离了世俗的评判。美国的一个调查统计似乎支持这一看法，尽管美国的离婚率高达50%以上，但"一见钟情"的两个人结婚后，离婚率却只有20%[14]。另外，一生中只发生过一次"一见钟情"的人也很多，也许可以说，"一见钟情"是人寻找最佳伴侣的一种特殊心理能力。

我们认为，对于"一见钟情"是否可以发展成永久爱情的问题，并没有一个确定的答案。的确，到目前为止，心理学界还没有完全揭开"一见钟情"之谜。在现实生活中，有些人"一见钟情"后又很快分手，也有些人不但结了婚，而且还能终生相爱，彼此白头偕老。所以，"一见钟情"的结果如何，还是得取决于两个人的感情发展状况，双方在相爱过程中相互接纳和依恋的程度。可以肯定地说，"一见钟情"是一种爱情的形态，但不一定会结出婚姻的果子。由"一见钟情"发展成终生的爱情是有概率的，不能太过于迷信这种快速产生的感情。有人曾这样比喻,"一见钟情"就如同彩票头奖,概率是存在的,但是不能把它当成必然的结果。归根到底,不能仅仅依靠两个人一时产生的情感冲动,更要相信的是,双方共同建立的心灵连接和彼此生命的交托。

这里还有必要讨论一个与"一见钟情"非常相似的心理现象,即青年人所说的"怦然心动"。这种心理反应经常出现在电影和小说的主人公身上,当然也时常发生在青年人身上。例如,因为对方的一个眼神和动作而脸红和心跳,非常想见到对方,很想听到对方的一切消息,非常在意对方对自己的看法,对于对方的一切都感兴趣,等等。这些对异性非常迷恋的心理现象,会使人产生心跳加快的感觉,是爱情萌发的最初体现。"怦然心动"的感觉是美好和甜蜜的,所以很容易让人陷入其中不能自拔。然而,如果一个人总是对另一个人有"怦然心动"的感觉,那么这份爱恐怕只能停留在迷恋阶段,而无法进展到真实的爱情生活中。

无论是"一见钟情",还是"怦然心动",都不是能够保证爱情长久驻扎的心理根基。其实,能够牵手走过一生的恋人,一定是一直在自己身边,自由自在地相处,没有任何心理压力,不用刻意努力就能让自己非常开心的人。而且,在人生旅途中遇到挫折的时候,那个人总能与自己相互依靠,度过风风雨雨。虽然这样的爱情没有"怦然心动"的感觉,但彼此能够无话不谈,心心相印。而"一见钟情"的美好和"怦然心动"的喜欢,如果不能落实到两个人的真实世界里,势必会被日后生活中的各种风浪所淹没,终将不能成就真正的爱情。

四、同情

在男女恋爱的案例中,我们经常可以看到这样的情况:恋爱的一方对另一方并没有什么感情,但由于对方靠着真诚和努力一直不断地追求,最终因为被真情所感动,不得不接受对方的感情,确定了彼此的恋爱关系。实际上,在这种情况下同意与对方恋爱,产生的并不是真正的爱情,而是一种出于对对方付出的同情。被追求的一方起初可能只有一点点好感,并没有产生男女之间的恋情,但由于抵挡不住对方发出的强烈的感情攻势,最后只好"就擒",被动地接受了这份本来没有任何心动的感情。

这种通过一方"马拉松"式的追求,另一方被感动而心软才接受的爱情,会存在一个很大的问题,那就是双方的感情深度相差很悬殊。一方将真心和精力全部付出追求爱,而另一方则是因为拗不过对方的不断追求,出于同情而不得不爱。这样不匹配的感情交织在一起,必然会造成双方心理上的不平衡,滋生一些

第五章 恋爱中常见的心理困惑

有损于日后爱情关系发展的错误想法。

被追求的一方进入恋爱关系后,在遇到不如意之事的时候,很容易产生这样的想法,"反正也是你追求的我,你做出更多的努力是应该的"。所以,他/她多半不愿意花时间经营感情,甚至还摆出高高在上的姿态,要对方当自己的"仆人"。而主动追求的一方因为在恋爱的过程中很辛苦,甚至曾经很没有面子和自尊,心里多多少少会存有一些委屈,所以,进入婚姻之后就会产生松懈的心理情绪,不愿意再为对方付出,去讨爱人的喜欢,甚至还会发泄自己心中压抑很久的不快情绪。这种之前遗留下来的不平等的心理烙印,往往会导致相差悬殊的心理关系,由此成为扼杀婚姻的元凶。许多婚恋实例都表明,由于同情而开启的爱情与婚姻很难长久,因为两个人之间从来就没有产生过真正相爱的感情。

当然,由于同情而接受爱情关系的恋人,也可能会有比较好的恋爱与婚姻生活,但从营造稳固爱情关系的角度来说,毕竟不如因为彼此真心相爱而走到一起的基础好。两人之间的感情要达到相对匹配的状态,需要双方都付出很大的努力。因此,在进入爱情关系之前,如果想知道自己是基于同情还是爱情,不妨思考一下这些问题:对于追求者的殷勤,是害羞还是讨厌?是期待还是想逃避?是渴望还是迫不得已?是心动还是感动?是远离还是欣赏?对于这些问题的回答,有助于判别自己当下的心理趋向,从而做出及时、正确的是否应该接受对方的决定。在现实中,有不少男女青年困惑于之所以接受了眼前这个追求自己的人,到底是因为同情还是爱情的问题之中。

我们在这里建议青年人应当区分爱和同情,并不是说由同情而接受的爱情就一定不好。其实,无论是爱还是同情,一旦决定开始恋爱,就要一起面对未来,双方都愿意委身,一起经营彼此的关系。成功的爱情关系,必定是由两个人一起投入心力,共同努力建设而完成的。

思考与练习

1. 在本节中,我们对几种产生于异性之间的不同情感进行了分辨和讨论,你是否真正理解了这几种情感状态?试想一下自己是否能在恋爱生活中正确对待和处理好这几种情感?

2. 对于这一节所列举的几种情感现象,你认为哪一种最难面对?为什么?

3. 对于每一种情感,你是否能够把握住其中的心理特点,从而具备较强的判别能力?

第三节 他人的看法

爱情看起来似乎只是两个人之间的事情，但实际上绝对离不开外界因素的影响。在情侣之间产生和发展爱情的过程中，他们的心理反应和情感状态与周围人的看法和态度有着非常密切的联系。如何对待旁人对自己的恋爱的看法，怎样使自己在恋爱中能够有智慧地对其看法做出正确的分析与判断，是每个处在恋爱阶段的青年人都要面临的问题。

一、旁人的看法

在男女青年恋爱的进程中，一直都会有旁人的看法和态度相伴随，这是不由他们的意愿来决定的。而且，无论恋爱中的青年人是否察觉，别人的观点和议论总会或多或少地影响到他们对于自己爱情的判断。人们对于男女相爱的论断，是否看好一个姻缘，主要是从外在的一些因素来考察的，如年龄、相貌、学历、职业、家庭背景、经济条件和社会地位等。这些通常是世人评判婚姻对象的重要条件。的确，外在条件的优越无疑会对恋爱有利，容易促成婚姻的达成，但两个人之间是否能产生感情，还要看他们在价值观、性格、情感、兴趣、偏好和生活习惯等方面能否相容。

对于许多青年人来说，他们非常在乎别人对自己恋爱的看法，总是试图透过他人的判断来看待自己的爱情。旁人的一句话或一个眼光，都可能会影响到他们的心理情绪。我们常常遇到这样的现象：一个人本来有了自己心仪的异性对象，很想与对方发展恋爱关系，甚至走进婚姻，但因为听到别人的看法或异议，就变得犹豫不定，心里没有了主意。更不乐观的情况是，由于受到他人观点的影响，本来很爱那个人，但后来产生了很多顾虑，不能勇敢地去爱，结果使自己的心里非常压抑，情绪非常低沉，甚至影响到个人的生活和工作。

在择偶问题上，青年人对于周围人的看法应该保持一个正确的态度，既不能一概不顾，也不能全盘接受。对于任何一个针对自己恋爱的说法，都应进行认真的考虑和分析，不能采取盲目的态度。对于恋人的选择，一定是每个人自己的责任，不仅要有大致的期望，还要有明确的条件。知道了自己想要的是什么样的人，有了清楚的想法，就不会被别人的观点所左右。当然，如果别人的看法与自己所考虑的择偶条件有关系，还是要以非常慎重的态度来对待，从中得出经过自己认真思考和判断的结论。

二、家人的态度

青年人开始谈恋爱时，最先遇到的是来自己家人的反应，包括父母、兄弟姐妹和亲戚等。其中，父母的态度和意见，具有很重的分量，会对年轻人的恋爱产生非常大的影响。在当今的中国，虽然早已不是父母包办婚姻的时代了，但从整体上看，父母对于儿女选择恋人这件事还是起很大作用的。许多青年人在起初谈恋爱时，都要征求父母的意见，把他们的态度作为是否选择对方的依据。如果父母不同意，即使与对方已经有了感情，甚至觉得对方就是自己想要找的人，也会放弃自己的爱情，以使父母不为此事生气和伤心。这种为了让父母高兴而违背自己恋爱意愿的青年人，在生活中并不少见。然而，这种做法往往会导致心里的不快和压抑，有的还会带来终生的遗憾。当他们感到下一个恋人或已经结婚的爱人没有被父母"拆散"的那个人好时，很容易产生一种后悔的心理情绪，带着一个心结与现在的恋人或爱人相处。这对于情侣或配偶之间的感情发展和关系处理是非常有害的。

与一味地听从父母意见的做法相反，有些青年人在选择伴侣时坚持自己的观点，全然不顾家人的异议或反对。而且，父母越是反对，两个人越往一块儿靠近，爱情越是浓烈，幸福感越强。这种当爱情遇到阻力时，反而能增进相恋男女之间感情的现象，在心理学中被称为"罗密欧与朱丽叶效应"。心理学家以热恋中的情侣为对象，开展了关于家长的反对与双方浪漫度的调查。结果表明，遭到双亲反对的恋人关系具有更高的浪漫度和满意度。这不是因为跨越父母反对的恋爱才更浪漫，而是家人的反对成了一种阻止爱情发展的巨大障碍，克服这个障碍会让相恋的双方为爱情付出更多的努力，因此他们的恋爱感觉会更加强烈，爱情的火焰会越烧越旺[14]。

婚恋研究专家用感情的生理及认知双因素理论对恋爱障碍与热烈爱情的关系做了解释。其理论认为，快乐、悲伤、愤怒等人类的情感，是由生理兴奋及对其兴奋状况的认知而形成的。当两个人相爱遇到障碍不得不分手时，会产生一种不快感，随之将出现立即消除这种不快感的心理需求。而消除其不快感不能通过改变父母的态度来实现，所以就通过加深两个人的感情以逾越外界的阻碍，来去除他们心中的不快感[29]。突破家人的反对而继续相爱，会使两个人体会到共同度过危机的成就感,即便得不到祝福也不会感到后悔。相反,在许多情况下,别人觉得很般配的情侣,却往往不能走到一起,这是因为保持现状已经使他们感到足够幸福,也就缺少了打算下一步结婚的动力。

美国社会学家科斯特(Coster)曾在他的成名作《社会冲突的功能》一书中提到,人们在面对来自外界的攻击时,会习惯地联合起来,对抗外来的反对[30]。也就是说,外界的冲突或来自外界的压力,有利于提高人们的凝聚力和增强团结意识。这个原理用在恋爱的过程也同样适合,当情侣被外界反对得越强烈时,两个人的心靠得越近,越要证明外界反对的理由是错误的,他们的爱情是正确的而且是坚贞的。这种心理反应能够大大强化两个人的关系,使他们更加不能放弃彼此的感情。

然而,被父母反对的爱情是否一定能走向美好的婚姻呢?答案并不是确定的。一起对抗家人反对的情侣,往往会产生一种错觉,那就是把战胜外界阻碍的力量误认为是爱情的力量,把逾越障碍的成就感转换为爱情的感觉。所以,一些被外力反对而强化的爱情,通常在外界不再反对之后,会一点一滴地趋于溃散,最后两人不再相爱。出现这种结果的原因是,在他们一致对外的时候,感情和全部注意力都集中在彼此的安慰和支持上,如果分离两地,还会增加相互的思念,但是在这一过程中,他们并没有真正用心去相互了解、彼此适应,更没有好好静下心来规划两个人的长远未来。当外力的阻挠不在的时候,两人便失去了共同对外的合力,回到他们之间相处的常态。这时情侣有了较多的在生活中彼此观察的机会,也有了更多的思考空间来体会和审视两个人的关系,发现以前未曾了解到的缺点和不足。另外,两人越来越近的交往摩擦,也会使他们的感情慢慢变淡,失去以往争取获得爱情时的那种亲密而美好的感觉,最后便自然而然地分了手。

从上面的分析中,我们可以得出这样的结论:对于父母的反对意见,青年人既不应该采取一味服从的态度,也不应该坚持绝对不听的态度,而是要认真地听取他们的看法,进行全面的分析和思考。许多时候,长辈之所以不看好儿女的一段感情,是由于过往的经验使他们以不同的角度看问题,认为孩子的爱情只是一种激情,很多因素使两个人不合适在一起,他们的感情无法进入到真实的生活里。所以,他们就急切地出言相劝,加以拦阻,甚至逼着儿女结束他们的爱情。面对这样的父母,青年人在虚心听取他们意见的同时,还要多与他们交流,把自己的想法和感受倾诉出来,以便让父母更多地了解两个人的感情状况,使他们的观点和意见更趋于客观。总而言之,青年人在赢得美好爱情的过程中,要理解父

第五章 恋爱中常见的心理困惑

母的心情,要与他们很好地沟通,在综合分析他们的意见的基础上,做出自己的理智判断,成为寻找和把握爱情的主人。

 案例 5-5

谁该为恋爱做主

李文今年19岁,刚上大学一年级。她在高中时就和同班的男生王晓军很要好,进入大学以后,两个人明确了恋爱关系,并且告诉了双方的父母。王晓军的父母认为,两个孩子的年龄还小,他们的关系不一定能确定下来,所以也没有当回事儿,任其自由发展。而李文的家长却大不一样,对他们的恋爱进行了很多干涉,甚至超出了王晓军能够忍受的限度。

王晓军就读于大连的一所重点大学,上的是一本专业,而李文在沈阳的一所重点大学,在二本专业学习,两个人是"异地恋爱"。对于女儿的恋爱,李文的母亲心存极大的不满,竟然怀疑王晓军不在那个大学读书,觉得他是为了骗自己家的钱而冒充的。她叫女儿去查看王晓军的高考成绩单及所在大学的学生证。而且,她还对女儿说:"即便他真的在那所大学读书,也一定要拿到博士学位,并且他家要为你买别墅和宝马车……"

在李文和王晓军谈恋爱的过程中,有时会闹点小别扭和吵嘴,李文的妈妈如果知道了,就一定会进行干涉,总是向着女儿,去挑剔和训斥王晓军。而对于妈妈的一系列过分的言行,李文从未表示过反对,也没有阻止她的干涉去向母亲说明自己能够处理好与王晓军之间的事情。由于李文母亲的插手,导致他们俩的矛盾越来越深,没有办法继续相处下去,最终只好以分手来结束历时两年的恋情。

案例点评

从案例描述的情况来看,在干涉儿女婚事方面,李文的母亲算是非常典型的。一方面,她对王晓军自身的条件要求苛刻,除了要核查他学籍的真实性,还要求他必须获得博士学位。另一方面,她还对王晓军的家庭提出条件,要有别墅和宝马车。从这些要求来看,李文的母亲非常重视女儿的男朋友的外在条件,而根本没有关注他的内在条件。在现实生活中,许多家长虽然没有她表现得这样明显,但也是十分看重女儿择偶的物质条件。在他们看来,只要嫁给一个生活条件优越的男人，自己的女儿就一定会幸福，却很少考虑女儿的感情需求。面对这种过分重视经济条件的家长，青年人应该有自己的观点，要把双方的真实感情作为选择恋人的首要因素，不能盲目地随从父母的意愿，只看学历、职业和物质利益等外在条件，使自己在追求爱情和幸福的道路上迷失了方向。

李文的母亲除了对女儿的择友条件非常挑剔之外，还对他们之间的交往进行一些过分的干涉，一味地向着女儿去训斥王晓军。这种做法看似在保护女儿，但实际上是对女儿个人生活的极大干扰。李文已经是个成年人了，她有权利也有一定的能力去处理自己在恋爱过程中遇到的问题。即便她不能一下子非常圆满地解决问题，但在其中她可以慢慢地学习如何与恋人相处，不断地成长和成熟。家长对于子女恋爱的过分干涉，往往会导致儿女在感情上动摇，对自己的选择产生迷惑，不能守住纯真的爱情，最终丢掉本来应该属于自己的幸福。因此，作为父母，决不能因为自己是家长，养育了儿女，就对他们的婚事按照自己的观点和想法横加干涉，要认识到这是对儿女个人权利的侵犯。家长应有的做法是，向儿女提出自己的看法和建议，仅供他们参考，至于是否接受，那是儿女个人的权利。

案例 5-6

坚持纯真的爱情并不容易

小娟是一名大学生，出生在城郊的一个工人家庭。家里的生活虽然算不上很富裕，但父母一直都尽量满足女儿的要求。在大学实习期间，小娟去的地方很艰苦，工作压力也很大，使她的内心感到非常孤独，而且又无人听她倾诉。就在这种状况下，她与一起实习的同班男生孙小鹏开始接近，慢慢地熟悉起来，不久彼此便产生了好感。小鹏是典型的农村男孩，木讷、诚恳、不善言表。在工作和生活中，他都细心地照顾着小娟。当实习结束时，两人确定了恋爱关系。

不久后，小娟按照家里的习俗，把男友带回家中与父母相见。然而，由于小鹏家里的条件很差，小娟的父母非常不满意。父母对小娟养育了二十几年，非常希望女儿能够嫁个条件好的人家，在城市里过上幸福的生活。可他们怎么也没想到，女儿却带回来一个地地道道的农家汉，所以对这件婚事表明了反对的态度。

第五章 恋爱中常见的心理困惑

对于父母的态度，小娟并没有一味地服从。她认为，现在城市的男孩多数都是在家庭的过分保护下长大的，经不起生活的考验，过于轻率和浮躁。而自己的男朋友为人踏实、细心，即使他的能力有限，但是会尽全力关爱自己。现在两个人毕竟还年轻，在事业上可以打拼，她坚信通过两个人的努力，一定可以过上好生活。她还想，就算是现在不富裕，有一些困难，但靠着两个人的相互支持足以能够赢得幸福的生活。

在女儿的坚持下，小娟的父母终于同意了他们的婚事。就在订婚那天，他们看到了小鹏的家庭环境——不但处在偏远的农村，而且是家徒四壁。为了让女儿婚后过得舒心一些，小娟的父母拿出了多年的积蓄，在小鹏家附近的小县城买了房子，并且帮助他们装修。面对这样的场面，小娟虽然感到心里不好受，但仍然相信小鹏会给自己带来光明的未来。

然而，现实的情况使小娟开始产生一些困扰。她看到父母为自己的婚事伤透了心，出钱又出力，而男友家对结婚的事情却只字不提。但转念又一想，小鹏不能选择他的出身，家庭困难又不是他的错，他对自己一直以来都是那么的好……这些利弊交织的事情，使小娟心里很矛盾，有一种难以形容的心情，她对自己的爱情有了疑惑。她开始问自己："我到底该不该选择这个婚姻？"

案例点评

案例中的小娟不屈服于世俗观念，也不依附父母的意见，勇敢地与贫穷的农家孩子小鹏相爱，并且毅然决然地嫁给他。她的这种对于美好爱情的向往与追求，会使当今许多同龄人为之感动。她坚持主见，没有被父母的观点所征服，选择了自己的爱情。在诚实面对自己的感情方面，她表现得很坚决，没有受到家人态度和旁人看法的影响，做出了对自己负责的决定。

然而，在准备结婚的过程中，小娟看到父母违心地操劳和小鹏家境的贫穷，自己的心情开始变得复杂起来。虽说她没有动摇与小鹏结婚的决心，但对于对方家庭的经济状况，产生了不好的心理反应。由此看来，一个人要想真正摆脱世俗的影响，一如既往地坚信自己对于爱情的选择，确实不是一件容易的事情。但愿小娟在爱情生活的道路上，能够抵御旁人的看法和干扰，始终以一颗纯洁、真挚的心，与小鹏相亲相爱，用他们的共同努力去获得幸福的婚姻。

思考与练习

1. 如果在你谈恋爱时父母不同意你与对方继续交往，不赞成你们的恋爱关系，你将采取什么态度来对待父母的意见？

2. 假如父母极力反对你与对方恋爱，而且你的坚持会影响到与父母之间的亲情关系，你会如何处理这种矛盾？

3. 如果周围的人不看好你选择的恋人，你会如何面对他们的说法？

第四节 恋人的同居

按照通常的理解，所谓同居，是指尚未建立法律上的婚姻关系的情侣，住在一起共同生活，形式上类似于夫妻组成了一个家庭。也有人为同居起了一个冠冕堂皇的别称，即"试婚"。在过去，同居是一种不被大众所接受的行为，缺乏法律和社会的认同，而如今这种现象已经非常普遍。很少有人会说："别住在一起，不结婚就过起夫妻的性生活，会坏了你们的名誉。""别跟她同居，你这是在侮辱她，这是不道德的。"同居已经成了当代青年人约会的一种延伸——相比偶尔在对方家里过夜，是要求更苛刻的"试镜"，有时候就像是在做出某个严肃的承诺之前，最后一次检查是否有问题[31]。在已经参加工作的青年情侣中，有相当一部分在过着同居的生活。即便是还未走向社会的大学生，也有一些处于同居的状态。那么，同居的恋爱男女主要出于怎样的心理需求和实际目的呢？这种恋爱方式能否像人们所期望的那样，加深恋人之间的相互了解呢？同居会给青年人带来哪些重要的影响？对于这些问题，我们来逐一进行探讨。

一、恋人的心理需求

同居与结婚的根本区别在于，生活在一起的情侣没有领取结婚证，不存在法律上的夫妻关系。这样的一种恋爱状态，正好能满足青年人的多种心理需求。

首先，他们认为，两个人没有法律约束地生活在一起，可以不受法律的管制，完全处于自由自在的状态。如果有一天两人的感情破裂了，或者感到不适合在一起，便可以没有任何责任地彼此分开。有这种想法的人，其实对于他们的恋爱关系很缺乏信心，有一种潜在的危机感。当代人对于爱情中的种种不确定因素

第五章 恋爱中常见的心理困惑

存在着疑惑，爱情的变数越来越多，使得他们不能完全相信爱情。而没有了一纸婚书的制约，就可以打消他们的许多顾虑，让爱情的小舟随风飘荡，任凭它自由地航行。爱情能够随着自己的感觉走，可以要也可以不要，而婚姻却容不得如此随便，必须要担负相应的责任。所以，很多青年人尽管渴望婚姻，但又不敢走进它，就在"围城"外面以同居的方式享受着"家庭"的甜蜜。

其次，很大一部分恋爱青年还有这样一种想法，同居可以使他们深层次地了解自己的恋人，看看在日常生活中两人能否融洽相处，对方到底是怎样的一个人。他们认为，单纯从感情上判断对方是否是正确的结婚对象太过草率，真正稳固的家庭应建立在相互了解的基础之上，这包括她做的菜、他的工作能力、彼此的性格及性生活的和谐程度等。对于许许多多的方面，都需要在同居的生活中擦亮眼睛，逐一看个清楚明白。

再次，也有青年人认为，同居对两人爱情关系的塑造有很大的好处，能够避免婚姻中经常出现的传统的家庭模式，可以防止某一个人控制另外一个人。与正式的婚姻相比，同居体现的是更公正、更平等的爱情关系。特别是对于女性来说，在同居的关系中，她们可以感觉到对生活有更多的主动权，能保持真正的独立。同时，她们还认为，在一起同居的男朋友能担当更多的家务（因为他们要努力保持和发展恋爱关系），不会像婚姻中的丈夫那样，等着她们去侍候和照顾。

最后，对于相处多年并且爱情关系已趋于成熟的情侣，同居被他们认为是非常经济的一种恋爱方式。如果两个人分别居住，许多开销都是双份的，如房费、电费、家具、生活用品等，这会给他们增加很多的花费，造成不必要的浪费。他们想，反正迟早要在一起生活，还不如早点住在一起，多节省一些钱财。

上述这些心理需求，是导致当代青年选择与自己恋人同居的主要原因。从表面上看，这些理由都是有一定道理的，但如果对其进行深入的分析和审视，就会发现其中存在着许多误区。

二、同居的客观分析

对于青年恋人同居的做法，很多人会持赞成的态度，认为结婚前两个人应该同居，这么做会有很多好处。然而，对于同居可以对恋爱关系及婚后生活起到积极作用的观点，不能一味地接受和赞同，需要做一些详细的分析。

（一）情侣的关系

对于恋人同居的恋爱方式，国外许多婚恋研究专家做过大量的调查，他们发现了值得我们思考的结论。研究结果表明，同居的确会改变两个人相互适应的方式，但其改变中有相当一部分对婚姻来说不是好的兆头。在相互了解有所增进的同时，情侣之间有可能会变得互不相让。同居的人很明显比订婚或结婚后的人更缺乏宽容[31]。而宽容乃是幸福婚姻的重要条件之一，缺了它两个人不可能有和谐美满的生活。

许多同居的案例显示，同居的关系能滋养相互贬损、爱恨交加的情绪，所以，同居的经历往往会增加下决心结婚的难度，使恋人不敢轻易从情侣关系转换到夫妻关系。很多研究结果还证实，同居者中最终走进婚姻殿堂的人不超过半数，一辈子同居者是很少见的（很少有超过十年的）。在同居的过程中，双方有可能会对他们关系的发展方向产生分歧，一个想要将同居的关系转变为夫妻的关系，承诺终身的誓约，而另一个只想共度一段美好的时光，充分享受这段甜蜜的爱情，并没有打算用婚姻去限定未来。由此看来，同居并不一定能加固两人的关系，也不一定能保证对婚姻的承诺。美国人口普查的结果显示，经过同居再到结婚的夫妇，离婚的可能性比未同居就结婚的夫妇要大。其中一个主要的原因是，同居者往往不那么认同"至死不离"的婚姻观。

（二）了解的程度

许多青年人认为，同居可以使恋人朝夕相处，在日常生活中更加深入地了解对方。然而，真正了解一个人没有那么容易，有人结婚二十多年后还会因爱人的某些行为而感到极度的震惊和意外。对一个人的了解，需要经过一天又一天的日子、一次又一次的生活挑战，许多方面必须在长期的相处中才能被发现。想通过同居六个月来清楚地了解对方，是根本不可能的，一年甚至是几年也未必能行。同居可以让情侣之间达到一定程度的了解，但不可能是完全的了解。

同居和婚姻根本就不是一回事，同居是阶段性的承诺（从几个月到几年），而婚姻是一生的承诺。在同居的生活中，两个人都处于"试镜"的状态，彼此都有忐忑的心理，这样，他们的所作所为就不会是完全自然而放松的，相互给出的表现就会有不真实、不稳定的成分，要么把优点放大，要么将缺点缩小。

全面而详细地了解恋人，需要比较长的时间，这是一个肯定的结论。但时间过长,也许会出现不利的结果。如果与一个人相处得很好,已经想要与他/她结婚,那么在做决定之前再花很多时间同居,就不一定有好处。接触的时间增长,必定会产生一些新的问题,但一时又不知道如何面对,使得两人的关系陷入僵局,既不能恢复到原来的状态,又不能继续发展下去,原本一桩很好的姻缘就此止步,没能结出应有的果实。

(三) 相处的模式

前面已经提到,许多青年人认为,同居生活中两个人的地位是平等的,不会出现一个人管制另一个人的状况。但是,许多调查研究表明,同居生活比婚姻生活更不公正、更不平等。从总体情况来看,已婚男人一般会比同居男子更多地参与到家务事当中,绝大多数同居男人甚至都懒得装扮自己,认为自己和同居女友是平等的,同居很容易导致一种自私、分立的生活方式[31]。而这种生活方式一旦形成,结婚之后就很难改变。

如果说同居有利于建立平等的情侣相处模式,只在经济一个方面就可以否定这个结论。通常情况下,比女方收入高的男性同居者,对他们的伴侣并不是大方的,除非他们觉得两个人正在共同营造未来的美好婚姻。在同居的生活中,女性往往会使自己陷入经济上的不平等。同居者通常是五五分账的,即使是男方的收入比女方高很多,这种花费模式和挣钱能力的差异将成为感情关系中挥之不去的阴霾和伤害。女性的收入一般相对较低,如果负担两人花销的一半,就意味着她的付出占个人总收入的比例较高。一对情侣一般倾向于以他们的最高收入为标准的生活,所以女方往往要努力地维持一种以男方的收入水平为基准的生活方式,而不是依据自己的收入情况来支出。同居的女性因为花了与男友同样多的钱,所以在决策方面也许可以获得平等的地位,但她们会失去长远意义上的经济基础。如果有朝一日两人的关系破裂,女性将受到更大的损失,会在钱财方面更加缺乏,尤其在多数情况下,她无法像离婚的妻子那样得到相应的经济权利。

(四) 性爱的状态

一些青年情侣之所以选择同居,其中一个主要的理由是,他们可以更加自由地享受性爱带来的快乐,同时也能不断增进两个人之间的亲密感。乍听起来,这个观点似乎有一定的道理。同居的情侣正处于热恋之中,他们在博取对方的喜欢,害怕失去对方,想要继续发展两人的关系,或者他们在相互的试探中,努力争取有好的表现，所以，他们会争取朝夕在一起，让欲火燃烧得很猛烈，性爱的频度和热度都很高。但是，他们不曾知道，和所有的男女关系一样，情侣性爱的激情也会随着时间的流逝而减少，两个人不会总爱黏在一起。试图只凭性爱来推进两人感情的做法，明显是一个误区。

在本书的第一章中我们已经阐述过，爱情由三个主要部分构成，即激情、亲密和承诺。激情主要来自人的生理反应，能唤起人对于性的渴望，对爱情的产生和发展起着非常重要的动力作用。但是，要使爱情能够稳定和长久，只有性爱是不够的，还必须发展亲密的感情，相互之间有心灵上的交流和依托，同时，还要有对于两人爱情关系的承诺，相互负起一定的责任。我们都知晓这样的事实，在性爱上达到激情汹涌的情侣，也会在平日生活中火气冲天，甚至也会分手告别。所以，如果只看重性的状态，却没有情感的交融，缺乏彼此的承诺，爱情的火焰就不会燃烧多久。说得严重一点的话，只是为了性爱而选择同居的人，是要满足自己的情欲，而不是在寻找和培养相爱一生的伴侣。出于这种动机的行为，只能把它定义为风流韵事，不在真正爱情的范畴之内。

（五）结婚的预期

在现实生活中，不少人以同居的姿态进行着马拉松式的爱情长跑，他们住在一起很多年，但始终没有响起结婚的礼炮。如果问他们"怎么还不结婚"，通常会得到这样的回答："我们还没有准备好，还需要进一步了解和适应。"很难判断，给出这样回应的人准备将爱情长跑进行到什么时候。

我们时常能碰到这样的案例，在同居了一段时间以后，女方很想结婚，但男方却不要结婚。他们会这样对女友说："咱们就先住在一起，等有了孩子再结婚。"然而，说这种话的人，大多没有打算结婚的念头，更没有做好生养孩子的准备。当女性有一天醒悟过来，发现对方的真实想法的时候，她的年纪已经过了生育的最佳年龄。从三十岁初期到中期，女人会出现一些生育方面的问题，而且年纪越大，越容易发生子宫内膜异位及其他一些并发症，从而使生育的过程变得比较困难。有些女人谈过几次恋爱，曾经与多人有过较长的同居经历，使得她们的年龄变得很大，可是仍然不能确定是否会结成姻缘，什么时候才能结婚和生育。就这样，她们一拖再拖，直到某一天她们终于找到了归宿，结婚成了家，但她们却永远失去了生育的能力。类似这样的事例，很令人伤感和同情，同时也会引起人们对于同居的疑问和深刻的思考。

案例 5-7

等待真爱的漫漫长路[31]

玛琳一直是一个有野心、爱冒险的女人，但她从来没想过要为体验人生的种种机遇而失去生儿育女的机会。她在美国南方的一个富裕家庭长大，尽管从小父母不和，让她想尽快离开家，但她还是始终认为自己总会结婚，组建一个家庭。

她来到哈佛大学的法学院读书，学习热情十分高涨。刚到学校不久，玛琳就认识了班级里的帅气男生彼得。他头脑精明，在社会活动方面很出色，是学校一个司法社团的成员。和其他许多女生一样，玛琳彻底被他迷住了，而且为了他而改变了自己的生活。她发现这个有着英俊外表和过人才能的彼得是很难被束缚的，但她还是给自己制定了目标，一定要和他好上。玛琳也是一个很有魅力的女生，个子很高，身材苗条匀称，思维敏锐，是班上许多男生追求的对象。当她和彼得正式交往时，大家都开始谈论这"强大的一对儿"。

玛琳搬进了彼得的住处，他们没有经过专门的讨论就开始同居了，一直开心地住在一起，直到两人从法学院毕业。毕业时，玛琳希望能得到彼得的一些承诺，但他表示没有准备好定下终身大事。他说："我依然爱你，如果你相信我的爱，何必还要更多的承诺。"当时他们俩都认为，两人在一起就是为了爱，而不是仪式，所以婚书并不那么重要。然而，过了一段时间，玛琳开始感到有点不安，觉得自己更需要一种清楚的承诺，不过她没有急于求成。他们俩当时都不想要孩子，彼得要在西海岸参与一个议员竞选的工作，他请求玛琳一起去。虽然时间上与她得到的工作完全冲突，但她还是去了。

他们到了洛杉矶之后，工作都很忙，常常不在一起住。每当玛琳想搞清楚他身在何处时，彼得的反应总是带着冷漠、暧昧和抗辩的味道。等到一个朋友告诉她，彼得和候选人的妻子好像有些风流韵事时，她才感到心痛和愤恨。他们大吵了一架，玛琳流了不少眼泪，立刻就说要分手。然而，他们不久又和解了。接下来一年中他们过得很好，直到彼得和一个律师事务所的女人扯到了一起，才导致两人的关系彻底终结。至此，他们已经在一起将近六年。

玛琳对这次分手感到很难过，她还深深地爱着彼得。他在她的眼中是标准的爱人，她发现很难再找到符合这样标准的男人了。玛琳开始埋头于工作，作为一名独特、杰出的法律策略师，她开始有了一定的名气，并得到了在华盛顿的一个高级职位。她整天会跟一大堆男人打交道，但在第一年里她完全不约会，花了很长一段时间才学会忘记彼得。

玛琳在32岁那年结识了莱昂纳尔。他是一个大个子中年男人，刚刚和他的妻子离婚。其实，玛琳与他刚认识的时候他还没离婚，因为在一个单位工作，两人都开始制造一些理由来见面，就慢慢约会了。莱昂纳尔从婚姻中走出来整整花了八个月的时间，即便他最终单身了，还是需要更长的时间与玛琳彼此适应。等到他能够放心地把她介绍给他的孩子时，已经将近两年过去了。最终，玛琳发出了最后通牒，要么让她完全进入他的生活，要么就分手，而他的反应是含糊其辞的。他们分手了，然后又和解，重新又在一起。他们开始尝试和孩子一起生活，但孩子们对她有敌意。玛琳始终觉得在他眼中孩子比她重要。在她37岁那年，他们因为结婚和生孩子的问题，意见不一致而最终分手。

玛琳觉得自己受到了欺骗，她实在太愤怒了，万念俱灰地认为自己再也不会爱上什么人了。但一年后她又恋爱了，那人的名字叫安德鲁。玛琳在大学时见过他几次，他现在全身心地爱着她，他们在重聚的当年就结了婚。安德鲁想让她实现梦想，尽管他自己对孩子没什么特别兴趣，但乐意和玛琳生一个孩子。然而，不幸的是，她的身体出了问题，被诊断为子宫内膜异位。与安德鲁结婚没多久，她就做了子宫切除手术，从此完全丧失了生育能力。

案例点评

玛琳的爱情经历令人同情，也很叫人痛心。为什么一个才貌双全的女人在爱情的道路上会走得这样坎坷，细致分析起来，有四个非常重要的原因。

首先，玛琳与彼得的爱情是不相匹配的。从故事情节中我们能够了解到，彼得对于玛琳的感情，远远不及玛琳对于他的感情。就在与彼得最后分手之后，玛琳还在爱着他。这种不平衡的爱情就是日后关系破裂的隐患。健康的两人世界，应该是平等的，彼此的给予和付出应该是大体相当的，这样才能达到双方的心理平衡。爱情供给关系不平衡的双方，在乎对方的程度不同，对彼此关系的认知不同，即使看似甜蜜无比，迟早也会分道扬镳。

第五章 恋爱中常见的心理困惑

其次,彼得对于他们的爱情关系一直就没有承诺,而玛琳却始终在等待着那个承诺,一等就是六年。在与第二个恋人莱昂纳尔交往时,她也是在苦苦地等待着对方的承诺。我们知道,没有明确承诺的"爱情"关系,不是真正的爱情,早晚会随着时间的流逝,变得枯竭而凋谢。玛琳在前两次恋爱时犯的最大错误是,爱上了"可能的丈夫",而不是能够与她相守一生的丈夫。她赔上了自己的青春与岁月,执着地追逐着那个根本不可能实现的美好愿望——与心爱的人结婚,她的情感世界完全缺少了理性的支配。

再次,玛琳没有重视男友的人品,只是盲目的爱着对方。彼得在与玛琳相处很久的时候,玛琳已经将自己的一切交给了他,而他还和多人有不正当的关系,完全没有道德的约束。他能不顾相爱多年的感情,做出对不起玛琳的事情,就不能指望这样的人会负什么责任。可玛琳却全然不顾彼得的做法,无条件地相信他,最后只好由于他的再次背叛才不得不离开他。

最后,对于第二次恋爱,玛琳的错误在于爱上了一个有家室的男人。莱昂纳尔与他的妻子离婚,不能说与玛琳的出现没有关系,这在道义上是不被允许的,绝不能去破坏别人的家庭。她与有过家庭的人结婚,是一件非常困难的事情,各种复杂的关系使玛琳身临其境地遇到了很多障碍,有的来自对方的孩子,也有的来自莱昂纳尔。由此我们可以得出一个结论:青年人要与绝对单身的人谈恋爱,远离已婚或者正在谈恋爱的人。另外,在人品方面,玛琳这次还是没有看准人,莱昂纳尔是一个不能担当的人,根本不尊重玛琳的感情,当涉及个人利益的时候,就毫无顾忌地拒绝她,最终俩人的关系还是以分手而告终。

上述这些原因综合在一起,使玛琳在恋爱中屡屡受挫,而且每次遭到的打击几乎都是毁灭性的,身心受到巨大的伤害。青年人应该从她的这些惨痛的经历中很好地汲取教训,以免自己在恋爱中也走玛琳的弯路。

思考与练习

1. 按照你个人的分析,选择同居方式恋爱的情侣主要出于哪些心理需求?另外还有哪些因素促成他们的同居?

2. 对于情侣同居这一做法,你持有什么观点?你觉得恋人是否应该同居?为什么?

第五节  情侣的空间距离

在青年恋爱的过程中，会遇到许许多多非常实际的问题，并由此产生不同程度的心理困惑。在众多的问题中，情侣分别居住在不同的地方，不能经常见面，是一个相对突出的阻碍爱情发展的客观因素，往往会影响到恋人的心理情绪。如果两个人不能很好地解决分离两地所带来的困难，就很容易使彼此的爱情关系受到阻隔，使本来非常美好的姻缘因此而中断。在这一节中，我们将针对情侣在异地发展爱情关系的问题，展开一些分析和讨论。

一、邻近效应

心理学家通过对人们恋爱心理的研究发现，恋人的空间距离和心理距离是成正比的。人们更容易对身边的人产生好感，甚至从友情发展成为恋情。有研究人员曾对情侣们相识的场所进行了调查，结果表明，排在前几位的分别是工作单位、学校和打工的地方。在问卷调查中，初恋对象最多的是同学，占69.6%，其中51.2%是同班同学[14]。这种人容易对身边的人产生好感的现象，在心理学中被称为"邻近效应"，也就是人们常说的"日久生情"。

"邻近效应"反映了人与人接触的一个规律，那就是经常见面的人容易增强亲近感，重复的接触会让彼此有更多的机会引发和提升彼此的好感，所以人们倾向于选择空间距离近的人作为自己的朋友或伙伴。当然，异性之间的恋爱也同样遵循这样的规律。由于距离近而产生爱情的双方，一般会有较大的相容性。这是因为两人处在相同的环境中，共享同样的信息，经历同样的客观事物，容易进行交流，不用花费很多时间就可以达到相互的理解和一致。另外，因为彼此之间非常了解，就不容易产生很多摩擦，也不必因为确立爱情关系而把自己变成另外一个人。同在一个学习或工作的环境中，两人之间的感情从友情自然变为爱情，虽然其间的新奇、刺激和浪漫不多，但却充满着平和、融洽和温馨。

在现实生活中，我们很容易见到由"邻近效应"而产生的爱情，人们愿意首选自己儿时的同伴、多年的同学和亲密的同事作为恋爱的对象。美国心理学家波赛德曾对5000对生活在费城的已经订婚的情侣进行了调查。结果显示，33%的

情侣住在五个街区以内,订婚后由于搬家使距离变远的情侣分手的概率较高,两地分居的情侣最终结婚的比例很低[29]。由此可见,恋人的距离与彼此的感情是成反比的,相互的距离越小,感情越强烈,空间距离越大,感情越弱。这便给了人们一个提示:两个人的生活地点离得越远,走进婚姻殿堂的可能性就会越小。有人把这个现象称为"波赛德法则"。

二、异地恋爱

由于某些原因所致,许多情侣分在两地谈恋爱,这可能是因为工作或学习的需要而分离,也可能是由别人介绍使两个人在异地相识,还可能是他们自己在异地相遇。无论是何种情况,与情侣在一地的恋爱相比,异地恋爱都会让两个人的爱情进行得不容易。从感情发展的角度来看,异地恋一般会出现如下问题,给恋爱双方造成不同程度的心理困扰。

(一)过度思念

对于感情很好的情侣来说,身居不同的地方,会使他们产生非常浓烈的彼此思念之情。在很多时候,由于他们不能很好地调解和控制自己,会出现过度想念的心理感觉,影响到日常的情绪和行为。我们在一项大学生的调查中发现,许多处于异地恋状态的同学,因为与对方正在热恋当中,每天都要打许多个电话,而且一说起来就很难停住。这种情况无疑会占用他们许多时间和精力,对自己和对方的正常学习生活产生很大的影响。因为如此,一些大学生感到,与异地的恋人发展爱情关系,是一件非常辛苦的事情。由于两个人不在一起,不能经常见面,所以就得非常努力地呵护两个人的感情,更加频繁地交流信息,好让彼此随时知道对方的情况。这样谈恋爱的方式,不但使情侣们在时间和精力上有较大的消耗,同时在通信经费上也有很大的花销。

许多青年人因为不能长期承受这些由异地恋爱带来的困难和障碍,不愿意继续独自品尝两地相思的滋味,就会对彼此的感情逐渐变得冷淡,不想继续维系和发展两个人的关系。这样,爱情的感觉就从过度的思念慢慢变成了消极和冷漠,使起初的热恋以及有很大生长空间的感情,结束于低沉的心理情绪和不求发展的行为之中。

(二)沟通不畅

由于情侣分别生活在不同的地方,他们的交流在一定程度上受到了空间距离的影响。许多正在异地恋的青年人都反映,在与恋人相处的过程中出现了一些沟通上的问题,对他们之间的感情发展非常不利。其主要表现有三:一是在一些小事情上两个人经常出现分歧,由于相隔两地,不能及时到一起进行沟通,所以就经常在电话里吵嘴,常常吵得不可开交,严重损伤了彼此的感情;二是对一些重要问题持有不同的看法,但又不能面对面地详细交谈,导致两人各持己见,谁也不肯接受对方的观点,最后闹得相互之间谁也不理谁,出现了冷战的局面;三是两个人分开两地,彼此的工作环境和生活环境有很多不同,但两个人都不善于向对方述说,缺乏经常性的交流,长此以往便使恋人之间产生了陌生的感觉,也逐渐没有了共同语言,感情的温度快速下降。

无论出现上述哪一种情况,都会对情侣之间的情感关系产生很大的破坏作用。为了避免这些问题的发生,异地恋的青年人应充分认识到这种恋爱可能遇到的不便和困难,要有主动交流的意识和行动,多与对方进行思想上和感情上的互动。尤其当双方的意见和观点不一致时,更要多交流、多沟通,将自己的想法和感受及时告诉对方,以获得恋人的充分理解。在遇到两个人的看法不同时,最忌讳的就是不主动沟通,不去理会对方,或者强行地压制对方。这些做法必定会使两人之间出现的不一致继续加大,误会和矛盾逐渐地加深,甚至还会伤害两个人的感情。对于增进和发展异地的爱情来说,除了彼此积极地沟通与互动以外,别无其他更有效的方法。

案例 5-8

没能留住真诚的爱情

张豪强和李丽是高中同学,彼此都很有好感。但由于那时学业很繁重,两人都将自己的感情埋藏在心里,谁都没有表白。高考结束之后,豪强向李丽说出了心里话,表达了自己对她的喜爱。对于他的表白,李丽非常兴奋,欣然地接受了这份感情。他们俩在高考后的那个暑假里相处得很好,感情升温很快,似乎谁都离不开谁。然而,浪漫的时光过得很快,他们因为考到了不同城市的大学,不得不一个向南一个向北地分开了。在两个人的心里,都有一种憧憬,距离可以产生美,他们的爱情将会在两地之间不断地发展,开放出更加绚丽的花朵。

第五章 恋爱中常见的心理困惑

在他们刚刚进入大学的那段时间里，两人都很想念对方，相互联系非常频繁。他们每天至少通一次电话，发十几条短信，而且在睡觉前还要互问晚安。他们不但联系密切，而且还找机会经常见面，一般一两个月就见一次面，放长假的时候也会聚到一起。爱情的甜蜜包围着他们俩，在一起的时光是那样的美好！

然而，这样的幸福没有延续多久。李丽开始感到张豪强说的话越来越不对她的心思，越来越不理解他对一些事情是怎么想的。他们开始在电话里争吵，常常两人僵持不下，谁也不服谁。李丽有时吵不过豪强，无法说服他，就对他哭闹。这让豪强觉得她是在无理取闹，没有办法与她沟通，也就不愿意与她多讲话。

他们彼此打电话的次数越来越少了，谁都不愿意主动联系对方。即便偶尔相互打电话，语气也越来越冷淡，根本没有了起初的温情和甜蜜。在这种情况下，李丽仍旧对她与豪强的感情抱有一线希望，总觉得他们还能够继续相处下去。可是，不久豪强说出的一句话："我们分手吧。"彻底打破了李丽仅有的一点幻想。他们就这样分开了，结束了曾经非常真挚而热烈的恋情。

案例点评

张豪强和李丽的感情在刚开始的时候是非常纯真的，他们彼此真挚地爱着对方。两人一起度过了一段非常幸福的时光，品尝到了爱情的甜美。从客观上看，他们的感情是自然产生的，基础是很好的，应该有非常大的发展空间。然而，他们俩在确定了爱情关系之后，并没有在主观上做出更多的努力，只是停留在那种热恋的感觉之中。他们没有重视相互之间的交流，也没有让对方及时了解自己的想法。更遗憾的是，他们之间缺少了共同的愿景和可以相互鼓励的内容，这就使他们的感情发展缺少了动力。他们刚上大学，应该把学校的新生活作为交流的内容，如对于大学的感觉、专业课学习的体会、同学之间交往的状况、课外活动的安排，等等。如果他们能够扩展思想交流的领域，针对大学生活进行真诚的倾诉和互动，就不会使他们之间出现无话可谈的状况。不要说是处在异地谈恋爱，就是两个人住在同一个地方，如果整天只是缠绵在儿女情长之中，要不了多久，相互的感觉也是会疲劳的。爱情是需要发展的，双方只有不断地向其中注入新的内容与活力，持续地进行心与心的沟通，才能使彼此的感情不断加深，最终结出爱情的果实。

（三）相互猜疑

异地恋给情侣带来的最大困难是不容易见面，不能经常在一起交流思想和情感。久而久之，一些恋人就很容易产生相互之间的生疏和隔阂。我们在前面已经提到"邻近效应"，即人与人之间感情的产生和发展与他们的空间距离有很大的关系，经常见面会使恋人之间加深了解，增进彼此的感情。而两个人相距两地，缺少亲密的接触，彼此的感情很容易慢慢变淡，由于空间距离大而导致心理距离的疏远。所以，许多异地恋的情侣很难坚持下来，走不到两人牵手进入婚姻殿堂的那一天。

分居两地对于情侣还有一个最大的威胁，那就是容易使双方在情感上出现动摇，甚至产生相互的猜疑。因为彼此见面很少，缺乏紧密的互动，所以很容易担心或怀疑对方的感情，不确定他/她是否还像以前那样爱自己。正是由于这种对于感情的不确定，使得一些情侣从彼此不信任到最后感情冷淡而分手。这种由分居两地导致分离的现象，在夫妻当中也是存在的。我们常常看到，影视界的许多明星结婚不久就离婚，可称得上"闪电离婚"。这是因为他们工作太忙，流动性大，使得夫妻之间交流太少。当一方遇到困难的时候，不能及时地向对方倾诉以得到帮助和分担，在取得成绩或荣誉的时候，也不能与对方分享快乐和喜悦。当这些心理需求总是无法得到满足的时候，自然就会造成相互之间的不满，有时还会怀疑对方是否发生了感情上的变化，甚至发展到两个人不再相互依恋，逐渐走向分手的地步。

 **案例 5-9**

脆弱的"异地恋"

穆军和王晓霞是高中同学。在高三的时候，他们俩不顾老师和双方家长的反对恋爱了。高中毕业后，两人考上了位于不同城市的大学。他们非常高兴，父母们也基本默许了他们之间的交往。虽然两个城市相距很远，但在刚上大学的那段时间里，穆军每天晚上都会给王晓霞打电话，两个人总是甜甜蜜蜜地聊上好长时间。

然而，这种亲密交流的状况没有持续多久，他们之间的电话越来越少。而且，有的时候穆军在电话里表现得很不耐烦，使得他们俩经常在电话里争

第五章 恋爱中常见的心理困惑

吵。随着吵架的次数越来越多，王晓霞感到越来越累。她在很多时候都想到了分手，但是又有点舍不得将近两年的感情。

有一次，在他们见面时，王晓霞偷偷看了穆军的手机电话清单，发现她跟一个女生通话很频繁。她就给那个女生打了电话，并且骂了那个女生。王晓霞当时控制不住自己，完全想象不出自己会像个疯女人。穆军知道这件事情以后，说她是无理取闹，跟王晓霞提出分手。她追问他与那个女生是什么关系，穆军说他们只是为学校社团的事情才多次打电话的。王晓霞不相信，继续追问，他就根本不解释了。后来，她曾几次去见穆军，他都找借口不见她。

自从那次吵架之后，他们已经有半年多没有联系了，但王晓霞心里还是放不下穆军。她知道这样对自己不好，可是又无法控制自己。分手之后，王晓霞了解到穆军没有结交其他女朋友，所以完全是她误会他了。王晓霞一想起自己的做法，就非常后悔，心里十分难受。她每天睡不好觉，总是梦见穆军与她和好了。她也不想去上课，不想与同学交往，觉得自己非常失败，什么都做不好。王晓霞觉得自己已经变得完全不像自己了，她感到很害怕……

案例点评

穆军和王晓霞在进入大学后虽然保持了一段时间的亲密感情，但由于分离两地，他们的热恋很快就降了温。两人不但交流少了，还经常吵架，使得彼此非常不融洽，情感上越来越疏远。随着他们之间的交往，问题不断地出现，两个人开始了相互的排斥和猜疑。穆军变得不愿意与王晓霞交流，总是回避和远离她，而王晓霞也产生了对穆军的怀疑心理，去查他的电话记录。他们的这些做法，使原本非常相爱的两个人彻底失去了彼此的爱恋，以分手结束了曾经炙热的感情。

导致这种状况出现的原因很多，但可以肯定地说，最主要的原因是他们缺少了相互的交流和彼此的信任。分离固然会对情侣的感情发展带来一定的障碍，但如果两人都能珍惜已有的感情，主动与对方交流，及时分享自己的想法与情绪，谈论不同的观点与感受，就可以冲破客观条件的限制，不断增进相互的感情。另外，即使相互之间有些矛盾和不愉快，也不能随便怀疑对方，猜想会有移情别恋的事情发生。对于彼此感情的坚定相信，是赢得幸福爱情的关键所在。如果总是怀疑对方对自己的感情，或是时时猜测对方是不是对别人有了好感，就必然在两个人相处的过程中流露出不信任，在交往中不能以诚相待。许多时候，不是一方没有了感情，而是另一方用无休止的怀疑把自己的恋人从身边推走。本案中的王晓霞正是犯了这样的错误，她怀疑穆军与别的女同学有恋爱关系，而且还以非常不理智的方式与他吵闹，最终使他真的离她而去。王晓霞的失败教训为每一个正在谈恋爱的青年人提供了警示：要使两个人能够相爱长久，让爱情开花结果，一定要保持良好的交流，并且要相互地信任。如果做不到这两点，无论两个人开始爱得多么热烈，感情都不能发展和成熟，最终都会分道扬镳。

  有人说，"距离是爱情的头号敌人"，这话不无道理。情侣之间的空间距离太远，无疑会使他们的心理距离疏远，这的确是许许多多的异地恋很难持久的原因。然而，我们也不能绝对地认为，情侣相隔两地，恋爱就一定不会成功。无数实例表明，经过两个人的努力，异地恋也可以孕育出并且发展成幸福而美好的婚姻。那么，情侣要做哪些重要的事情才能克服异地的弊端，让爱情不断发展呢？首先，两个人应该尽力创造条件经常见面，面对面的感情交流要比隔着空间距离交往好得多。双方应安排好时间，多多争取见面的机会。其次，要通过各种方式和手段加强联系，包括电话、短信、电子邮件、视频和书信等。不管工作多么忙，生活琐事如何多，都不要忽略和冷落了恋人，应及时向对方倾诉自己的感情。哪怕是一个简洁的邮件和短信，都能表达深厚的相思之情。最后，要经常以不同的形式支持对方，向恋人提供精神上的鼓励。尤其当恋人遇到困难和挫折的时候，更要给予及时的慰藉，让对方体会到浓浓的爱意。

  然而，很多异地恋的失败源于情侣们把爱情想得过分简单，认为两个人既然有了真爱，就不必有任何顾虑，可以放心地享受爱情。他们在恋爱中不去给感情加温，也不倍加珍惜彼此的关系，只是坐等着感情慢慢地消耗。许多情侣没有真正懂得爱情的发展之道，缺乏对于情感呵护的重要性的认识和理解。事实上，只有对于彼此爱情的信念是远远不够的，这只是一个前提，要使感情不断加深、不断巩固，还必须采取实际行动去加强双方对于爱情的信念。在异地恋的过程中，无论情侣使用什么方法，最重要的是要让对方始终感受到这样一个信息："你一直在想念着他/她，你们的心是连在一起的，从来都没有被遥远的距离分开过。"倘若情侣的异地恋能够达到这样的程度，彼此的感情就一定能够发展，更不会使温暖的爱情冷却下来。

思考与练习

1. 处在异地恋中的情侣容易出现哪些不良的心理情绪？应当如何加以预防和调节？

2. 如果你正在异地恋，自查一下你与恋人之间的感情状态，你们的爱情发展得是否顺利？如果进展得不太顺利，想一想各自需要做出哪些努力？

3. 在你看到的异地恋的案例中，是否存在一些不利于爱情发展的做法？如何改进才能使两人的感情不断加深？

第六节  失恋的经历

爱情是美好的，恋爱是幸福的，这是人们对于两性相爱最普遍的描述。青年人会期望爱情能给自己带来精神的振奋、心灵的抚慰和生活的动力，恋爱可以为他们的人生赢得美满的归宿。然而，恋爱的过程并不总是风和日丽，爱情也不一定能结出幸福婚姻的果实。人人都希望自己的爱情有一个美满的结局，可是现实生活中的恋爱不都以喜剧而告终，经常会出现令人难以预料的分离。一方由于某些原因，觉得另一方在自己的心中已经没有了地位，原有的感情也已不复存在，便决定不要与对方继续相处下去，突然中断彼此正在恋爱的关系。而被抛弃的痴情一方，面对突如其来的变故，热恋的感情很难被抚平，立即陷入到"失恋"的痛苦之中。顾名思义，失恋就是失去恋人和恋情，通常发生在那些曾经获得过某种程度、某种性质的"爱"，并为此做出过真心承诺或有较大的物质和精神投入的男女身上。他们在意想不到的情况下突然或不情愿地与恋人分手，从而体验到一种内心的失落感、伤心感甚至痛不欲生之感。对于任何男女来说，失恋都是一杯浓烈的苦酒，都会在心里留下深深的烙印。情况严重的时候，失恋造成的心理隐痛甚至会伴随着整个生命的旅程。

为了避免由于失恋而造成身心上的伤害，正处于恋爱时期的青年人非常有必要对失恋的行为表现和心理反应进行深入的了解和认识，掌握一些心理调控的方法，以便使自己在遇到类似情况的时候，能够采取有效的策略，顺利地走出心理困境。

一、失恋的行为表现

正处于热恋的状态，却突然被心爱的人"甩"了，绝大多数青年人都会陷入极度的痛苦之中。可以说，失恋是人生中最痛苦的经历之一。在这种心灵的打击

下，被抛弃的人往往怎么也想不通，会反复回忆过去与离开的恋人的交往经历，结果是越想越痛苦。由于对失恋没有预先的心理准备，难以承受如此强烈的打击，失恋的人通常会出现食欲减退、夜不能寐、身体乏力和注意力不能集中等生理反应，同时也会出现一系列典型的不适当的行为表现，而不当的行为往往会给失恋者带来更大的心理创伤和精神损失。

(一) 强逼对方

我们经常遇到这样的案例，虽然一方已经很明确地宣告结束恋爱关系，但是被拒绝的一方仍旧不愿放弃恋情，不断地要求对方回心转意。他们会不停地给对方打电话、发短信，有些女性还会到对方面前去哭诉和哀求，有些男性也会去找女性说理，甚至还会进行不同程度地强迫或威逼，企盼能够与对方恢复从前的关系。这些都是在失恋初期的抵抗行为，他们在心里不愿接受恋爱关系已经中断的事实，试图重新点燃已经熄灭的爱情之火。在刚刚失恋的一段时间里，人脑会分泌出一种既令人悲伤又让人思念对方的物质，虽然已经分手了，但对对方的爱恋却加深了，出现了一种不可思议的现象[14]。然而，一方的心意已去，爱情无法回来，尽管失恋者用尽气力，也不能恢复双方的感情。事实上，在失恋者的反复哀求被对方不断拒绝的时候，他们的心里将受到一次次更加沉重的打击，会给心灵带来更大的、更难忍受的痛苦。

在祈求对方之后仍然不能挽回恋爱关系的情况下，有些失恋者会走向另一个极端，在心里产生巨大的怨恨。他们认为自己如此痛苦都是对方造成的，并把愤怒全部"投射"到对方身上。尤其是男性，为了宣泄自己被抛弃的怨恨情绪，分手时对女友施加暴力的大有人在。更严重的情况是，有些男性在失恋后，会对前女友下毒手，去毁容或残害对方，制造出一种毁灭性的结局。虽然女性一般不像男性那样给予凶猛的报复，但她们有时也会失去理智，用嘲笑、谩骂或伤害人格的方式来攻击对方，以达到解除心头之恨的目的。无论是男性还是女性，在恋爱中具有强烈占有欲的人，都会用"非爱即恨"的行为模式来处理失恋的情感危机，到头来既伤害了对方，也危害了自己。

(二) 逃避现实

对于二十几岁的青年人来说，无论内心有多么强大，只要是全心全意地爱过，失恋对于他们的打击都是巨大的，在短时间里很难抹去失恋造成的痛苦。在失恋的时候，很多人会出现无望甚至绝望的情绪，产生极度的自卑。在这种心情的支配下，很多失恋者认为自己失去了恋人是非常丢脸的事，自己已经不值得被别人爱，便从此将自己的身与心都关闭起来。他们采取避免与现实接触的自我保护机制来逃避挫折，表现出非常消极的行为反应。有些女青年失恋后，整天把自己关在屋子里，与世隔绝，不想见到任何人，以求得精神上的解脱和安慰。还有一些女性由于失恋便对人生彻底失去信心和期望，产生了厌世的想法，离家出走当了尼姑。这种以人际冷漠的态度对待外面世界的做法，实际上会给心灵带来终身的创伤。更有甚者，失恋后的无尽痛苦和精神崩溃使一些女青年走上了自杀的不归路，成了爱情的殉葬品。一些男青年在失恋后，也会采取非常极端的做法，整日借酒消愁，终日宿醉不醒，让自己麻痹而逃离现实的痛苦。然而，这些看似能够减轻失恋痛苦的办法，虽然能够麻醉一时，但不能真正解决心里积压的问题，也不能使他们从失恋的心境中彻底走出来。

（三）寻找新欢

为了尽快逃避失恋的痛苦和烦恼，填补情感上的缺失，有些失恋者很快就去寻找新的恋人。从常理来看，这是不可想象的，而对于他们来说似乎是非常必要的。这些人试图让新的恋情占据自己的记忆空间，冲淡以往的辛酸与苦楚。但是，在失恋后立刻开始谈恋爱，是不妥当的，也是不可取的。这是因为人在失恋后的情绪和心理都不会处在一个正常的状态，对人和事物的判断相对缺乏理智。有些时候，失恋者尚未认真分析前一段恋情失败的原因，也没有对自己的行为进行彻底的反思，就开始了新的恋爱生活。这样，本身存在的不足并没有得到改进，很有可能会把原有的缺点带到新的恋爱生活之中，使旧的问题重新显现出来。

二、失恋的心理反应

从失恋者通常的行为表现，我们可以总结出如下心理反应。

（一）自卑心理

失恋者最突出的心理特征就是自卑，感到心灰意冷、羞愧难当，对自己充满否定的情绪，怨恨自己没能留住恋人。他们在失恋后通常会认为自己一无是处，非常懊悔和愧疚，对自己爱的能力及被爱的价值产生很大的怀疑。他们还会把失恋的原因完全归结于自己身上，认为自己是一个无能的人。在失恋的打击下，具有自卑心理的青年人要想重新建立自信，找回自我价值感，得花费较长的时间，

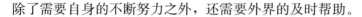

除了需要自身的不断努力之外,还需要外界的及时帮助。

(二)愤怒心理

一些青年人在受到失恋的打击之后,还会产生一种由原来的爱变成现在的恨的心理倾向,对以往的恋人产生愤怒之感。他们从不想失去那段感情,到因为恋人的绝情离去而生出怨恨,觉得自己不再被爱是一种自尊的丧失,甚至是人格的贬低。在这种心理影响下,失恋者会感到自己在恋爱中所倾注的感情完全被遗弃,所花费的时间与精力也都毫无价值,因此,反复咀嚼的痛苦滋味会更加严重,致使自己终日沉浸在极度悲愤的情绪当中。

(三)报复心理

有些失恋者在强烈的愤怒情绪的驱动下,产生了想对前恋人进行报复的心理意向。他们认为,既然你丢弃我,使我万分痛苦,那我也不能放过你,让你没有好日子过。这种人将心中的不满、痛苦、怨恨和嫉妒,全部凝聚成报复情绪,要对对方施加伤害。他们觉得只有出了这口气,才能消除心中的愤怒。尤其是一方出现了不道德的行为(如正在恋爱中却与其他人产生暧昧关系),导致了另一方的失恋,更容易使失恋者心里爆发怨恨情绪,从而失去理智,在语言上或在行为上去攻击对方。

(四)渺茫心理

许多时候,失恋会使青年人的理智和判断能力下降。在遭受失恋的打击之后,一些人会对自己的真实状态失去正确的认识,不清楚自己应当怎样继续走下去,对前途产生了非常迷茫的心理。由于失恋的影响,他们甚至对自己的事业、工作或学业失去了信心,不知道还能否在这些方面取得成功。具有这样心理反应的青年人,往往是那些把恋爱看得很重的人,将爱情作为生命中至高无上的东西。所以,一旦没有了爱情,他们就像断了线的风筝,失去了原点和控制,不晓得要飘到哪里去。

(五)绝望心理

除了心里产生巨大的痛苦之外,失恋者还很容易失去生活的信念,从此对自己的生活没有了希望。失恋的冷水似乎把他们的生命之火熄灭了,没有了继续活着的力量。怀有这样心理情绪的失恋者,对自己是全部否定的,对面对的一切都失去了信心。对于他们来说,生活的道路走到了绝境,没有任何的希望可言。在恋爱方面,他们不再相信爱情,不想再进入到两性相爱之中。一些社会学家的调查结果显示,大多数男性独身主义者不婚的原因就是由于初恋的失败,从此进入终身不婚的孤舟。在生活方面,有着绝望心理的失恋者也没有了前进的方向和勇气,有的甚至走上了轻生的绝路。

以上这些心理反应,都是极具危害的,会给失恋者本身、周围的人及社会带来极大的危害。因此,青年人在恋爱中如果遇到了失恋的情况,要特别注意使自己的心理处于健康的状态,尽最大努力以平和的心态和坚强的意志面对失恋的打击与痛苦,并且积极地寻求多种方法和途径,缓解和驱除由失恋引起的各种负面心理情绪,使自己能够战胜失恋的精神痛苦,迎来生命之花的重新绽放。

三、失恋的应对策略

失恋给青年人造成的心灵打击是极其沉重的,无论一个人的性格有多么坚强,他都会受到很大的影响。在非常糟糕的情况下,失恋完全可能击垮人的意志,破坏失恋者的心理平衡,给其生活、工作乃至前途带来巨大的损失。然而,失恋的悲观情绪也是可以战胜的。只要失恋者能够以正确的态度来对待,采取积极的应对策略,提升自己面对困境的意志品质,就一定能够战胜失恋的打击,从情绪的低谷走出来。归纳起来,失恋者可以通过如下方法来减轻痛苦,让自己的精神振作起来。

(一)自我调节

常言道,解铃还须系铃人。要想从失恋的痛苦中彻底地解脱出来,失恋者自己的努力是最重要的。由于每个人的心理承受能力不同,所处的客观环境和条件也不尽相同,失恋的青年人可以选择适合自身的心理调节方法。

1. 情绪宣泄法

青年人在失恋后最常出现的是抑郁情绪,即心中有很多的委屈和沮丧,如果不及时宣泄,会造成更为严重的后果。心理学的许多研究显示,人为地压抑情绪和抑制情感,会使在恋爱中被抛弃的人更加痛苦,也就是说,暂时镇压情绪和抑制思路,只会让下一波情绪在发作时,更加剧烈和难以控制。所以,如果真要摆脱这种心理困境,必须及时地释放心中的压抑感。失恋者在最痛苦的时候,可以独自放声哭出来,通过眼泪来尽情地宣泄心中的郁闷,也可以拿起纸笔,写出自己想要抒发的心声。总之,将积压在内心的负面情绪及早地排解出去,对于失恋者尽快恢复正常的心理状态,是非常必要的。在失恋者泪畅其流和悲尽其痛之后，情绪抑郁的程度会显著降低。

2. 环境变换法

有些时候，尽管失恋者尽力去战胜痛苦的心理感受，但还是不能有效地减轻心中的伤痛感，此时就要采取更换环境的方法。许多婚恋研究专家建议，失恋者可以采取独自出去旅游的方式来削减和消除失恋造成的悲伤情感。当一个人看到一种新的景色时，如自然山川、田园山庄或别国风情，由于陌生环境的感官刺激，会使失恋者渐渐淡忘失恋的痛苦，不断增添心理的能量。在别样的风景中，失恋者能够放宽视野和胸襟，感悟到失恋其实算不了什么，人生还可以品味无数多的美好事情，还能体验到更多快乐的经历。这种通过变换环境以改变心境的方法，在绝大多数情况下是非常有效的。

案例 5-10

旅行带我走向新生活[30]

曾经我以为，恋爱是治疗失恋最好的方法。因此，当我得知再也无法挽回从18岁便喜欢上对方，历经千辛万苦，原本以为不可能但最后却成就的恋爱终究离我而去后，我心里想着的，是赶紧去谈另一段恋爱，弥补我内心的创伤，还有每日独自面对房间墙壁的孤单寂寞。

于是，我疯狂地投入到新恋情中，无论是朋友的旧识，还是公司的同事，只要单身，有一点可能，我就积极地去认识对方。后来，终于认识了一个女生，和对方暧昧了好一阵子，发展出一段诡谲而若有似无的关系。断断续续、拖拖拉拉地发展了三年，最后终于还是被迫结束了。

想要靠恋爱排除失恋的我，最后陷入更加复杂的失恋情绪，因为我碰上了一个同样也想靠恋爱来躲避分手之痛的人，结果她先康复离开了，把我留在了原地，我付出一切却怅然若失，整个人萎靡不振。

终于，我了解了恋爱不是治疗失恋的好方法，拥有新的生活才是。于是，我决定挥别过往的生活方式，辞掉了工作，卖掉了房子，搬去和朋友一起租房子，而且，用一部分卖掉房子所得的钱，一个人去了京都旅行。希望旅行能让我和过去划清界限，回家之后，我可以重新展开生活。

原本还沉浸在悲伤情绪中的我，对于旅行治疗失恋的效果心存质疑，没想到竟然在关西特急电车开进京都车站前夕,那迎窗而来、满是美丽的日式平房,还有静谧的古都氛围,仿佛一股巨大的能量注入我的内心深处,一口气扫除了我内在的悲伤和负面的情绪,心底有一份感动泉涌而出,我体会到未来的希望与新生活建立之后可能的美好。就在列车进入京都车站前夕,我立定心愿,一定要一个人好好地活下去,不再胡乱追求恋情,不再因为寂寞孤单而爱。享受了愉快的京都之旅,逛遍南禅寺、京都御所、修离宫、大原三千院等名胜,看遍旅行的美好风景与尝过很多美食之后,我开开心心地回到台北,开始找工作,和老朋友聚会,不再成天想着恋爱,逐渐发展一个人也能活得很开心的新生活。

一年后,当我沉浸在一个人的美好生活之际,因为工作的缘故认识了现在的老婆,交往两年后顺利步入婚姻,家庭生活堪称幸福(在我写这篇回忆录的时候,老婆大人正在制作日式手卷与寿司当我们的晚餐)。

与其耐不住寂寞乱爱、乱追求对象,却无法修成正果,浪费宝贵人生,不如好好下定决心,一个人好好地过日子,面对孤单寂寞的攻击。找到自己一个人也能活得开心自在的生活方式,把时间投在真正重要的事情上,如工作、家人、朋友与社会服务,活出自己的样子,把自己准备好。将来在对的时机遇到对的人时,才有办法把握住幸福,不至于被混乱搞砸。

案例点评

这位作者用自己的恋爱亲身体会,向我们传递了一个重要的信息:虽然失恋对于一个人来说是非常痛苦的,但它是完全可以被战胜的。如果一个人正处于失恋的心理困扰中,不知道如何尽快地从极度的痛苦中摆脱出来,不妨也采取类似的方法,下定决心与过去的经历告别。失恋的人可以用一种寻求新生活的心态,到一个陌生的地方去旅游观光,或做些与工作相关的事情,让自己彻底脱离容易再现伤心往事的环境。一个人花一些时间到外地走一走,能够使人在短时间里做个"心理大扫除",大大减轻心里的负面情绪与悲观态度,增添大量的正向心理能量,从而以清醒的理智和饱满的精神回到正确的生活轨道。

3. 注意转移法

如果失恋者在客观上暂时没有条件更换环境,不能去旅游或出公差,也可以通过转移注意力的方法,来消解失恋引起的痛苦。在对方拒绝继续恋爱的情况下，被抛弃的一方可以人为地加大自己的学习内容或工作任务，在原来的基础上花更多的时间和精力。这样，就可以用比较丰满的生活内容，来占据大脑的思维空间，逐步抹去悲伤记忆的痕迹。另外，失恋者还可以去满足自己的兴趣和爱好，如参加体育活动、唱歌、跳舞、读书、下棋、作画等。在这些活动中，他们可以投入身心，沉浸在当下的情境里，便能够有效地转移注意力，缓解甚至消除原来的痛苦情绪。总之，失恋后最重要的一点是，要让自己忙起来，用丰富的生活、学习或工作的内容来陪伴自己。一个很有效的方法是为自己制定一个相对忙碌的时间表，把每一天按照时间段来排满，使自己没有空隙回味失恋的苦楚，渐渐远离痛苦或绝望的心境。

4. 冷静分析法

在面对失恋打击的时候，青年人除了可以采取上述方法舒缓自己的情绪以外，还应当尽量让自己冷静下来，为自己做一次全面而客观的分析。失恋者可以想想对方提出分手的原因，他/她为什么会离开自己，是对方的不是，还是自己的问题。如果是对方对爱情没有严肃的态度，不珍惜两个人的感情，开始移情别恋，那就没有什么可惋惜的，自己不值得对过去的恋情念念不忘，更不值得为此伤心落泪。而如果是自己在恋爱中做得不好，存在许多缺点和毛病，没有与对方和谐相处，那就要进行很好的自我反省，认真分析自己的所作所为。在冷静的思考之后，由于两人分开的原因被梳理清楚了，怨恨情绪或自责心理会明显地减小，使人变得理智和安静，战胜痛苦的心理力量也会愈加强大起来。另外，经过冷静分析得到了全面的自我认识，还有利于在日后的恋爱生活中，汲取以往的教训，克服自身存在的不足，做好充分的心理准备，使新的爱情能够顺利而健康地发展。

5. 自我激励法

失恋对青年人的最大负面效应是对自信心的打击，很容易使一个人丧失自我价值感。所以，失恋后特别要做的事情是尽力保护好自己的自信心，用自我安慰的方式"稳住"自己。这就需要失恋的人采取自我激励的方法，肯定、接纳和支持自己。具体来说，自我激励可以是发现自己的优点和长处，并且在心里称赞自己；也可以是每天对着镜子自我打气，让自己在失恋的困境中能够坚强地挺过去；还可以是给自己一些物质上的待遇，女性可以买几件漂亮的衣服，用艳丽的颜色来带动开朗的心情，男性可以吃上几顿佳肴，用鲜美的味道取代心中的苦涩。自我激励的作用能够让人有充足的心理能量,战胜精神的痛苦和心灵的衰落。自我激励还能使失恋者逐渐明白:强制别人留下来给自己爱的祈求是不理智的,这种爱非但不能结出爱情的果实,反倒是爱情悲剧的根源。任何在恋爱中被对方"甩"了的人,如果能从积极的角度看待失恋,把它当成是人生不可多得的经历,作为人格发展成熟的重要阶梯,他/她就会利用这个看似"厄运到来"的机会,不断地激励自己,使自己看到人生的价值和意义,从情感挫折中坚强地站起来,向着美好目标重新启程。有人说:"失恋是人的爱情老师。"这句话的确有一定的道理。

6. 自我安慰法

面对恋爱的失败,失恋者还可以从更加理性的思维角度,来进行自我安慰和解脱。他们不妨这样想,对方能够及早地提出和自己分手,暴露两个人之间的问题和矛盾,其实是一件值得庆幸的事情。如果两个人一直勉强在一起,对方并不真正爱自己,等到结婚成为夫妻以后再爆发冲突,那就为时太晚了,会使两个人更加痛苦,甚至造成离婚的结局。因此,现在分手非但不是坏事,反而对两个人来说都是一件好事。失恋虽然会带来一时的痛苦,但是却避免了一世的痛苦,可以使双方有了重新寻找幸福的自由和机会。失恋青年若能这样看待对方的离开,以非常客观的态度进行自我安慰,就一定能够很快地从失恋的低谷中顺利走出来。

(二)他人帮助

尽管失恋后的心理调适主要靠当事者本人,但在心理困惑严重和情绪比较压抑的时候,有必要向他人请求帮助。外界的心理援助有着不可忽视的作用,而且在一些特殊情况下,会发挥决定性的作用。一个人失恋后,一般要经历四个心理感受阶段,包括震雷般的轰击感、焦灼的痛苦煎熬感、烦躁不安感和冲动平息感。在前两个阶段里,失恋者容易出现危险行为,一般三至五天,多则十天到半个月,甚至时间更长。如果不能及时得到消解,容易发生抑郁、自杀和伤害对方等不良心理倾向。因此,失恋者这时应当将自己内心的委屈、痛苦和愤怒向家人或亲朋好友倾吐。往往泣不成声的哭诉如同燥热天气中的一场雷雨,暴雨过后便会出现清新、爽朗的心境。

在与他人的述说中,失恋者可以听到他们对于此次恋爱的评说,分析如果恋爱继续会有什么危害和隐患,恋爱不成功会得到哪些体验和教训。亲友们的陪伴和开导，能够在很大程度上减少失恋者的沮丧和怨恨。

然而，不是所有的失恋者都可以通过向亲朋好友倾诉就能缓解痛苦。一些失恋者的心理反应是非常严重的，导致其在生理上也出现了许多症状，如失眠、头痛、无力、食欲缺乏、注意力不集中等。这些身体上出现的问题反过来又使心理反应更加严重，给日常的生活、学习和工作造成了巨大的影响。在这种情形下，失恋者一定要主动寻求专业心理咨询人员的帮助，请他们用合适的医学方法和心理治疗方法加以解决，使自己早日在身体上和心理上都得到恢复。

案例 5-11

从失恋的极度痛苦中走出来

小雨是一名二年级的硕士研究生，和比她大三岁的男友整整相恋了五年。表面上看起来，他们的感情还算不错，已经准备筹办婚事了。然而，就在他们拍完婚纱照后不久的一天（还没有领取结婚证），男友突然向小雨提出了分手，表明不想与她相处下去了，要结束恋爱关系。当小雨听到男友说出这个决定的时候，就像晴天霹雳一样，顿时感觉到了世界的末日，整个人似乎失去了知觉。小雨无论如何也想不到，男友能与她分手，他们相恋五年的感情会在瞬间结束。

失恋的心理打击使小雨陷入了极度的痛苦之中，她始终不能接受这个事实。她整日以泪洗面。她不甘心就这样与男友分开，不停地打电话向他哭诉，求他回心转意，重新回到她的身边。可是，男友对小雨的感情已尽，没有丝毫回转的余地，而且每一次都对小雨说一些令她更加伤心、更加失望的话。男友的态度和语言使小雨的心情坏到了极点，她连续许多天都不能正常睡觉，根本没有食欲，脸色看起来很憔悴，身体也随之变得非常虚弱。

失恋的痛苦折磨，使小雨实在无法独自承受，在这种情况下，她找到了一位专业课老师，向她述说了自己失恋的经历和心中的苦痛。这位老师在青年恋爱心理方面曾经做过大量的理论研究，并且给大学生和研究生开设过婚恋心理教育的课程，同时她还帮助过许多在恋爱中遇到困惑的学生。

第五章 恋爱中常见的心理困惑

在听了小雨的尽情述说之后，这位老师首先在情绪上给了她很大的安抚，帮助她平复由巨大打击而造成的心理伤痛。与此同时，她给了小雨三点具体的建议：①尽量克制自己，近期不要给前男友打电话；②给自己制定一份非常详细的时间表，把一周的学习内容和生活事宜按照时间段安排好，不要让自己有空闲的时候；③在自己能够冷静下来的时候，做一下自我分析，认真查找男友离开自己的原因。

一个星期过去了，小雨又找到了那位老师，看起来她的沮丧情绪没有明显的改善。老师询问了她在一个星期中的情况，她说忍不住又给前男友打了许多次电话，求他回到自己身边。然而，她的每一次祈求不但没有使男友心软，反而都被男友重重地数落一番。男友的每一次回绝和贬低，都像在小雨的伤口上撒了一把盐，让她更加疼痛难忍。听到了这些，那位老师先是表示理解小雨心中深深的伤痛，但马上就严厉地指出了小雨的错误，她不应该总是不断地去央求前男友，这是在往自己身上抽鞭子，结果弄得遍体鳞伤。她严肃地再次告诫小雨，一定要按照那三条建议去做，给自己明确的要求，尽力缓解伤心情绪，逐渐让自己在失恋的痛苦中坚强起来。

当那位老师隔了两周再见到小雨时，她的面容发生了很大的变化，原来的痛苦表情换成了淡淡的微笑，绝望的眼神也有了希望的力量。小雨告诉老师，自从上次谈话之后，她就努力调适自己的心情，严格按照老师的要求去做，不再给那个前男友打电话，而且在学习上给自己增加了任务，让自己忙起来。同时，还认认真真地进行了反思，找出自己在过去恋爱中存在的问题。

在几个星期的冷静而仔细的思考之后，小雨深刻地认识到，在她与前男友相处的过程中，自身存在许多严重的错误。虽然对方对自己非常好，无论在学业上还是在生活上，都给予了自己很大的支持和周到的照顾，但自己从来都不知道感恩，还时常挑剔和耍脾气，一点都不珍惜对方付出的感情。另外，自己也没有给他以足够的关心，在他遇到学习和工作上的挑战时，不但没有鼓励他，反而还因为小事和他闹，分散了他的精力，影响了他的事业。对方与自己分手，主要是因为自己做得太不好，所以才导致了现在这样的结果。

> 听了小雨的自我分析之后，那位老师意识到，一定要给她及时的鼓励，不能让她过于自责而失去自信心。老师诚恳地告诉她，每个人在恋爱中都可能会有这样或那样的错误，也可能会摔很大一个跤，即使是这样，也不要灰心，更不要失去信心。只要能够认识到自己的问题所在，并且在实际行动上做出真正的改变，就一定能迎来新的爱情，也能和将来的伴侣建造一个美好的家庭。
>
> 听到老师的一番鼓励和鞭策，小雨充满信心地点点头，坚定地说："老师，您放心吧！我会在今后的生活中好好汲取这次失恋的教训，用自己的百倍努力去迎接崭新的生活……"

案例点评

人人都希望自己的爱情有一个美满的结局，可现实生活中的恋爱并不总是以喜剧告终的。像小雨这样有过失恋经历的青年人，在同龄人中占有较大的比例。有人做过这方面的统计，从分析的结果来看，初恋成功的情侣大约只有10％左右，绝大多数的人都是经过一次或多次失恋之后，才找到爱情归属的。所以，失恋是青年人在寻觅爱情过程中的正常现象。

当然，失恋对于每一个人来说，都是一种非常痛苦的体验，会在其中品尝到人生中最难承受的苦涩滋味。本案例中的小雨，就是许许多多失恋者中的一员。非常值得庆幸的是，小雨在最痛苦、最绝望的时候，没有自己勉强撑着，而是积极地寻求有专业能力的老师来帮助自己。老师的及时开导和具体建议，有效地缓解了小雨的压抑情绪，调整了她的不当行为，使她能够在比较短的时间里，发生了很大的心理转变，建立起了较强的自信心和积极的生活态度。

小雨的故事，给正在恋爱的青年人一个很大的启示，那就是在恋爱中要时常反省自己，不要认为只要和对方相爱，或是对方非常爱自己，就可以在行为上完全没有顾忌，对自己不做要求。恋爱是双方情感的互动，无论哪一方出现了不满心理或消极态度，都会使爱情停滞不前，甚至慢慢消失。小雨虽然认为自己始终爱着男友，但在行为上却表现出一贯的不尊重，很少给对方温馨而诚挚的爱。就在这种极不平衡的恋爱关系中，随着时间的推移，小雨男友对她的爱渐渐地减少，到了恋爱五年的时候，他终于无法忍耐没有尊重和没有感恩的关系，宣告结束这份曾经甜蜜过的爱情。如果小雨能够及早地认识到自己的错误，并及时改正自己的行为，就不会出现自己还在春风得意而男友已经决定离开的局面了。

思考与练习

1. 以你遇到的失恋者为例，在他们的恋爱中经常发生哪些有损于爱情发展的行为？如何能够预防和减轻那些行为？

2. 失恋者有哪些典型的心理反应？分别会给他们带来什么危害？怎样有效缓解其心理反应？

3. 在失恋之后，可以采取哪些自我调适策略使痛苦感降低？你认为哪种方式的效果比较好？

4. 根据你的观察或个人的经历，尝试对失恋的原因做一个全面的总结。

第六章
健康爱情的心理要素

恋爱是男女个体之间在生理、心理和智力三个方面的互动与交往,其中心理占据相对重要的地位。在建立和发展爱情的过程中,充满着恋人的心理活动,以及由此产生的情感反应与表达。相对于生理和智力来看,心理在更大程度上影响着两人关系的质量。虽然每一对情侣的恋爱经历和体验有着各自的特点,但获得了幸福爱情的人却具有相似的心理品质,在心理建设方面有明显的优势。一个人只有具备了良好的心理基础,才可能拥有健康而快乐的爱情,建立起美好的恋爱关系。那么,对于寻求甜美爱情的青年人来说,需要在哪些心理品质上加强自我修养和自我提升呢?在这一章中,我们来详细地讨论这一问题。

第六章 健康爱情的心理要素

第一节 自 我 意 识

恋爱生活是由两个人的交流与互动而构成的,要使彼此的关系不断地发展和完善,任何一方都要首先对自己有一个全面而正确的看待,具备完整的自我意识。

一、自我意识的内涵

按照心理学的定义,自我意识是指个体对自己的所作所为的看法和态度,包括对自己的存在,以及对自己与周围的人或物的关系的认识[23]。自我意识是人的意识的核心部分,对于人的内部世界的完善和与外部世界的协调一致,发挥着极其重要的作用。它影响着一个人的人格发展,也指挥着与他人的联系和交往。在自我意识的作用下,人就可以识别自我、感受自我、调控自我和建构自我。

人的自我意识可以在多方面对自己产生警觉,提出一些非常具体的关于"我"的问题。例如,我的生活意义是什么?我的理想是什么?我的思考能力是否需要提高?我是否有足够的本领完成工作任务?我的性格是否需要改善?我的毅力是否需要增强?这些问题的提出,反映了人的自我意识,涉及人生观、理想、能力和心理素质等方面。一个人通过对这些问题的回答,可以对自己进行深入的剖析,获得关于自我的深刻了解和认识。

人格的发展状况与自我意识的水平有着最直接的关系,健全人格的塑造要通过自我认识、自我导向、自我监督和自我激励来实现。也可以这样说,在很大程度上,一个人将成为怎样的人,会有什么样的生活和工作状态,都是由自我意识决定的。如果一个人的自我意识存在问题,对自己的认识和判断就会出现偏差,由此所产生的行为就会不合时宜,甚至出现混乱、无理的情形,成为一个有人格缺陷的人。

二、自我意识的来源

要获得一个完整的自我意识,首先应该了解它的产生过程及影响因素。我们需要知道自我意识是从哪里来的,什么信息能够成为建立它的依据。根据美国华盛顿大学的心理学教授乔纳森·布朗（Jonathon Brown）的观点，三种信息来源可以影响到自我意识的构建。

（一）物理世界

我们很容易理解，物理世界为人们了解自身提供了多种途径和方法。如果一个人想知道自己有多高，他就可以针对身高用尺子进行测量；如果他想知道自己能跑多快，就可以用秒表获得数据；如果他还想知道自己的健康状况，就可以去医院进行全面的身体检查。与这些例子相似，人们可以利用物理世界中的手段来获得关于自己的其他物理特性的认识。

（二）社会世界

物理世界提供的信息虽然可以帮助人们了解自己的身体情况，但并不能描述关于人的更多的特征，如是不是一个好人，有多么聪明，是否具有工作能力等。要想回答这些问题，就必须从社会世界中获取相应的信息。一般来讲，人们会经过两种社会过程来建构自我意识。

1. 社会比较

当人们想考查自己在某些方面究竟怎样时，常常将其特征与他人进行比较，由此得出对于自己的认识。这种社会比较为一个人确定自己的某项特质提供了参照标准，帮助他/她获得了一个相对于他人特征的自我意识。

在与别人进行社会比较的时候，人们一般倾向于和自己相似的人进行比较，这样获得的信息比较可靠，能够比较准确地反映出个人特质的社会意义。当然，也有可能出现另外两种比较，一种是与比自己强的人比（被称为向上比较）；另一种是与比自己弱的人比（被称为向下比较）。前一种比较会使自我感觉较差，而后一种比较会使自我感觉良好。在自尊没有受到威胁的情况下，人们是愿意向上比较的，以便找出自己的差距，争取不断地进步。但如果影响到自尊心，人们则选择向下比较，以维护自己的心理平衡。在很多情况下，想要自己感觉良好的需要会影响一个人选择哪一种社会比较。

2. 反射性评价

人们获得自我意识的另一种方式是观察他人对自己的反应。例如，一个人在台上表演之后，要看观众的反响怎样，如果观众给予热烈的掌声，他就会有理由地判断自己是一个出色的演员，有很强的表演能力。这种根据他人反应来获得对自己的认识的方式，被称为"反射性评价"[32]。

美国社会学家查尔斯·库利（Charles Cooley）于 1902 年在关于"镜像自我"的讨论中，最先表达了这一观点。他认为，人们感觉如何被他人看待，将决定如何感觉自己。"镜像自我"的意思就是以他人对自己的评价为镜子，即透过他人的眼光看到自己的样子。为了详细解释反射性评价，库利还针对这一社会过程提出了三个步骤：首先，人们对自己在他人眼中的形象进行想象；第二，想象别人如何评价自己；第三，根据想象里的判断来感觉好或不好。由此可以得出一个结论，人的自我意识不是直接来自于他人的真实评价，而是产生于一个人对他人真实评价的知觉和认识。在对他人的评价进行分析和判断之后，才产生最后的自我评价。这种反射性评价的过程，在一定程度上已经得到了一些实证性研究的支持。

（三）内部世界

除了物理世界和社会世界对人的自我意识构建产生作用以外，另外一个更为个人化的过程也会影响人对自己的认识。在很多情况下，人们是通过自身的心理世界的感受和判断来评价自己的。在自我意识的形成中，人的内部世界的心理活动包括三种过程。

1. 内省

所谓内省，是指个体在对自己某些方面进行判断时，向自己寻求答案，直接思考和分析个人的某些方面的特质，如知识、能力、态度、动机和情感等。例如，如果一名大学生想知道自己是否具有团队组织能力，他就在带领同学开展社团活动的时候考察自己，看自己在这方面的能力到底怎么样。倘若他在组织活动的过程中，很有号召力，也非常有方法，而且活动取得了成功，他就会认为自己有较强的领导能力。

虽然内省是一种最直接的了解自己的方式，但常常会出现不太准确的情况。因为一个人在对自己做出判断的时候，一定会受到外界因素的影响，如别人对自己的评价、公共的判别标准等。总体看来，内省是一种随着自我意识的发展，随着个人生活经验的丰富，随着对人类本性的了解的逐步深入而慢慢发展起来的一种日趋准确的认识能力[25]。

2. 自我知觉

人们在获得对于自己的认识的时候，并不总能通过自己的思考直接得到结论，有时还需要对自己的行为进行回溯和分析，找出其背景及缘由之后，才能对自己的某些特质做出结论。例如，当一个人被问到是否喜欢听交响音乐的时候，他马上联想到自己经常买票到剧院去听音乐会,所以便回答道:"是的,我很喜欢"。很明显,这个回答不是靠单纯的判断,而是基于自己的一贯行为,来对"是否喜欢交响音乐"的个人爱好倾向做出结论的。

乍看起来,自我知觉过程与内省过程很相似,但它们之间却存在一个重要的区别。人们可以利用内省直接得知自己的某些特质,如兴趣、习惯、喜好和价值观等;而通过自我知觉过程只能间接地推断个人的这些特质。也就是说,只有内省参与到直接认识自己内部状态的过程当中了,自我知觉过程只是间接地对自我意识的建立发挥了作用[32]。

3. 事件结果归因

内部世界的心理活动还有一种情况:当人们遇到某一事件时,常常会对其产生的原因给予解释,指出为什么会出现某种结果。这种揭示"因为什么"的过程,在心理学中被称为归因。一个人对自己经历的生活事件所做的归因,是获得自我意识的又一个重要来源。例如,某个学生的好朋友不多,他可能就会认为自己的人际交往能力比较差,把"朋友少"的现象,归结到"交往能力不强"。但实际上,他的朋友少可能是因为搬迁次数比较多,与同学相处的时间短,也可能是因为他在选择朋友方面要求比较高,不轻易与别人深入交往,还可能是因为学习非常忙,没有时间结交朋友。由此来看,一个事件或一种现象的起因也许会有多个,一个人在遇到某件事情时如何归因,将会直接影响到他有一个什么样的自我意识。

三、恋爱中的自我意识

通过上面的讨论,我们已经知道,自我意识对于一个人的自我发展和人际交往具有决定性的作用。同样,在恋爱生活中,正确的自我意识对于赢得健康而幸福的爱情关系也是极其重要的。那么,对于正在谈恋爱的情侣来说,应当在哪些方面要特别注意培养自我意识呢?下面我们来逐一探讨。

(一)价值观

价值观是人在社会化过程中逐步形成的对生活世界中的人、事和物的认识和态度,不仅决定一个人对客观世界的各种现象的判断和评价,也直接引导、激励和调整着人的行为。价值观一旦形成,人的生活目标就被确定下来,生活轨迹也将有明确的指向。由于价值观具有重要的人生导向作用,即将或已经进入恋爱生活的人就要非常重视它,应当自我审视一下个人的价值观。只有清楚地知道了自

第六章　健康爱情的心理要素

己有什么样的价值观，才能有把握地找到一个志同道合的人，与对方共同度过美好的一生。

人的价值观有一定的指向，所涉及的对象具有广泛性、多样性和具体性等特点，关联到人类生活的方方面面。例如，对于权力、金钱和社会地位的态度，对于物质财富和精神价值的偏好，对于奉献和索取的看法，对于奋斗与享乐的态度，对于集体和个人关系的认识，对待事业和家庭的态度，等等。如果情侣在这些重要的人生取向上出现分歧，可以想象他们在恋爱生活中一定会产生许多矛盾，而且所发生的不一致是很难调和的。

我们在现实中经常见到这样的情侣和配偶，他们的外在条件都很好，无论是长相和健康状况，还是经济收入和工作性质，都是非常优越的，然而，因为他们的人生价值观不同，便在生活中出现了很多不和谐。例如，一方特别多地投入工作，而另一方却以家庭为中心；一方视钱财如生命，而另一方却看淡经济利益；一方愿意在事业上努力奋斗，而另一方却是贪图安逸。这样一些巨大的反差，往往使双方互不理解、互相埋怨和相互贬低，久而久之就出现了心理上的距离和感情上的疏远，甚至走到最终分离的地步。为了避免难以解决的矛盾，青年人在谈恋爱之前，非常有必要清楚地了解自己的价值观，问问自己想要成为一个怎样的人，希望什么样的人做伴侣，想要建立怎样的家庭。如果把这些问题都一一想清楚了，才更有希望找到与自己价值观相匹配的知心爱人。对于成人来讲，价值观已经基本形成，是一种比较稳定的心理品质，所以，不能企图在谈恋爱的过程中去改变自己和对方的价值观。在恋爱中，对于自己和恋人的价值观给予足够的关注，力争及早知道双方在价值观上是否存在不能融合的差异，才是最有智慧的做法。

案例 6-1

她与"幸福"告别[12]

朱丹20岁那年，一个30岁、条件优越的男人爱上了她，三年后他们结了婚。对于朱丹这样出身寒门的女孩来讲，他的确是骑着金马的王子。在婚后整整两年的时间里，朱丹一直沉浸在他给予的丰富的物质生活里，有高档的衣饰、华美的住宅和非常舒适的环境。她在这样的生活里沉醉和迷失了，几乎要放弃人生的梦想和追求。

朱丹的丈夫开了一家公司，永远是忙碌的，工作和应酬从不停息，与她相伴的时间越来越少。年轻的朱丹常常是在家准备一桌精美的菜肴，斟上两杯红酒，在夜里痴痴地等着丈夫归来。而丈夫总是去全国各地出差，虽然每次回来都给朱丹带回贵重的礼物。可是，在她穿上锦衣华服还没来得及在丈夫面前展示的时候，他又飞到外地去了。

每当朱丹孤独、伤心或生病的时候，她的丈夫都在忙。他有时会派一个人来照顾她，但自己却不能陪在她的身边。朱丹只能一个人在空荡荡的大房子里默默地掉泪，深陷在无尽的痛苦之中。

经过无数次的挣扎，朱丹终于下定了决心，离开了他。她什么都没有带走，勇敢地从头开始奋斗。朱丹努力工作、自食其力，过上了踏实而稳定的生活。不久，她遇到了一个憨厚的男青年，没有豪宅，也没有名车，但却把朱丹视为自己的生命一样来呵护。三年后，朱丹嫁给了他，两个人过上了幸福而温暖的日子。

他们虽然只住几十平方米的小房子，但屋子里每天都充满了欢声笑语，幸福包围了这个小家。丈夫对朱丹关怀备至，在她生病的时候，细心地照顾她；在她不高兴的时候，努力地让她开心。为了能和朱丹在一起，他几次放弃了调动、升迁和出国的机会。不久，他们的儿子降生了，长得非常健康，给小两口增添了更多的快乐和幸福。

案例点评

朱丹在结婚一段时间以后，对丈夫的态度发生了巨大的变化，从开始感觉幸福无比，到最后离开他去寻找自己的新生活。这一变化的原因，不是由于丈夫的感情和行为有什么异样，他还是同从前一样给朱丹非常丰厚的物质条件，不断地给她买昂贵的衣服和物品。然而，由于丈夫还是照样忙碌，没有时间与她在一起，朱丹的内在需求发生了变化。她在体察自己心里的感觉，也在询问自己到底要一个什么样的爱情。最后的结果是，她从看似"幸福"的婚姻中走了出来。

从心理学的角度看，朱丹做出这样的决定，是因为她的婚姻价值观发生了变化。在结婚之前和之初，她特别看重对方的经济条件，并且认为那些美丽的服饰和豪华的住宅就是自己追求的最终目标。可以说，她在那个阶段有着明确的物质导向的价值观。然而，进入婚姻生活之后，由于丈夫忙于工作而与她疏远，她越发感到自己在情感上很孤独，那些优厚的物质条件已经不能给她带来幸福感，也不再是她爱而不舍的东西。朱丹开始渴求那种两个人真正在感情上相互依靠、心与心紧密相连的夫妻生活。从她决定离开丈夫之后的行动可以看出，她的生活轨迹开始由感情导向的价值观所支配。她开始与后来的丈夫建立一种感情融洽的家庭模式，丈夫对她体贴备至，她也对丈夫感谢不尽。虽然这个新家远不如原来的豪宅，但朱丹却心满意足，感到非常幸福。

从这个案例可以看出，一个人对于婚姻的价值取向是非常重要的，有什么样的价值观，就会使自己追求什么样的生活。所以，对于自我价值观的察觉和审视，是青年人步入恋爱之前最应该做的事情。

（二）性格

性格是人对现实的较稳定的态度和习惯化行为方式的集合，它体现着每一个人的独特风格。具体来说，它是某些心理特征在人身上的综合反映，如责任心、意志力、友谊感、独立性、自制力、自尊心等，对于一个人的生活与工作状态有很大的影响。我们经常听到有人说"性格决定命运"，可见性格对于人的一生是何等的重要。

在青年人进入恋爱生活之初，要对自己的性格做一番认真的评估，看看自己在各方面有什么样的心理特征。对于自我的系统分析和客观判断，能够使一个人准确地认识自己，了解存在的优势和不足，这样，在与对方相处的过程中，就能在清醒的自我意识的引导下，与恋人进行和谐而有效的交往和互动。准确了解自己性格的人，会在恋爱时知道自己的心理需要，也能判断出对方的所作所为是否满足了自己的需要，同时，还能在恋爱中主动减小由于本身性格的原因而引起的交往摩擦与冲突。

（三）爱好

在第三章中，我们曾经分析过，情侣的爱好和兴趣是否相同，在很大程度上会影响到两人关系的状态。在某些时候，双方是否有相似的爱好，还会决定两个人能否继续发展彼此的感情。相同的爱好，可以为情侣带来更为丰富的交流内容和共同参与的机会，使两个人在其中分享各自的感受和观点，不断加深相互之间的了解，从而为爱情打下坚实的基础。

随着社会发展速度的加快，青年人的学习和工作压力也在不断加大，使他们的生活内容变得很单调，导致许多人没有时间去发现和发展自己的爱好。这样，青年人在与异性交往和谈恋爱的时候，就没有或很难找到共同的爱好和兴趣，使得他们的互动缺少了很多内容。因此，即将要谈恋爱的青年人应当反省自己，分析一下自己的爱好所在。如果还没有明确的爱好，不妨挖掘一下，开始自我培养。这对日后成功地结交情投意合的异性朋友，会有非常大的益处。

（四）习惯

由于每个人的成长经历不一样、受教育的程度不同及思维方式存在差异，所以生活的习惯也会有很多不同。例如，在休闲时间的安排方面，有人喜欢安静阅读，有人喜欢与朋友热闹相聚；在饮食方面，有人喜欢吃辣椒，有人喜欢吃甜食；在穿衣方面，有人喜欢穿着正式，有人喜欢感觉舒适；在花销方面，有人习惯勤俭持家，有人习惯随意花钱；在作息时间方面，有人喜欢熬夜，有人喜欢早起，等等。这些生活习惯的不同，会给恋人的相处带来一些不协调，严重的时候还会引起许多矛盾。因此，准备开始恋爱或正在恋爱的青年人，一定要对自己在各个方面的习惯做一个自我分析，有一个十分清楚的自我意识。情侣有了明确的自我认识之后，就能很快地判断两个人的习惯在哪些方面相似，在哪些方面不同。只有主动了解双方在习惯上的差异，恋人在交往时才能以尊重的态度接纳对方，有智慧地对待彼此的不同，并且以积极的方式去适应相互的差异。

思考与练习

1. 在学习了本节内容之后，你对自我意识的理解有了什么变化？哪些方面的因素会影响自我意识的形成？

2. 试在价值观、性格、爱好和习惯四个方面做一次全面而客观的自我分析，并且找出需要加以改进的地方。

3. 如果你正在谈恋爱，你希望对方在哪些方面能够与你相同？在哪些方面可以不一致？

第二节　自　信　心

一个人无论是在工作上，还是在自己的日常生活中，都要有坚定的自信心，这对于获得事业的成功和生活的幸福是至关重要的。当然，在恋爱的过程中也不例外，具有较强自信心的人，会相信自己有能力与恋人很好相处，能够用积极而且有效的方法解决恋爱中遇到的各种问题，建立和发展美好的爱情。

然而，虽然人们都知道自信心非常重要，它也是一个经常被提及的概念，但其深刻的含义是什么？具体的心理表现又有哪些？尤其在恋爱中应当具有怎样的自信心？这些仍然是许多青年尚未理解的问题。所以，"拥有自信心"往往成了他们的一个愿望或口号，没有体现在恋爱的实际行动中，使得本来应该收获的爱情却因此远离了他们。为了有效地避免这一现象，本节来专门讨论自信心的问题。

一、自信心的含义

从字面上看，自信心是非常容易被理解的，人们似乎都能明白它的含义，认为自信心就是相信自己有能力实现某个目标或达到某种状态。可是，自信心这个概念并不这样简单，而是有着相对丰富的内涵及其明确的行为表现。按照美国心理学家的观点，自信心这一心理品质是由三种基本能力所组成的[33]。在恋爱中，其三种能力包括主动表达情感的能力，如接受和表达愤怒、热情和性方面的情感；公开表达信念和观点的能力，如即使在感情上很难接受，即使说出自己的观点会使自己有所损失，也能够说出自己的想法和不同意见，态度比较鲜明；维护个人权利的能力，如不让他人随意影响自己。怀有自信心的人，在恋爱当中不会胆怯，也不会畏缩，他们敢于直截了当地表达自己的真实情感，而且不会因为惧怕失去对方或使对方不高兴而压抑自己的想法和情感，也不会在表面上逞强，不会用攻击性语言去刺激或伤害对方。

二、自信心的失落

虽然自信心是一个人的内在品质，但在情侣之间的相互交往中起着极其重要的作用。在很大程度上，它能决定恋爱的成败。具有自信心的人，能够与恋人清楚、明确地沟通，不会在表达上产生歧义，同时，他们还能够在特定的情况下理解对方的需求和反应。这样的青年人不但对自己有一个准确的认识和把握，了解自己的情感、观点和立场，同时还有能力去体察和判断恋人的情感状态。

可是，在现实生活中我们也会遇到这样一些青年，他们一方面对自己的感情没有把握，不知道自己到底爱不爱对方，或者爱得有多深，另一方面也不能理解和判断对方是否真的爱自己，究竟对自己有多少感情。他们不但对自己目前所处的恋爱状态没有清楚的认识，而且对将来两个人的爱情会发展到什么程度也没有客观的估量。处于这种心理状态的人，在恋爱中总是瞻前顾后，缺少自信的表现，因此就很难收获真正属于自己的长久爱情。除了不能确定当下的爱情状态以外，缺乏自信心的人还有一个最突出的心理现象，那就是对恋人不放心，在各个方面严加监管，过于限制对方的自由。他们认为，只要把恋人看紧些，不让别人有可乘之机，就能够守住爱情。但事实并非如此，凡是用这种方式与恋人交往的人，几乎没有赢得真正爱情的，到头来都会把对方"赶跑"。

案例 6-2

"爱情"的枷锁[30]

王医师在一个牙医诊所工作，他有一个对他管得很严的女朋友，监控他的所有行踪。在诊所年终聚会时，王医师的女朋友因为工作的原因无法亲自到场，就先给王医师打电话，问坐在他两边的人是谁。在得到答案之后，再打电话给那两个人进行确认（她早就有诊所全体员工的电话）。

王医师的女友对他的行踪监管到了让人难以置信的程度，就连他中午与谁一块儿去吃饭都要过问，而且还会打电话确认。由于她的严密监视，吓得诊所里没有女医师、女护士愿意和他去吃饭，甚至连讲话都是能免就免。

从客观条件来看，王医师其貌不扬，而他的女朋友倒是蛮漂亮的。可是，她却表现得非常不自信，总是疑神疑鬼，试图杜绝所有可能的外患。虽然我们现在还不知道他们的结局是什么样，但根据规律来判断，他们的将来令人担忧。一旦一方对另一方管得太严，总有一天，被严格监管的那个人会受不了，要从捆绑的枷锁中挣脱出来。

案例点评

在恋爱的人群中，像王医师女朋友那样严格监控恋人行为的人为数不少。虽然他们在程度上有所不同，但其心理动态和行为性质是相同的。他们之所以能那样毫无顾忌地以各种手段控制对方，监视对方所有的行踪，就是因为特别害怕失去对方。这种人很习惯紧迫盯人，打探自己的恋人跟谁在一起，去了哪里，说了些什么。从表面上看起来，这些行为似乎是关爱，其实完全是对自己没有自信的表现。因为没有自信，就怕自己不如别人，担心恋人被别人"夺走"，所以就不断地遥控，力图掌握对方的行踪。然而，往往事与愿违，越是监管得紧，恋人越是容易从他们的身边逃开。

与严密监控恋人行踪、严格审查其交友情况的人相比，自信而豁达的人才有吸引对方的力量。有一句话说得好，"自信的女人最美丽"，她们自信从容，自然而然地散发出女性的魅力，能够令男性由衷地敬佩，并且心生喜欢。当然，男性也是一样，有了自信心，才有能力去爱对方，才能让女友感觉到安全和踏实。因此，严防自信心的失落，建立坚定的自我价值感，是收获美好爱情的关键所在。

三、自信心的提升

每一个人的自信心都不是天生就有的，而是需要在长期的生活和工作中逐步建立起来。要想在恋爱中具有较强的自信心，并且能够与恋人相互信任和尊重，最终收获幸福的爱情，青年人就应该自觉地培养自信心，让自己成为一个充满自信并且能够把握爱情的人。

青年人在获得自信心的过程中，一般要经历三个心理步骤。

第一，建立自我意识。前面我们已经讨论过，构成自信心的第一个外显能力是主动表达个人情感的能力。然而，要想准确地表达自己的热情、悲伤或愤怒等情绪，在倾诉情感之前，必须首先了解和认清自己正在怀有什么情绪，处于一个怎样的程度。如果不清楚自己处在何种情绪状态，就随意抒发情感，便很容易错误地表达自己，使恋爱的对方造成误解。因此，培养自信心的第一步是认识自己，明确自己的需要、想法、目标和动机等，成为一个最了解自己的人。一旦有了清楚的自我意识，准确掌握了自己的情感动态，就很容易主动、正确地向对方表达了。

第二，控制情绪冲动。有了清楚的自我意识或知道了自己的情感之后，要用适当的态度和方式将自己的情绪表达出来。而且，即使处在反对甚至非常生气的状态，也要有足够的控制能力，不让自己无理地发泄，不会表现得怒气冲冲。很显然，一个有自信心的人是不会随便发脾气的，而是有着很好的自我控制能力，能够用最恰当的、使对方最容易接受的方式，来平和地表达自己的想法和情感。虽然他们的表现方式有所不同，具有个人的风格，或严肃或幽默，或语言不多或滔滔不绝，但都能够在情绪非常稳定的状态下，来表达自己的心声。

反之，不具有自我控制能力的人，常常在冲动中去攻击对方，甚至伤害对方。他们不但不会明确地表达自己的观点和感受，也不考虑对方的想法和感情，完全把握不住自己的行为和对方的需要。所以，他们在与恋人交往时，虽然看起来很强硬，将自己的观点或愿望强加于人，迫使对方勉强接受，但心里却是非常没有底气的，很难掌控当下的局势。而自信的人能够清楚地表达和维护自己的愿望和想法，也会考虑对方的立场，理解对方的需求和情感，所以，与恋人交往的过程就会非常顺畅和愉悦。

第三，维护个人权利。具有自信心的人，在发展了良好的自我意识和情感控制能力之后，还发展了一种能维护个人权利和坚持己见的能力。在与恋人交往的过程中，他们能够坚持自己的观点，不受对方的干扰和影响。当自己的意见遭到对方反对时，一方面能够控制情绪，把握交流的分寸，用适当的方式加以表白和解释，坚持自己的经过认真思考后得出的观点和意见，另一方面还能尽量理解对方的意思，尊重对方的观点，了解恋人的需要。

青年人除了在心理上需要经过上述三个步骤来培养自信心以外，还可以在日常的生活、学习和工作中，通过如下具体的自我激励行为，来增加自我效能感，提升自信心水平。

（1）在日常生活中，青年人应努力争取去做一些有意义并且能够做好的事情，使自己经常获得成功的体验。一个人有了多次成功的经历，就容易提高自我效能感，也就会不断增强自信心，勇于面对那些自己曾经认为解决不了的问题和人际关系。

（2）培养自信心的过程是渐进的，没有哪一个人天生就有自信心。一个非常有效的方法是，将自己目前的学习、工作和生活状况与以前的情况相比较，找到自己已经取得了进步或有所改善的地方，然后对自己进行积极的肯定和鼓励。无论进步是大是小，都一定会给自己增添自信的力量及继续努力的决心。当然，如果与过去相比还没有取得任何进步，或者有些失败的体验，那也是很正常的，可以从中总结经验与教训，找到尚未成功的原因和自我改进的方法，从而建立起必胜的信心。

（3）在日常的工作和生活中，个人还可以将需要完成的任务按照最易到最难进行排序，然后按照其顺序去做那些事情。在每一次获得成功之后，都给自己一个庆贺和鼓励，多多回味成功的经历，在心里赞赏自己，从中逐渐培养起自信心。很多时候，人们往往倾向于只记住失败的经历，强化自己的弱点，而忽视了个人已经取得的成功和早已具备的能力。对于人的这一特点，青年人应当加以警惕，不要让暂时的失败破坏自信心，更不能停止自己前进的步伐。

第六章 健康爱情的心理要素

（4）要想更加有效地培养自信心，每一个人还应尽力发现自己的潜能，在那些以前从未接触过但又觉得自己有能力去做的事情上，进行积极而勇敢的尝试。如果真的发现自己可以很好地完成任务，自信心就会迅速增长。有一个很有趣的现象值得注意，自信心是可以迁移的，一个人在某一方面有自信心，很大可能在其他一些方面也有自信心。因此，在谈恋爱的过程中，青年人应该利用自己在学业或职业方面的自信心，带动赢得爱情的自信心，真诚而自信地面对自己的恋人，勇敢地表达自己内心的想法和愿望，信心百倍地去创造自己的幸福。

思考与练习

1. 通过本节内容的学习，你对自信心的含义是否有了新的认识？为什么自信心对于青年人谈恋爱很重要？

2. 在你的生活经历中，是否出现过自信心失落的情况？你是怎样应对的？

3. 请你认真思考和总结一下，青年人可以运用哪些具体的方法提升自信心，并提出你的建议和策略。

第三节 情　　绪

恋人之间交往的和谐程度，在很大程度上取决于情侣对于情绪的管理与控制。我们认为，无论怎么强调情绪在恋爱过程中的重要作用都不为过。在现实中，很多青年人由于没有重视对于自己和对方情绪的察觉与认知，不能以恰当的方式表达和宣泄情绪，导致与恋人之间的相处很不融洽，影响了彼此的感情。因此，要想获得幸福而甜美的爱情，使两人的感情健康、持续地发展，青年人应当努力提高情绪自我管理和恰当面对恋人情绪的能力。在这一节中，我们来专门探讨关于情绪的问题。

一、情绪的三要素

在心理学中，人们一般将情绪定义为对客观事物与个人需要之间关系的体验及其反应[19]。凡是符合个人需要的客观事物，就引起愉快的体验；凡是不符合个人需要或阻碍个人需要满足的客观事物，就引起不快的体验。情绪与情感表示的是同一个心理现象，在不同情境中使用时，情感常常表示体验稳定的一面，而情绪通常表示体验动态的一面，二者是同一心理过程的两个侧面。

对于情绪内涵的分析，一些心理学家认为情绪是由三个要素构成的，即认知要素、生理要素和行为要素[34]。

认知要素指的是，人的情绪与对于某一事物的认识有密切的联系，只有那些被人认识的客观事物才能引起情绪反应，也就是说，认识是产生情绪的基础。所以，人的头脑中的认识、想法和期望便构成了情绪的认知要素，直接影响着人们具有什么样的情绪。正如莎士比亚在《哈姆雷特》中写到的那样："事情本无好坏之分，全在自己怎么想。"从逆向的角度看，情绪的状态也会影响到人对某一事物的认识，其影响可能是积极的，也可能是消极的。积极的情绪可以促进认识活动的有效性，而消极的情绪则会阻碍正确认识的建立和发展。

生理要素是指人的情绪反应与生理反应是紧密相连的，而且几乎是同时出现的。当一个人处于紧张或恐惧的情绪时，一定会伴有心跳加速、呼吸急促、身体出汗、口舌干燥或血压升高等生理现象。已有研究数据显示，人在消极与悲伤时，呼吸频率为每分钟9次，高兴时为每分钟17次，愤怒时为每分钟40次，恐惧时为每分钟64次[19]。在情绪反应过程中，人的脑电波和皮肤电波会随着情绪的变化而波动。因此，人们可以利用这些客观指标来衡量情绪反应的程度。

行为要素指的是，人在不同的情绪状态时，会采取不同的外在行为方式来表达自己的情绪。对于一个正常人来说，一旦有了情绪，就会出现各种行为反应，所以，通过观察人的行为判断其内在的情绪，是心理学研究中的一种常用方法。

我们很容易在生活中看到，由情绪引起的人的外在行为表现有许多种形式。其一，面部表情。当一个人产生某种情绪时，随之而来地就会在脸上表现出来。面部表情最能及时而且精细地显示不同的情绪，所以面部表情是人们识别和判断情绪的主要标志。伴随各样情绪的面部表情有眉开眼笑、眉飞色舞、愁眉苦脸、怒目而视、目瞪口呆、咬牙切齿等。其二，身体姿势。人在高兴、沮丧、气愤和焦虑等情绪中时，不但会有相应的面部表情，还常常伴有肢体反应，如手舞足蹈、捶胸顿足、摩拳擦掌和坐立不安等。其中，手势是出现最频繁的肢体语言，通常与口头语言同时出现，协助表达人的内在情绪。例如，鼓掌表示兴奋，搓手表示焦虑，摊手表示无奈，伸出拇指表示赞赏等。其三，口头表达。一个人的内心情绪可以通过语言的音调、音量、速度和节奏等表现出来。例如，喜悦时音调高昂、速度较快，愤怒时声音高尖，而且常常颤抖。此外，欣喜、感叹、惊讶、烦闷、急躁等情绪也会引起声音的变化。显然，口头表达不仅能够发挥交流思想的作用，也是表达人的各种情绪的重要方式。

正处于恋爱中的青年人，可以从上述三个要素来判断自己的情绪状况，分析每一个要素在个人情绪反应中的特点。尤其针对行为要素认真审视自己情绪的表达方式，这对于在恋爱中能够正确地表现情绪，与对方和谐相处，使爱情顺利发展，具有非常重要的作用。一个不了解自己情绪特点的人，很难在与恋人交往的过程中把握和运用好自己的情绪。

二、情绪种类的划分

人在日常生活中的情绪变化是多种多样的，不容易清晰地计算出人到底有多少种情绪反应。在恋爱的过程中，人的情绪变化也是如此。对于处在恋爱之中的情侣来说，清楚地知道情绪的变化及其种类，是非常必要的。这能够使他们更加有意识地了解、引导和控制自己的情绪，正确处理两个人之间的问题和矛盾，防止消极和错误的情绪影响彼此的感情发展。

由于人类情绪的纷繁多样，使得划分情绪类别成为一件比较困难和复杂的事情。尽管如此，许多心理学家还是进行了积极的尝试，做了大量的理论和实证研究，试图提出科学的情绪分类方法。

（一）词汇描述法

我国心理学家林传鼎于1944年在《说文》中找出9353个正篆文字，发现其中有354个字是描述人的情绪的，并按其意思分为十八类，即安静、喜悦、愤怒、哀怜、悲痛、忧愁、忿急、烦闷、恐惧、惊骇、恭敬、抚爱、憎恶、贪欲、嫉妒、傲慢、惭愧、耻辱[19]。这种划分情绪的方法，是用一个词来表达一种情绪类别，因此所得到的情绪种类的数目较大。然而，此种对于情绪类别的划分不足以代表人类的多样化情绪，因为还有许多表达情绪的词汇没有被包含在其中。

（二）来源归结法

美国心理学家克雷奇（Krech）、克拉奇菲尔德（Crutch-field）和利维森（Livson）等人于1974年在《心理学纲要》一书中，按照情绪产生的来源将情绪分为以下六类。

1. 原始情绪

这类情绪被他们认为是人类固有的、最基本的情绪，很容易自我产生和消失，如快乐、愤怒、恐惧和悲哀等。在通常情况下，人的原始情绪非常容易反映出来，表现的频度也比较高。

2. 与感觉刺激有关的情绪

当人遇到外界刺激的时候，往往会产生不同的情绪反应，如疼痛、厌恶、惊慌等。这类情绪可以是愉快的，也可以是不愉快的；刺激水平可以是温和的，也可以是强烈的。

3. 与自我评价有关的情绪

这类情绪来自于个人对自己的想法、行为及其结果的判断和评价，由自我知觉而产生，包括成功和失败引起的情绪，如自豪、骄傲、羞耻、内疚和悔恨等。

4. 与他人有关的情绪

与他人有关的情绪经一定时间形成之后，常常凝结而成经久的情绪倾向，最终可能成为一种稳定的态度。虽然发生在人与人之间的情绪种类繁多，但绝大多数都可以被列入从积极情绪到消极情绪的同一维度内，两个极端的情绪便是爱与恨。情侣之间互动所产生的情绪，大部分时间就在这个维度中变化，产生不同程度的爱的情绪。对于这类情绪，恋人们应加以注意，随时了解自己对于爱与被爱的情绪反应是怎样的，清楚自己处在什么样的情绪状态之中。这样，就可以利用积极情绪削减消极情绪，不被负面情绪所左右，乐观地与对方交往。

5. 与欣赏有关的情绪

当人看到周围的世界，并以欣赏的眼光看待事物的时候，会产生许多正面的情绪体验。另外，如果一个人对自己在客观世界中所处的地位有所满足的时候，也会生出自我欣赏的情绪。例如，惊奇、震撼、赞叹、满足等，都属于这类情绪体验。

6. 与心境有关的情绪

心境是一种相对持久的情绪状态，具有弥散性，不指向某一特定的主观和客观对象。它能够把人在某一段时间内的言谈举止和心理活动都染上情绪色彩。如果一个人处于非常愉悦而积极的心境中，他就会表现出高兴、快活和满意等情绪，但如果他处在非常消沉的心境当中，就会产生苦恼、忧郁、沮丧等情绪。

（三）"情绪家族"归类法

为了帮助人们更加容易地感知和区分自己的情绪，提高对于情绪的识别能力，美国心理学家阿黛勒·林恩（Adele Lynn）将人的情绪分为六个"家族"，如表6-1所示。

表 6-1　六大"情绪家族"[34]

一	二	三	四	五	六
快乐	沮丧	意外	焦虑	生气	创造力
满意	悲伤	震惊	害怕	暴怒	想象力
狂喜	自暴自弃	目瞪口呆	担心	讽刺	足智多谋
欣喜	忧郁	大吃一惊	担忧	恼怒	艺术天赋
兴高采烈	伤心	惊讶	紧张	狂怒	灵感
喜悦	阴郁	惊奇	心神不安	激怒	创新
幸福	痛苦	惊呆	烦躁不安	盛怒	独创性
欢欣鼓舞	心碎	哑然失色	焦躁	怒气冲冲	好奇心
高兴	苦恼	愕然	恐惧	愤慨	幽默
快活	痛心	惊诧	惊慌失措	愤怒	开创性

　　林恩在提出这六个"情绪家族"的时候，建议人们思考表中每个词的含义，想象在每种情绪状态下的行为，尝试去体验不同的感受及可能引起的行为程度的差异。与此同时，每个人除了应当努力区分自己情绪的不同类型以外，还应该注意他人的情绪反应及其差异。情绪观察能力总是通过先观察自己再观察他人而得到提高的。当一个人熟悉了自身的情绪之后，就要学习观察他人的情绪，从而逐步学会评估他人的情绪及其对于自己的影响。

　　青年情侣了解人的情绪分类，其主要目的是要在识别情绪方面培养很强的自我意识，使自己在与对方交往的过程中，能够准确地判断自己处在何种情绪之中，预测在特定的情境中可能做出的反应，从而在相互交流之前有机会决定应当做出何种反应。大量的实例表明，有较强的情绪识别和控制能力的情侣，能够在相处的过程中很好地表达和运用自己的情绪，恰当地解决自己的情绪问题。同时，他们还能很好地理解恋人的情绪，把握与对方交流的内容、时机和方式，以最适宜的情绪表现对待对方，从而使两个人可以在最短的时间里达到彼此理解，不断发展美好的爱情。

三、情绪管理的基本方法

　　在恋人之间相互了解和培养感情的过程中，双方的情绪状态都会直接影响到彼此关系的发展，甚至会决定恋爱的成败。因此，努力学习和掌握情绪管理的方法，提高情绪控制能力，应当成为青年情侣们努力的目标。这里从三个方面来阐述情绪管理的有效方法。

(一) 认识情绪

情绪管理的首要步骤是对个人的情绪获得一个清楚的认识，只有了解了自己处于一个什么样的情绪状态，才能针对其情绪进行有效的调控。如果不认识自己的情绪，就无法恰当地管理情绪。在前面的部分里，我们介绍了情绪的多种类别，青年人可以借助那些分类对自己的情绪反应加以判断。

情绪是个人体验到的基本感受，它设定了一个人评估某一特定事件或情况的框架。例如，如果你在情绪好的时候弄洒了一杯饮料，可能会对自己开玩笑说："我真是笨手笨脚的！"但如果在情绪不好时，很可能会愤怒起来，朝着恋人发火，生气地说："你怎么把饮料放在了这个地方？"情绪往往反映一种心境，某些情绪会折射出人的个性——有人总是闷闷不乐，有人生来天性快活。尽管情绪会时而发生一些变化，但可以被看作是人的持久的特点。越来越多的研究表明，在职场中，积极的情绪使人们更善于合作和协作，还能减少攻击行为[34]。

在恋爱的各种情境中，情侣的情绪可能是积极的，也可能是消极的。而无论好情绪还是坏情绪，都会对两个人的关系产生重要的影响。恋爱中的青年人应当及时对自己的情绪状况有所察觉，并进行客观地评估，知道自己有什么情绪感受和外显表现。这一过程叫作"自我情绪认知"，是持续地关注自己的内心状态和外在行为的过程，也是对引起其情绪的客观事件或情境的追溯与分析的过程。如果一个人能够对影响情绪的外在和内在因素有所认识，他就会慢慢形成对自己未来的情绪反应的预见能力。这种能力对于消极情绪的预防和控制，是必不可少的。

除了关注自己的情绪之外，恋人还应注意观察和认识对方的情绪，及时了解对方的情绪状态。倘若情侣能够经常性地体察对方的情绪，努力去摸索其情绪表现的规律和模式，并给予一定的理解和体谅，就能有效地处理和消除由于双方不同的情绪反应而引起的问题和矛盾，减少情绪冲突所产生的不愉快，从而逐步形成一种和谐的感情关系。

有一种简单而且快捷的认识情绪的方法，叫作"情绪标示"。具体做法是，在某种情境中，尽快给自己和恋人的情绪附上"标签"，也就是将某种情绪的表现归属在幸福、恐惧、愤怒、沮丧等情绪主题词下面。例如，高兴、兴奋和喜欢就属于幸福这一主题词范畴，这样就很容易具体地判别自己和对方的情绪是否匹配，是否存在相悖或矛盾的地方。这种实际练习很重要，青年情侣应积极努力去

第六章　健康爱情的心理要素

尝试，使自己能够对情绪类别有一种快速的辨认能力。因为只有察觉和认清自己与对方的情绪，才有可能准确地了解和把握事态，在处理两人关系的过程中做出适宜的、有效的行为改变。

（二）表达情绪

如果说认识情绪是情绪管理的心理基础，那么表达情绪就是依据情绪认知而管理情绪的具体体现。尽管一个人情绪表达的效果会归于情绪的自我察觉能力，但两者是完全不同的能力。自我情绪察觉体现了情绪能量的敏感程度和情绪认知程度，而情感表达能够衡量一个人与他人交流自己感情的准确性和有效性。两者的差别如同听与说两种能力一样显而易见，人们需要多样化的情感表达方式和词汇，将自己的情绪体验从感知转变为声音、言语、表情或肢体的表达。

在两性交往的恋爱关系中，情绪的表达是绝对不容忽视的，它对感情的发展及其状态起着决定性的作用。积极的情绪表达可以培育和发展爱情，而消极的情绪宣泄可能破坏甚至终止美好的恋爱关系。那么，情侣应当如何提高自己的情绪表达能力呢？我们认为，可以从如下三个方面做出努力。

1. 拓展表达情绪的词汇

在恋人相互表达情感的时候，往往由于他们能够恰当使用的词汇太少，而无法准确地表述当下自己的情绪和感受，因此会造成彼此之间的误解，甚至产生不能消除的矛盾。要想扭转这一状况，情侣应当积极学习和拓展情绪表达词汇，使自己能够用丰富的词汇来表述和倾吐心声。拓展情绪表达词汇是提高情感表达能力的重要策略之一，应当引起青年人的高度重视。如果词汇过于匮乏，就不能在恋人之间交流时表达出情绪的细微差异，对方就很难明白和理解自己在此时的具体感受。同样的道理，如果情绪表达词汇太少，当对方表述他的感受时，自己也无法清晰地辨别其情绪状态，导致相互之间在理解上出现错位，在情绪上激化矛盾。

为了丰富情绪表达词汇，青年人可以利用表 6-1 中提供的词汇，试着去描述恋爱生活中两个人的各种情绪反应。我们相信，经过较长时间的自我练习之后，青年情侣在情绪表达能力上一定会有很大的提高，学会用不同的词汇来表述情绪，也能区分情绪上的细小差别。这样，在两人交往的过程中，就会大大减少相互之间的不解和误会，增加感情上的默契与和谐。

2. 公开表达自己的情绪

恋人之间相互表达情绪和感受时，最忌讳的一点是"拐弯抹角"，即有了某种情感之后，不直接说出来，而是用一种非常隐讳的方式去流露。这是引起情侣之间误会或矛盾的主要原因之一。这种不直接表述自己心理感受的现象，多发生在女性青年身上。她们总以为自己有了情绪反应，对方就能看出来，就应该理解自己的心里有什么感受。然而，她们却不知道，男性的思维特点和观察能力与女性是大不相同的。

在第二章"男女的差异"中，我们已经讨论过了，男性的思维是线性的，一般会直奔主题，直接表达自己的情绪。而女性的思维是发散的，习惯同时考虑多个层面，不善于直截了当地表达自己的情感。很多时候，女性误以为，"男友爱我就应该懂我，不需要我开口，他就应该知道我在想什么，需要什么"。其实，这种想法是错误的，在人与人之间的情感表达方面，不能光指望别人"心领神会"，而自己却疏于"真切表达"。由于恋爱的双方来自于不同的家庭，各自有着自己的生长环境，有不同的喜好，所以求得、付出、关怀和表达的方式也不尽相同。因此，爱一个人就应该公开地表达，直接地要求，而不要期待对方来猜出自己的情绪和感受，也不要傻傻地等待对方做一些自己并不喜欢的事情。

从表达能力上看，男性与女性也存在很大的差异。一般来说，男人不是不想对心爱的女友表达内心的情感，只是他们不知道如何敞开自己的心房。男人不像女人那样，从小就开始不断地学习用语言去表达内心的感受。中国传统对于男人灌输的是"男儿有泪不轻弹"、"委屈要往肚子里咽"的思想，所以男性多被教养得不擅长谈论和表达自己的感受和情绪，特别是失败的悲伤与挫折的情绪。与女性比较起来，他们不具备良好的分享内心世界的语言结构。如果女性假设男朋友同自己一样，也懂得如何分享自己的情绪，多半会感到失望。

当然，男性具有不善于表达情感的特点，并不等于没有情感。他们会用自己的方式去展示对女友的爱。例如，邀请女友去认识自己的朋友，和女友一起看电影，给女友买生日礼物等。如果女性能够充分认识到男性的特点，慢慢去引导男友，一点一滴地去积累他的分享语言，就会使男友逐步学会和愿意倾诉自己的情感。当男友自己也懂得需要不断努力学习情绪表达的时候，两个人之间的交流状况就一定会得到大幅度的改善。

在中国的传统文化中，恋人之间特别是夫妻之间，很羞于表达自己的感谢，总是倾向于把这种情绪感受放在心里。曾经有一个女性，和相处五年的男友分手了。她离开男友的原因是，从一开始到最后，那个男生始终不愿意说一些温柔甜蜜的话，也从不知道对女友表达感谢之情，使得这位女生感觉自己越来越像老妈子，只是在服侍一个饭来张口的大老爷。由于长时间听不到感谢的话语，这个女生彻底失去了忍耐和热情，决定与男友分手。这个故事告诫青年情侣们，没有任何爱情是理所当然应该存在的，当对方为这段关系付出，而自己又从中感受到对方的付出时，就应该及时开口告诉对方自己心中的感谢之情。情侣千万不要吝啬对另一半表达自己的爱意，"爱你在心口难开"并不是什么委婉和浪漫，反而常常是毁损爱情的强力杀手。无论是什么原因阻碍恋人公开地向对方表达真实的情感，如羞涩、缺乏自信、过于自负、漠视和不习惯等，都要从主观上努力去克服。只有坦诚地向自己心爱的人吐露真情实感，才能不断拉近两人的心理距离，使两人成为不可分开的心灵伴侣。

3. 善于利用非言语表达

人与人之间除了运用话语来表达心情以外，还必须通过非言语形式更加有效地表达各种情绪。美国情感研究专家指出，姿态、语调、面部表情、手势、声音的高低和节奏，以及其他非言语表达能够传达93%的信息（其中，38%来自说话的语气，55%来自身体语言），词语表达只占到7%的信息量[35]。由此我们可以肯定，非言语表达在情侣之间的相互交流中发挥着非常重要的作用。

通常情况下，人的各种非言语表达是无意识的，人们会无意间通过语气、说话的声音、面部表情或身体语言，流露自己的喜悦、兴奋、悲伤、恐惧等情绪。然而，由于人在无意识表达情绪的时候往往缺乏对周围事物的关注和协调，使得表达的结果起不到应有的作用，有时还会大大破坏个人形象或人际关系。为了更适宜、更有效地表达自己的情绪，青年情侣们应当尽量有意识地利用各种非言语表达方式，使自己的真实情绪表现得更加准确和充分。当然，要达到这个程度，并非是一件容易的事情，需要经过很长时间的自我训练。

在恋人交往的过程中，由于彼此接触频繁，不免会产生多种多样的情绪反应。这就需要双方能够采用言语和非言语的方式来正确地表达情绪，而且非语言的交流将显得更为重要。擅长情绪表达的人在向对方传递情绪信息的时候，总是坦率和适宜的。情侣应该努力学习和实践非言语表达的策略，使自己能够在需要表达情绪的时候，做出最适宜和最贴切的反应，从而更加有效地提高恋人之间的理解程度和沟通效果。

（三）控制情绪

任何情侣之间的交流都不会一直是和风细雨的，难免会出现不同的看法、意见的分歧及情绪的冲突。在很多时候，他们还会出现情绪非常激动的状况，导致两个人激烈地争吵，双方都无法控制自己的冲动情绪，严重地伤害了彼此的感情。有时还会因为毫不相让的相互攻击，使得原本很容易解决的问题，成为两人最终分手的导火索。因此，恋爱中的青年人需要懂得如何控制情绪，掌握有效调整情绪的方法和策略，从而使双方的沟通能够摆脱负面极端情绪的干扰，形成一种真诚、和谐的交流氛围。

情绪冲动是迫使某一行为发生的推动力，经常不受理性和逻辑思考所控制。它源于个体持久而强烈的潜意识，并因心理和生理因素的影响而激化[35]。客观地讲，冲动对于青年情侣有利也有弊，如果利用得好，可以激发爱情的活力，提高两人的亲密度，但如果控制得不好，将会损伤情侣的感情。所以，恋爱中的人应当关注冲动给自己带来的结果和影响，以便决定在什么方面、在何种程度上控制情绪冲动。

欠缺冲动控制能力是造成人们众多不幸和痛苦的主要根源之一。容易情绪冲动的人往往只要一时痛快，而不顾及暂时或潜在的不良影响与后果。一个人如果缺乏冲动控制能力，他就会表现出挫折忍受力低、做事心血来潮、行事鲁莽、缺乏愤怒控制力、出言不逊、脾气火暴、做出反常事情等特点。这些行为如果发生在情侣身上，将会对恋爱关系造成破坏性的影响。因此，学习有效控制情绪冲动，是青年情侣们必须完成好的功课。

对于如何调节和控制人的情绪，心理学家们总结出了一些有效的方法和技巧。通过深刻理解和实际应用这些方法，青年人将会逐步提高情绪控制能力，成为恋爱中情绪管理的主人。下面我们重点介绍四种控制情绪的常用方法。

1. 经常进行自我反思

无论在恋爱中是否有情绪失控的情况，都要让自己有时间经常反思，查看一下自己在情绪控制方面做得怎样。如果一直很容易发脾气，就要给自己一个警示了，告诉自己再遇到令人生气的情况时，一定要理智起来，不能处于一个失控的状态。如果以往很少有情绪爆发的表现，那也要提醒自己：遇到不如意的事情或情境时，一定要以适宜的情绪来对待。这些事先的反思与提醒，能够进入人的潜意识，形成防御负面情绪爆发的"屏障"。有了这些警告，就会使人在遇到不快或愤怒的事情时，主动地抑制自己的怒气，以平和的情绪来处理问题。

2. 及时察觉情绪状态

在遇到不随己意的情况时，无论一个人的修养如何，都会产生一定的反应。

尤其当某件事情出现了极其糟糕的局面，而且其原因又不在自己的时候，就更容易使负面情绪爆发。如果我们在遇到类似状况的时候，能够及时察觉到自己的情绪波动或气愤的苗头，并且立刻提醒自己不要发脾气，就很可能阻止坏情绪的发泄。当自己有所冷静之后，还要继续跟自己说："我不能发脾气，因为发火对于问题的解决没有任何帮助，一定要克制住自己。"在这样的自我察觉和自我告诫之后，我们就能以比较平静的情绪来面对所遇到的不如意了。

实际上，恋人在交往过程中产生情绪激化的现象，一般都不是因为原则性问题，而是由于生活中的一些琐碎小事。如果情侣将怒气用在区区小事上，是非常不值得的。两个人应该保持良好的情绪状态，以积极的方式面对和解决问题。闹情绪和乱发脾气，只会把事情搞得更糟糕，以致破坏两个人的感情。

3. 使用放松技巧

如果一个人已经在气头上，开始发脾气了，这时看似很难控制住发怒的情绪，但实际上并非如此。一个有能力控制自己情绪的人，能够对应该感到生气的事情生气，而且也能够把握愤怒的程度，即在正确的时间、正确的目的下，以正确的方式发泄情绪和控制情绪。控制极端情绪的一个有效方法是让自己放松下来。

人在产生愤怒情绪的时候，身体会有所反应，如心跳加速、血流增快、呼吸变得短促等。在这种状态下，平息愤怒要做的就是减慢心跳，让呼吸达到身体放松时的速率。学会控制呼吸是控制"高涨情绪"的关键步骤。在愤怒情绪开始的时候，可以强制自己减缓呼吸，并且配合放松自己的肌肉。将这两种技巧结合起来，会达到最佳的效果。在自己的努力之下，身体放松了，大脑也放松了，不冷静的思维就不再会引发不理智的情绪和行为。如果人在发脾气时经常控制自己这样做，经过一段时间的实践之后，就能很好地管理愤怒的情绪了。

4. 运用幽默消减愤怒情绪

在情侣互相生气的时候，运用一些幽默技巧可以大大减少紧张的气氛，是消除愤怒情绪的好方法。幽默能够使人从更平衡的角度甚至是相反的角度来看待一件事情，发现其中有趣儿的方面。这样一种思维方式，可以在很大程度上抵消那件事情的负面效应，使人对它的遗憾程度或不能接受的程度显著降低，从而缓解恋人争吵时的"敌对"情绪。养成一种幽默感，习惯看到事物有趣性的一面，对于减少恋人之间的冲突，防止由于负面情绪爆发而导致的有害争吵甚至是感情破裂，是非常重要而且有效的。

案例 6-3

这饭还怎么吃[22]

张冉冉的丈夫马松的设计室开办了半年多,可是还没有接到过什么大项目,这让马松的心情越来越急躁,脾气也越来越差。这天,马松又是垂头丧气地回家吃晚饭。

张冉冉:"你们这公司还能不能往下搞啊?"

马松:"怎么不能!"

张冉冉:"能什么能啊,五月份就开始了吧,这都快过春节了,你们一个产品还没有搞出来吧?"

马松:"这是办公司,又不是卖烧饼,哪能那么容易。"

张冉冉:"我觉得是你那帮朋友不靠谱,你看他们一个个的,成天都不知道在想什么。我看你以后还是别跟他们来往了,没有什么用,纯粹是一些酒肉朋友。"

马松:"他们挺好的,我说了,办公司得有个过程,要是创业这么简单,那天底下都是公司老板了。"

张冉冉:"人家说跟什么样的朋友做什么样的事。你看你那些朋友,有一个月赚到一万块钱的吗?一个月四五千就不错了,跟这样的朋友在一起你能做成什么事业?"

马松:"这话根本是胡扯。"

张冉冉:"什么叫胡扯,你就认识这些人,你怎么不能认识比尔·盖茨呢?我看你还是找份工作去得了。"

马松:"今天你这话怎么这么多啊?"

张冉冉(很生气,声音很大):"怎么了,我这是为你好!"

马松(站起来,非常生气,猛地一拍桌子):"这饭还能不能吃?"

张冉冉(大喊起来):"干什么,你砸桌子干什么?"

两个人开始大吵起来,情绪都很激动,谁也不让谁,这顿饭没有办法吃下去了……

案例点评

虽然这个片断并不长,但它是一个非常具有代表性的吵架的情景,展示了带着情绪的对话如何引起双方对立的过程。我们可以看到,在马松和张冉冉的对话中,彼此都是带有负面情绪的,尤其是张冉冉的每一句话几乎都带有强烈的攻击性,在很大程度上刺痛了马松的自尊心。她在对马松讲话时,并没有意识到自己的情绪不对头,缺乏自我情绪认知。而且,她也没有用正确的语言和非语言方式表达对马松的关心。即便她在为马松的工作状况着急,但并没有使马松真正理解她的心情,反而被她的冷嘲热讽给激怒了。

马松在对话中一直保持着比较理智的状态,对张冉冉的话给予了比较适宜的回应。但当他听到张冉冉说出越来越激烈的言辞的时候,他终于控制不住自己的情绪,拍桌子发起脾气来。他的不能控制情绪的举动,最终引起了两个人激烈的争吵和冲突。尽管案例的结尾没有描述他们是如何结束这场吵架的,但我们可以断定,这次争吵会在一定程度上损伤他们彼此的感情。

无论是夫妻还是恋人,在相互对话时一定要遵守"彼此尊重"的原则,切忌以讽刺或贬低的语气向对方发泄不满。即使原本可能是善意,但如果以轻蔑的态度进行交流,也会出现相互对立的局面。另外,双方在出现争执的时候,一定要及时察觉自己的情绪,注意选择恰当的语言来表达自己的心情,不要让不良的情绪主宰谈话的过程。恋人之间的感情如何,与彼此沟通的方式和情绪的管理有着非常密切的关系。

思考与练习

1. 情绪的三个基本要素是什么?你是如何认识它们各自的含义的?试从其三个因素分析自己在恋爱中的情绪状态。

2. 本节介绍了多种情绪分类的方法,你比较倾向于哪一种?为什么?

3. 情绪管理包含认识情绪、表达情绪和控制情绪三个主要环节,你可以结合自己在生活、工作或恋爱中的情绪表现,根据以上三个环节对自己的情绪管理能力做一个系统的评估。

第四节 同 理 心

恋爱过程是构建一种特殊的人际关系的过程,这个过程将决定两个人能否发展感情,是否能长久相处下去直至走进婚姻的殿堂。恋爱所要求的情侣之间的相互认识和理解，要比其他类型的人际关系需要得更多。在心理学中，人们习惯用"同理心"（empathy）来界定人与人之间能够彼此理解的心理能力。许多婚恋研究专家在谈到两性关系的时候，都认为同理心是获得幸福爱情不可缺少的重要条件之一。那么，同理心的确切含义是什么？具体的行为表现是怎样的？如何才能培养起同理心？在本节中，我们将针对这些问题，展开系统而详细的讨论。

一、同理心的定义

最早提出同理心这一概念的是美国著名的人本主义心理学家卡尔·罗杰斯（Carl Rogers）。他认为，同理心的意思是感受别人的痛苦与喜悦，站在他人的角度看问题，同时要表现出相应的情绪（痛苦与欢喜等）。美国心理学者史蒂文·斯坦（Steven Stein）和霍华德·布克（Howard Book）对同理心做出了这样的界定："同理心是认识、理解、欣赏他人的感情和想法的能力。同理心是对别人有什么感受、有怎样的感受、为什么有这样的感受的'感同身受'，并且用他们的方式思考问题。"英国心理测评专家给出了相似的描述："同理心是理解他人情绪和人格特征的一种能力，要求一个人能设身处地去体验他人的主观感受以及内心的各种情绪状态。它包括在小组和团队，以及人与人之间两个水平上，运用这些技能和品质特征的能力[24]。"

关于同理心的定义，虽然心理学家们给出的文字表述略有不同，但其核心含义是相同的。具有同理心意味着能从"情感上理解他人"，能将自己对其他人的想法的理解，用语言表达出来。同理心不是对他人表面上显得"和蔼可亲"，而是一种让自己从他人的角度看待和感受事物的能力，能够在内心体验别人的看法和情绪。无数人际交往的事例已经证实，同理心是积极人际关系的奠基石，它能有力地支持人与人之间的互动与合作。

为了更加准确地理解同理心的含义，这里有必要将几个容易与同理心相混淆的概念加以区分。这些区分能够让我们消除对同理心的误解，使这一强大的心理武器得到充分的利用。首先，同理心不是简单地顺情说好话。对人只说客套话，让别人感到高兴，这不是同理心的真正含义。同理心的实际意义是能够准确理解对方的心思意念，说出的话正是对方想要表达的意思，而不是从个人的角度去一味地取悦别人，好让对方喜欢自己。其次，同理心不同于同情心。同情基本上是将说话的一方放在首位，更多地是表达自己对于某个事件的看法，表现个人对于对方处境的反应和感受。同理心通常用"你"作为说话的开始，而同情心一般用"我"开头。例如，你在安慰某个失去亲人的人时，可能会说"我很遗憾地听说……"，这表示同情心；但如果说"你失去母亲一定非常悲痛……"，就是具有同理心。最后，同理心不是同意或赞成。对于别人的做法具有同理心，是从情感上及原因上理解别人为什么那么做，能够"读懂别人"，但不一定同意其做法，也可能持有反对的态度。在表达同理心时，只是承认对方的做法或意见的存在，而不是一定认可它们的正确性。同理心是将自我和他人区分开来的心理能力，只有具备了它，我们才能区分自己和别人的不同，才能保持对待人际关系的客观性。

二、同理心的行为表现

一个人是否真正具有同理心，可以从他与周围人接触的表现中观察出来。同理心的行为表现主要反映在如下三个方面。

（一）关注他人

我们很容易看到，具有同理心的人对他人始终保持着一定的敏感度，愿意花心思去理解他人的想法和行为。他们不仅善于觉察别人的内在情绪状态，即从感官的外在线索来判断别人的情绪，还愿意投入时间去理解别人的观点。他们不总是认为其他人的情绪和感受与自己的相同，并和自己有着同样的见解。他们觉得，除了自己所持有的观点与立场之外，还有很多他人的意见和建议值得去考虑。有同理心的人，不是一个绝对以自我为中心的人，而是持续关注和理解他人的具有高度敏感性的观察者。

当然，具有同理心的人并不是只停留在觉察他人的各种感受，以及努力做到理解他人的想法和观点的层面上，而是在与他人交往的过程中，继续表达自己的同理心，用恰当的交流方式，让对方知道他已经被充分地理解。这样做的结果会使对方知道自己已经被理解，就很容易摆脱一种陌生、怀疑甚至对立的关系，形成相互理解、比较融洽的人际关系。

在恋人相处的过程中，同理心是非常重要的一个心理要素。两个人能否建立起深厚的感情，能否彼此包容和接纳，前提是能够真正地相互理解。理解是爱情的重要基础，如果两人之间互不理解，就会有很多的误会、分歧乃至对立，就很难顺利地发展感情。因此，情侣们应当注意培养自己的同理心，关注恋人的各种需求，慢慢学会以对方的角度看问题，从更深层次去理解恋人的观点和想法，以及对待事物的态度，并且及时将自己的理解表达给对方，形成心灵上的相通。

（二）顾及他人

在同理心方面做得很好的人，不但善于理解他人的各种情绪感受，觉察他人的需求，及时向对方表达自己的理解，而且还努力站在他人的立场上，采取符合对方需要的相应的行动。他们在遇到各种情况时，并不企求其他人一定持有与自己相同的观点，相反，他们能够清楚地意识到，无论在什么情况下，都需要考虑各方不同的观点，而不是只关注自己的想法。

然而，以自我为中心、看问题狭窄的人，是极度缺乏同理心的，他们不能敞开心扉接受他人的看法。这样的人在各种人际交往中，都会遇到一些障碍，从和身边的亲密家人、朋友的相处到与同事及他人的一般性社会交往，无一例外地都会出现很多的困难和问题。因为他们所做的决定往往只依据自己的想法，做事时只考虑个人的需求，所以，慢慢就会引起他人的不满情绪，长期下去必将使他人产生气愤，导致相互关系的破裂。

在与恋人交往时，青年人一定要注意始终保持同理心，在做任何决定时，应当考虑到对方的观点，不能一味地"跟着自己的感觉走"。只有照顾到恋人的想法，并且努力满足对方的需要，才能使恋人感到你的尊重和爱，才会使彼此觉得两个人真正成了一个整体。否则，对方会感到你并没有把两个人的感情放在心上，你的心中只有你自己。这样，对方也就会慢慢远离你，不再把你作为心爱的人。

（三）促进他人成长

具有高水平同理心的人，还能够通过表达对他人情绪和感受的理解，使对方在情感上得到很大的支持，从而转化成内在的动力，不断地改善和提高自己。具有高水平同理心的人在各种各样的场合都有很强的影响力，起着关键性的作用。特别是在照料及教育不同年龄段的孩子，对各种人员进行培训和教育的情况下，他们的同理心发挥的作用会更加突出[24]。

对他人正在体验的主观感受保持一定的敏感度，并且懂得他们的内心情绪会直接影响到现实的行为表现，是成功的学校教育、家庭教育、训练、指导和经营管理应该具备的核心条件。在学生、孩子、受训者和团队成员遇到情绪问题时，常常使他们无法有效地学习和工作，不能正常地发挥自己的潜能，从而阻碍了他们应有的发展。而教师、家长、教练和领导者对于他们心理情绪的理解和关怀，可以为他们提供有力的心理依靠，创设积极、宽松的心理氛围，帮助他们改变自己的心理感受，从而能够以积极、轻松的心情完成面临的任务，同时获得心灵的成长与成熟。

同样的道理，在恋人之间也会产生类似的效果。情侣在情绪上的相互理解，在情感上的彼此慰藉，能够在两个人之间形成很大的精神力量，促进他们不断地进步和成长。尤其当某一方在工作上或学业上遇到困难，心中充满压力或焦虑时，如果能够得到对方的充分理解、及时的开导及温暖的陪伴，就很容易释放心中的负担，从压抑的情绪中走出来。同时，在每一次共同成功地克服负面情绪的过程中，两个人都能获得成长的体验，在心理方面变得更加坚强。

三、同理心的培养

在当今工作和生活节奏日益加快的时代里，同理心的重要性愈加凸显出来。青年人应该时刻提醒自己，无论是在事业上，还是在恋爱生活中，都要保持一颗同理心。有了同理心，就能够更准确地与同事和恋人交流，减少不必要的矛盾。正如斯坦和布克所说："当你充满同感地向对方表述，即便双方处于紧张或敌对状态，你也能改变局面，促使争吵和焦虑变为更牢固的合作同盟。"

除了在与他人交往中运用到同理心之外，在个人心理品质建设的许多方面，同理心也发挥着重要的作用。一些心理学家强调，同理心的发展与情绪的自我察觉、自我尊重、现实判断和自我实现等心理能力紧密相关[35]。既然同理心如此重要，青年人就应当努力地进行自我培养。

对于正在谈恋爱的青年来讲，同理心的自我提高策略主要包括以下几点。

（1）学会阅读恋人的肢体语言。关注对方的面部情绪、呼吸、姿势和音调，然后根据对方的身体状态调整自己的言行，这是产生彼此共鸣的便捷方法。

（2）认真聆听恋人的倾诉。在与恋人交流的时候，要认真倾听，努力理解对方正在表达的信息，而不要把自己对谈话的解析强加给对方。

（3）站在对方的角度思考问题。无论遇到什么事情，都要尽量从对方的认识和想法去考虑，理解对方的情绪和需求，确定对方想要使用的方法和策略，切忌只以自己的立场来处理事物。

（4）设法理解恋人当下面临的处境。很多时候，每个人对于困难和挑战的认识及感觉是不同的，自己认为不难的事情，对于恋人来说可能是十分困难的。所以，要设身处地去理解对方遇到的难处，并给予适时、恰当的帮助和支持。

（5）采取及时的询问。为了能够更加准确地知道恋人的想法，在交流时应及时向对方询问，深入了解对方的观点。在自己还不清楚对方意思的时候，一定不能轻易下断言，只有经过了仔细的询问之后，才能获得全面而确切的理解。

案例 6-4

同理心的运用[12]

经过六年马拉松式的恋爱长跑,两位青年男女终于走进了婚姻的殿堂。但在结婚后的三个月里,小夫妻却全然没有了恋爱时的浪漫与憧憬,取而代之的是无休止的争吵。虽然都是生活中的琐事,但两人都已经身心疲惫。

为了缓和夫妻间的矛盾,丈夫提议双方进行一下换位思考,彼此站在对方的角度审视自己,并用书面的形式表达出来。很快,两人都提交了答卷。

妻子写下的是:"今天,我妻子让我拿她自己刚买的名牌鞋子去送礼,我听了很感动,但更多的是想到如何去送,却没有想到妻子是在忍痛割爱,她很早就想买一双这个品牌的鞋了。"

丈夫写下的是:"作为妻子,我对丈夫的体谅不够,没有从内心深处了解他,没有充分考虑过他心理上的压力。"

两个人看了对方的纸条,都低头不语……从那之后,他们就很少争吵了。

案例点评

这对年轻夫妻在遇到相互频繁争吵的困境时,积极运用了"互换角色"的方法来进行彼此的沟通。对于夫妻或情侣来说,这种做法是非常可取的。这样站在对方立场考虑问题的心理过程,就是在运用同理心,也就是人们常说的"换位思考"。人际关系中很多不和谐、矛盾和对抗都是因为缺乏同理心而造成的。恋人之间也是一样,如果只从自己的角度去考虑和处理问题,不顾及对方的想法、感受和需要,即便在短时间内对方可能会容忍,但时间一长势必会引起双方的矛盾。同理心是发展牢固爱情的关键,没有了它,爱情就无法生根、开花、结果。这对夫妻已经认识到了相互理解的重要性,并且开始将同理心运用于彼此的交往当中。他们的这种做法,是一个非常好的开端,相信在日后的婚姻生活中,两个人一定能经常换位思考,保持深入沟通,共同努力去建立一个美满幸福的家庭。

思考与练习

1. 请你思考同理心和同情心的区别,并结合日常生活的实际体验,对自己的这两种心理能力进行自我评估。

2. 如果你已经有了恋人,自查一下在与对方交往的过程中,是否表现出了足够的同理心？如果做得还不够，想一想应当从哪些方面付出努力？

3. 试想如果恋爱双方都缺少同理心，他们之间会出现怎样的状况？同理心在恋爱生活中能够发挥什么作用？

第五节　快　乐　感

人们通常认为，谈恋爱是幸福的，获得爱情的人是快乐的。每一个青年人都希望自己的恋爱生活能够像这个美好的描述一样，充满着无尽的幸福和快乐。然而，快乐的恋爱不会自然到来，青年人必须懂得，要想获得幸福的爱情，在恋爱过程中真正感到快乐，首先自己要具备快乐的心理品质，必须是一个能够创造快乐和拥有快乐的人。在这一节中，我们来认识快乐感及其影响因素，同时就如何培养个人的快乐感展开一些讨论。

一、快乐的内涵及意义

我们每个人似乎都知道快乐是什么意思，在生活中也都有过快乐的体会，都具备对于快乐的感性经验。然而，要真正追究快乐到底是什么意思，却很少有人能说得清楚。在心理学的研究中，学者们对于快乐的具体含义给出了相对严谨的界定。斯坦和布克给快乐下了这样的定义："快乐是感知自己对生活满意，能够让自己和他人快乐的能力。快乐与自尊、乐观、知足、人际关系、现实判断、自我认知及自我实现等紧密结合并且相互作用。"巴昂认为："快乐是对生活感到满足，过得开心快活，充满乐趣。快乐包括自我满意度、整体满意度和享受生活的能力。"

在近年关于快乐的研究中，有学者把快乐视为"个体情绪状态和幸福的指示标，是情商整体水平的综合体现"[35]。还有学者把快乐看成是"一个人整体情商和情绪能力的衍生品或晴雨表"[33]。总体来看，心理学家们已经倾向于把快乐看成是一种复合的心理品质，认为快乐受到许多其他心理能力的影响。

快乐对于一个人的生命质量是至关重要的。快乐的人无论在工作上还是在生活中都觉得开心，充满热情，也非常自在。他们能够很好地享受生活，一切都很自然，顺理成章，从日常的小事中获得快乐感。在面对大事时，快乐的人能够让自己冷静下来,抓住机遇,积极寻找解决问题的办法。而快乐感低的人却有着极其相反的心理与行为特征,会出现许多忧虑的症状,如焦虑不安、对未来感到担忧、社交能力差、缺少内驱力、有负罪感、对生活感到不满等。极端的人还会出现抑郁症状,长期感到悲伤、郁闷,对待事物持有悲观看法,在严重的情况下还会出现自杀念头。

国外学者对快乐进行的广泛的研究证明,快乐与健康、颇有成就的职业发展、成为单位或家庭中有贡献的一员等方面关系密切。快乐程度影响着一个人全部能力的培养与运用,同时也取决于所有的情商能力[35]。在长期从事婚恋辅导的过程中,美国著名心理顾问帕罗特夫妇发现,虽然成功的婚姻是由许多因素促成的,但最基本的一点是快乐的夫妻绝对要快乐。不管生活有多艰难,他们都让快乐成为一种习惯。结婚的人最重要的性格是拥有快乐的习惯。

快乐感不仅对于夫妻的婚姻生活十分重要,而且对于恋爱也是必不可少的心理要素。恋人在交往中感觉到的快乐越多,两个人的关系就容易发展,感情也就会越来越深。试想,有谁愿意和一个整天闷闷不乐、牢骚满腹甚至悲观失望的人在一起呢?所以,要让自己真正地快乐起来,只有自己快乐了,恋爱的过程才可能是快乐的,而且由此产生的爱情才是健康而自然的。

二、影响快乐感的心理因素

"快乐"这个词对于每一个人来说都不陌生,它是在我们祝福他人和自己的时候用到的频率最高的一个词。快乐表征了人类最渴望的一种精神状态,也是人们力求得到的最终的心理归宿。然而,要想真正拥有快乐,让快乐常常伴随我们,却不是一件容易的事情。在赢得快乐的过程中,会有许多心理因素阻挡快乐进入到我们的心中。下面我们来探讨在恋爱中哪些心理情绪能降低情侣的快乐感。

(一) 指责

在恋人交往的过程中,最常见的引起不愉快的做法是彼此的指责。恋爱中大量的问题(如冷淡、烦躁、单调、生气和沮丧等),都可以追溯到双方喜欢指责对方。习惯于指责对方的人,总是试图把事情的责任推卸到恋人身上,自己却想方设法逃避,不愿承担任何责任。

指责常常会导致恋爱关系的结束,因为在彼此的指责中,不但没有快乐可言,反而会加速对立与愤怒情绪的形成。如果允许指责经常出现在恋爱中,情侣习惯于相互指责,他们的快乐指数就会大打折扣。因此,正在恋爱的青年,应当注意自己与对方交流的态度，要以客观、真诚的方式与恋人探讨问题。如果的确是对方的过错，也要以和善的态度去探讨，不要以敌对的口气来斥责。如果是自己的责任，决不能敷衍和推卸，要勇于道歉和承认错误。把握自己的态度，尽量避免对恋人的指责，多一些理解和宽容，出现不利的事情时多多给对方提供帮助或建议，就会使彼此之间充满更多、更深厚的爱，快乐就会接踵而来。

（二）奢求

无论我们是否愿意承认，情侣之间普遍存在一种现象，那就是彼此都希望对方多给自己一些爱，总奢望对方能够按照自己的意图去行事。他们特别奢求得到自己想要的结果——对方的改变和付出。然而，虽然情侣之间产生了一定的感情，但毕竟他们是两个独立的个体，具有不同的成长经历和生活体验，也有着不同的习惯和爱好，所以绝对不可能完全按照对方的要求和希望去做事。当提出"要求"的一方心愿没有达到，心里的奢求落空了的时候，就感到失望，产生极大的不满，坏的情绪便应运而生。

恋人之间的相处，虽然应当寻求共同的东西，尽量找到彼此的相似之处，但决不能强求对方做得与自己的意愿完全相同。这种不切实际的奢求越多，到头来失落感就会越强，两个人之间的怨气也会越大。毋庸置疑，在抱有过多奢求的情侣中，快乐一定会远离他们，伴随他们的只有没完没了的争执，直至感情慢慢地消失殆尽。

这里有必要强调一个深刻的道理：恋人之间只能彼此相互适应，不能强求对方顺从自己。要想在两个人之间产生快乐的交往，必须降低自己的奢求，以一种切合实际并且带有鼓励性的态度去对待对方的言行。这样，就能避免怨气的产生，大大减少相互之间的摩擦和矛盾，提升两人的快乐指数。正如布鲁斯·巴顿（Bruce Barton）所说："如果你希望人能更完美，你的生活就会是一系列的失望、哀叹和抱怨。"

（三）抱怨

抱怨是一种极其负面的心理反应，对人的心态有很大影响。具有抱怨心理的人，无论在什么时候都要指责别人的缺点和不足，对很多事情都会表示不满。由于具有抱怨心理的人所看到的都是不尽如人意的事情，所以整天怨天尤人，无法高兴起来。如果一个人在恋爱中怀有这样一种情绪，就很容易使交往的过程充满怨气。即便不是冲着对方发怨气，而是指责其他人的行为，也会给两个人的交流带来很多的不愉快。

在遇到不顺心的事情时,青年情侣应当以正面、建设性的态度去对待,尽量共同分析事情发生的原因,探讨怎样才能减少所引起的不良后果,而不应一味地抱怨。因为抱怨本身不能解决任何问题,反而只能给双方的心中增添愤怒的情绪。气愤的情绪多了,快乐自然就没有了空间。

 案例 6-5

抱怨的结果[4]

罗恩和司各特两人是好朋友,他们结婚都已经三年,两人有好的工作和好的住所。罗恩属于积极思维的人,他尽可能正面地看待事物,允许妻子有缺点,不用完美的要求去衡量别人。他的生活中不是没有失望和问题,但是并不妨碍他享受婚姻的快乐。

相反,司各特属于消极思维的人。在婚姻中,他是法官,判决一切不可避免的婚姻关系弱点。他的谈话总是充满着对生活的抱怨,他与妻子正在准备离婚。最初,司各特并不是这样的人,他也是属于我们称之为"积极倾向"的一类。在蜜月期间,伴侣的所行所言都被赋予正面的理解,妻子做的都是对的。但是当婚姻出现困难时,正如所有婚姻经历的那样,失望与沮丧让他下滑到负面的思考方式,他用消极的态度对待妻子所做的一切,觉得现在她做的总是不对。

案例点评

对于罗恩和司各特来说,生活状况基本一样,结婚时间的长短也大体相同,但为什么他们的婚姻结局却如此不同呢?这个问题不难回答,司各特的问题不在于他的境况,而在于他看待境况的方式。他总是在抱怨生活,甚至最小的错误也经常被他放大为最坏的问题。他会因为妻子没有向他表示热情而责怪她,在头脑里蹦出很多负面的想法。相反,罗恩就不会因为这样的事情去怪罪妻子,他会以积极的态度去对待。可见,他们两人的现状并没有太大的差别,但对待事情的胸怀和心态却有着很大的不同。

这个案例给了我们一个重要的启示:爱情的长短并不依赖于客观条件,而完全取决于恋爱之人的态度。一个没有积极态度的人总是没有好的心态,与他住在哪里或与谁在一起没有关系。如果想要建立健康而长久的恋爱关系，首要一点是去除抱怨的消极情绪，拥有积极的乐观态度。

（四）憎恨

如果情侣之间的抱怨不能及时终止，发展下去就会产生憎恨的心理情绪。情侣关系中的憎恨就像癌细胞，最初很小，不易察觉，但却会随着时间的推移长大和扩散，最后向整个关系释放毒素[4]。当恋爱的双方反复思考对方对自己所做的不公平的事情的时候，就会在心里引发极强的负面情绪，快乐便远远地离开了他们。憎恨的危害是极大的，它会吞噬人的心灵，夺走人快乐的能力。如果不及时消除相互的憎恨，恋人就无法进入快乐的王国，更不能牵手走进幸福的婚姻。

憎恨自己的恋人将损毁属于自己的爱情，憎恨其他人也能危及情侣的感情，甚至是婚姻关系。案例6-6就证实了憎恨可以导致一个家庭的解体。

案例 6-6

憎恨的魔掌[4]

31岁离异的贾尼斯到帕罗特博士的咨询办公室寻求辅导。她粗鲁且长时间地倾倒恶意的话语，与咨询师之间很难进行交流。她大声喊道："我爸爸是最大的伪君子！当然，他给教会的奉献比其他任何人都多，但那是因为他比别人的钱多。在家里，对我妈妈和我而言，他是最愚蠢的人。"

对于自身每一次不好的经历，贾尼斯都完全归罪于她的父亲，包括她的以离异而告终的三年暴风雨般的婚姻。事实上，是她对父亲的憎恨态度导致了自己婚姻的破裂。但是，她不知道自己的憎恨本身才是问题，只是一直不停地指责和怨恨父亲。甚至当她父亲供养她和她的小女儿，并为她付完大学学费时，她还是指责父亲让自己的生活一团糟。

辅导贾尼斯几个星期之后，帕罗特博士向她指出："贾尼斯，我觉得你很容易指责你的父亲，心存憎恨，不肯原谅他。但如果你原谅他，后来发生的许多事情的原因就会从他身上转移到你的身上，那是不是很可怕？"

最后，贾尼斯决定宽恕父亲，对自己的行为负责。她后来又结婚了，尽管没有什么奇迹发生，但生活得比较顺利，再也没有将自己的问题归咎于父亲。

案例点评

从这个案例中，我们能够明显看到憎恨对于一个人的生活有怎样的影响。贾尼斯一直怀有对于父亲的憎恨，无论在生活的哪一个方面，也不管她的父亲给了她多么大的帮助，她都一概不考虑，把自己所有的不顺利都算在父亲的头上。这样一种思维方式和态度，决定了无论她做得多么不好，都不会从自己这方面找原因，不在主观上做出努力。憎恨父亲的心理状态，使她一直带着愤怒的情绪与别人交流，包括与自己的爱人。她的第一次婚姻很糟糕，一直与丈夫闹矛盾，在大吵大闹中结束了婚姻。毫无疑问，是对于父亲的憎恨夺走了本该属于她的幸福。

经过心理咨询师的帮助，贾尼斯有了非常大的变化，决定彻底丢弃对父亲的憎恨，开始反思自身存在的问题。由于她转变了思维方式，端正了自己的态度，自从第二次结婚以后，就再也没有把自己的问题推卸到父亲的身上。如果贾尼斯能够这样保持下去，不再被憎恨所控制，她必定会有一个非常幸福的未来。

三、快乐感的养成

在本节刚开始的时候，我们已经阐述过，快乐感是使自己和他人快乐的一种心理能力，对于一个人的生活具有决定性的影响。既然快乐感如此重要，想要获得幸福爱情的情侣，就应当在这方面努力地培养自己，让快乐伴随恋爱的旅程，一起迈向美好的未来。

关于人的快乐感是否可以培养的问题，一些学者谈了他们的看法，主要存在两种观点。一种认为人的快乐感是可以后天培养的，人的一生应该追求快乐，这是一个很崇高的目标。拥有快乐感的目的是要最大限度、最充分地利用人生活在地球上的时间。另一种认为快乐主要与基因有关，在一定程度上是遗传作用的结果。经过一段时间的争论后，人们基本达成了共识，一致认为虽然人天生就带有追求快乐的本性，但是否能真正快乐在很大程度上取决于个人对外部因素的反应。在这里，我们认为，快乐感是人的心理因素和外界条件相互作用的结果，心理反应起主要作用，而且经过个人的主观努力，快乐感可以被逐渐培养起来。

快乐感的培养涉及两个基本问题：一是快乐从哪里来，二是怎样得到快乐。下面我们就这两个问题展开一些讨论。

（一）快乐感的来源

快乐从哪里来，即什么会引起人的快乐感，一直是国内外许多学者感兴趣的问题。自20世纪60年代开始，一个由世界各地的社会学家组成的小组开展了一个项目研究，名为"全球价值研究"。结果显示，如果一个国家的经济水平低于经济危机前的水平，国民的快乐水平与经济发展有直接的关系。而达到这个水平之后，快乐与经济繁荣程度就几乎没有直接关联了。该研究还发现，意外之财（如赢得彩票）所产生的快乐感可以持续几个月，但对于十年后是否快乐没有影响[33]。

美国伊利诺伊大学的心理学家埃德·迪耶内（Ed Diener）和密歇根希望学院的大卫·梅耶（David Meyer），对快乐感的问题开展了很多研究，在《心理科学》（*Psychological Science*）杂志上发表了论文《谁是快乐的人》。他们发现，是否快乐与性别、种族和年龄的关系很小，与生活富裕的程度也关系不大。从20世纪60~90年代，美国人的收入翻了一番，但感到快乐的人所占的比例依然稳定在30%左右。也就是说，只要达到经济贫困线以上，金钱与快乐的关系就不再紧密了。与快乐关系密切的因素主要是人的内在品质，包括自我尊重、个人控制力、乐观及性格外向。

美国加利福尼亚大学洛杉矶分校的一位著名研究者艾伦·帕度斯博士，对于"什么使夫妻快乐"的问题进行了研究。结果显示，金钱、成功、健康、漂亮、智力、权力等与夫妻的"主观快乐感"并没有太大的关系。而伴侣面对超越自己控制范围之外的事情的调适能力决定着夫妻快乐的程度。每一对快乐的夫妻都学会了以正确的态度面对任何情况。我国一些学者也开展了关于快乐感的研究，发现生活和谐度、人际关系、自信、自主性、成就感等人格因素与快乐感直接相关[36]。

通过分析与归纳大量既有的研究结果，我们可以肯定，快乐感来自人的自身，取决于个人的心理品质，与外在的客观因素关系很小。这一结论明确地告诉青年人，要想获得快乐，不能把希望寄托于任何外在的条件上，而是要靠个人心理素质的提升，培养一颗快乐的心。只有不断地、全方位地修炼自己的人格，快乐才能与自己同在。将这个结论用在谈恋爱的事情上也是一样，人不可能找到了一个各方面条件都好的恋人，就一定会永远快乐下去，关键要看是否与对方在心灵沟通上获得了真正快乐的体验。

（二）快乐感的积累

迄今为止，深入研究快乐感的学者都毫无例外地认为，快乐感不是与生俱来的，而是个人通过不断地自我培养而形成的。积累快乐感是一个渐进成长的自我教育和自我修炼过程。为了有效地获得快乐感，使自己的恋爱变得更加活泼和愉悦，青年人可以在日常生活和工作中采用如下积累快乐感的方法。

1. 悉心感受快乐

获得快乐是一项既大又小的事情，说它大是因为快乐可以影响到人的精神状态，从而决定人的生活质量和事业成功，说它小是由于快乐可以点点滴滴地获得和积累，非常容易从微小事情中体会到由它带来的感受。青年人应时时怀着一颗捕捉快乐的心，去发现能使自己快乐的事物，并用心感受和体验它。正在恋爱的情侣们，不要以为只有非常兴奋和无比刺激的时刻才值得快乐，其实一些小小的事情也蕴藏着快乐的种子。只要有一个积极的心态，细心去品味生活，快乐就会不停地从心里生出来。恋人之间感情发展得怎样，彼此关系融洽的程度如何，与两个人寻找、感受和保持快乐的能力有直接的关系。

2. 积极进行体育锻炼

众所周知，体育锻炼不但可以增强体质，使人精力充沛，更重要的是，体育活动可以释放负面情绪，减轻心理压力，让人获得如释重负的心理体验。体育医学的研究表明，人在参加体育锻炼的过程中，能够分泌更多的内啡肽，产生愉悦感，减轻心理负荷[35]。我们在平时与人接触当中也能发现，经常参加体育运动的人，一般都具有开朗和乐观的性格。如果情侣能够共同参与一些体育运动，一定会倍加感到快乐，更愿意在一起度过美好的时光。

3. 提升生活价值

每个人在生活中都有许多事情可以做，但并不一定都有价值。所谓价值，是指对个人品行的提升、对别人的帮助及对于工作的奉献和创造。这样的事情比较容易使人产生成就感，所以就会从中获得许多激励和快乐。过有品质的生活，即便并不奢华，但也一定会感到快乐。在当今的时代里，有许多精神和物质的诱惑，也能给人以一时的快感和释放，但却不会带来长久的快乐。努力做有意义的事情，是提升青年人快乐感的最佳途径。

4. 设定可行目标

美国心理学家斯坦和布克指出："一个人认知并设定实际可行的目标的能力，是获得快乐的关键。"无论在生活、学习或工作上，青年人应该善于制定一些切实可行的短期目标，并让自己能够实现其预定的目标。这样，就能给自己一个非常大的激励，也就会获得很多的快乐感。史蒂芬·柯维（Stephen Covey）被美国《时代》杂志誉为最具影响力的美国作家和顾问,他也认为长期持久的快乐感是源于内心的,方法是对自己的生活有把控能力,并且提升短期目标至更高层次。

青年人应该知道,当一个人全身心地投入到要完成的事情当中的时候,一定是处于最专注的状态,能体验到快乐在其中。人在专注某一目标时,将个人的精力完全投注在某个活动上,会使思想意识达到一个新的高度,精神上获得最大满足,便由此产生兴奋感和充实感。心理学家米哈里·契克森米哈伊(Mihaly Csikszentmihalyi)把这些感觉的汇集叫作"心流"。如果正在谈恋爱的人有了这种"心流"体验,必将把它带到恋爱的情绪之中,这无疑会对彼此的互动及感情发展产生积极的影响。

5. 建立良好人际关系

很多时候,一个人在与自己的恋人相处时,会把与其他人交往的负面情绪带入其中,如随便发牢骚、经常有抱怨甚至发泄敌意等。这些都能影响情侣之间的交流氛围,也会影响彼此的印象。个人是社会这张大网中的一员,任何两方的关系都会影响到其他人际关系。大量的心理学研究表明:人际关系丰富的人比人际关系薄弱的人要快乐得多;自我封闭或人际关系紧张的人很难产生快乐;性格外向的人比性格内向的人更快乐。因此,青年人不要把自己封闭起来,应该多接触他人,努力建立自己与他人的积极、正向的人际关系,从中得到更多的快乐。这样,就可以将获得的正能量释放在与自己亲密恋人的交往之中,赢得和谐、美好、持久的爱情。

思考与练习

1. 请回忆一下自己以前是否认识到了快乐的重要性?你现在对于快乐的重要意义有了哪些新的认识和理解?

2. 仔细想想自己对于哪些事情和在什么样的情况下会感到快乐?在何种境遇中会感到不快乐?

3. 在你的工作、生活或恋爱中,分别是什么心理因素会使你不快乐?做一个全面的自我分析。

4. 你发现和感受快乐的能力如何?你打算怎样提升自己的快乐感?

参 考 文 献

[1] 樊富珉. 大学生心理健康与发展［M］. 北京：清华大学出版社，1997.

[2]〔美〕罗森. 柏拉图的《会饮》［M］. 杨俊杰译. 上海：华东师范大学出版社，2011.

[3] 周国平. 爱的五重奏［M］. 桂林：广西师范大学出版社，2011.

[4]〔美〕勒斯·帕罗特，莱斯利·帕罗特. 让婚姻赢在起跑点［M］. 文洁，王醴颉译. 南昌：江西人民出版社，2009.

[5] 舒畅. 婚姻，决定女人一生的幸福［M］. 北京：朝华出版社，2010.

[6]〔美〕格莱哥·贝伦特，丽姿·塔西露. 他其实没那么喜欢你：透视恋爱中的男人［M］. 杨玉功译. 北京：高等教育出版社，2008.

[7]〔美〕莎伦·布雷姆，等. 亲密关系［M］. 郭辉，肖斌，刘煜译. 北京：人民邮电出版社，2005.

[8] Lee, J A. *Colours of love：an exploration of the ways of loving*. Toronto：New Press, 1973.

[9] Lee, J A. *Love styles*// Barnes MH, Sternberg RJ. *The Psychology of love*. New Haven, Conn：Yale University Press, 1988.

[10] 王宇. 每天懂点心理学定律（续）［M］. 北京：科学出版社，2011.

[11] Wikipedia. *Love Styles*［EB/OL］. http://en.wikipedia.org/wiki/Love_Styles［2012-02-21］.

[12] 史荣新. 幸福女人要读的婚姻心理学［M］. 北京：石油工业出版社，2010.

[13]〔日〕奥村康一，水野重理，高间大介. 男与女［M］. 崔柳译. 北京：机械工业出版社，2011.

[14]〔日〕原田玲仁. 每天懂一点恋爱心理学［M］. 郭勇译. 西安：陕西师范大学出版社，2010.

[15]〔美〕芭芭拉·安吉丽思. 你该知道的真爱秘密［M］. 钱基莲译. 北京：华文出版社，2011.

[16] Maslow, A H. *Motivation and Personality*. New York：Harper & Row, Publishers, Inc, 1954.

[17]〔澳〕亚伦·皮斯，芭芭拉·皮斯. 为什么男人不听，女人不看地图［M］. 罗玲妃，陈丽娟译. 北京：中国城市出版社，2009.

[18]〔美〕约翰·格雷. 男人来自火星，女人来自金星［M］. 白莲译. 长春：吉林文史出

版社，2010.

[19] 韩永昌. 心理学［M］. 2版. 上海：华东师范大学出版社，2001.

[20]〔美〕海伦·帕尔默. 职场和恋爱中的九型人格［M］. 徐扬译. 北京：华夏出版社，2007.

[21]〔美〕约翰·格雷. 相爱的艺术［M］. 洪勇译. 长春：重庆出版社，2011.

[22] 孟锦辉. 夫妻吵架大全［M］. 哈尔滨：哈尔滨出版社，2010.

[23] 高玉祥. 健全人格及其塑造［M］. 北京：北京师范大学出版社，1997.

[24] Wood R，Tolley H. 情商测试［M］. 李小青译. 北京：中国轻工业出版社，2007.

[25] 申纪亮，方晓义，樊富珉. 大学生心理健康教育读本［M］. 北京：高等教育出版社，2007.

[26] 吴少怡. 青苹果红苹果：大学生性问题［M］. 北京：高等教育出版社，2008.

[27] 廖雯颖. 未婚女子遗弃新生儿获刑 孩子全身化脓蛆虫爬身. 齐鲁晚报，2012年6月21日.

[28]〔美〕戴尔·卡耐基. 走向成功［M］. 柳青编译. 海拉尔：内蒙古文化出版社，2001.

[29] 芦淼. 不一样的恋爱心理学［M］. 北京：中国青年出版社，2010.

[30] 王乾任. 爱情，原来是这样的［M］. 北京：朝华出版社，2011.

[31]〔美〕佩珀·舒瓦茨. 关于爱与性的一切，你全错了［M］. 唐小达译. 上海：上海人民出版社，2010.

[32]〔美〕乔纳森·布朗. 自我［M］. 陈浩莺，等译，彭凯评审校. 北京：人民邮电出版社，2004.

[33]〔美〕史蒂文·斯坦，霍华德·布克. 情商优势：情商与成功［M］. 陈晶，顾天天译. 北京：电子工业出版社，2012.

[34]〔美〕阿黛勒·B. 林恩. 情商差异：如何发挥你的情商优势［M］. 张春强，张婷婷，等译. 北京：电子工业出版社，2012.

[35]〔美〕玛希雅·休斯，詹姆斯·布拉德福德·特勒尔. 情商培养与训练：65种活动提高你的情商［M］. 2版. 赵雪，赵嘉星译. 北京：电子工业出版社，2012.

[36] 邓丽芳，卢洪明，郑日昌. 中国白领快乐感问卷的编制［J］. 中国临床心理学杂志，2009，3.